スターボーン
The Star Borne

星から来て
星に帰る者達に示された
帰還へのロード

Solara
ソララ［著］
Nogi［訳］

ヒカルランド

私達は皆、星天《せいてん》から来ました。
そして一なるものが私達の起源です。

あなたもまたスターボーンの一人です。
なぜなら人類の中には、
星が植えられているからです！

はじめは、一つの星。
みんなという星でした。

かつて、私達は「一なる星」という全体性の中で
一つに融合していました。
皆で溶け合って、全てを共に経験する、
完全なる一つの存在となっていました。
この一元性の意識状態を、
私達は「ホーム」として思い出します。

私達という星が内破し、
外側に爆発し（ビッグバンと言われています）、
無数の小さな星の欠片《かけら》に別れていきました。
同一存在だったものの欠片で空は埋め尽くされました。
星の欠片は、いくつかの魂の集合体でした。
これがソウルメイトと呼ばれる魂の集団です。

これ以上小さくなれないほど星の欠片が極小になると、
次の変化への移行が始まりました。
個人としての意識への変化です。
もちろん、私達は実は一なるものから
離れたことなどありません。

物質界への降下の令が発せられた時、
黄金太陽天使であった私達は、
二元性を変化させる任務に自らの意志で志願しました。

しかし、その巨大な完全体のまま
三次元密度に降りる必要はありませんでした。

何をする必要があったのかというと、
一なる星の光線である、黄金の光の柱を地球に発し、
それを通して自分自身を定着させるということでした。
地球上に投影されたのは、
巨大な「星天我〈スターリー・オーバーセルフ〉」である
自身の幻影なのです。

巨大な私達の、極小の星の種が物質界に植えられました。
このミニチュアの私達は、
惑星地球の転生の周期の中で今も生きています。

私達の家へ帰る冒険の旅は、
実は自分の意識を
一元性の意識に移行させるだけのことに過ぎません。

しかし今では、二元性を重視するあまり、
これが唯一の現実だと思い込んでしまっているほどです。
もう一度目覚めて、自分が何者なのかを思い出したいのなら、
意識を一元性に戻す旅に出ましょう。
外側に向けていた目線を、内側に向ける時です。
一なる星の中心へと帰りましょう。私達はすでに一つです。
いつでもずっと、一なる生き物です。
一なるものから無数の星の欠片へ、
星の欠片から黄金太陽天使へ、
天使から送られた黄金の光の柱から地球に埋め込まれた星の種、
そして人間として生まれました。

あなた方は「負傷者」なのです。
あなたに刺さっているそれらの剣やインプラント装置は、
あなた自身が自らの内側に埋め込むことを決めたものです。

何故自分を傷つけ続けるのか。
それは、自分が強くなり過ぎないように、
現実に目覚めたりしないように、
あなたがそう決めたからなのです。

大きな罪を負っている人のように、
この惑星上で控えめに生きてきました。
自分には家に戻る資格なんてないと考え、
追放された苦しみに疑問を持つことなく、
苦しみ続けている人がいます。
そう、あなたもスターボーンです。

スターボーンは皆、
そういったことを感じながら生きてきました。
それらは細胞記憶の奥底に埋め込まれた感覚なのです。
なぜ自分はここにいるのか。
なぜ自分はこんなにも皆と違っているのか。
なぜ「普通の生き方」に自分を合わせられないのか。

惑星地球の上で、
私達は何度も生まれ変わりを経験してきました。
普通の人間の振りをするのが上手くできた人生もありました。
それでも、どんなに普通の人を演じても、
拭《ぬぐ》い去れない違和感がありました。

しかし、私達にはまだ一つ、やり残したことがあります。
それこそが、私達が長らく求め続けてきたことでもあるのです。
それは、思い出すことです。
家への帰り道を。
思い出すことが、帰り道を見つける鍵になるのです。

そう、地球上での冒険では見つけ出せなかったその鍵こそが、
あなたが探し求めていた宝物なのです。
Star-Borne（星天に生まれし者）とは、
これまで何度か地球上に転生してきて、
自分が地球外に起源を持っていることを知った人のことです。
覚えているのは、地球での転生周期を経て、
二元性〈デュアリティ〉を変化させるために
ここに来ることを選択したことです。

これが達成されれば、
一元性〈ワンネス〉を基礎とした
新たな進化の道へと進む選択をした人類と惑星を、
次の進化の段階へと進めることができます。

この数十年間、スターボーンの大量覚醒がありました。
心の奥底でずっと追い求めてきたその時が、
ようやく来るということです。そのスターボーンが私達です。

自分の二元性基盤の恐怖に向き合い、抱擁し、全てを愛し返し、
輝く一なるものへと帰してあげましょう。

あなた方がこれまで長い間準備してきた
「その時」に近づこうとしています。

至高の責務の成就の時です。
一なるものへの収束点です。
完成の時です。内側へと潜り、思い出すことを自分に許すのです。
時間を遡《さかのぼ》り、我ら一つの巨大な光の軍団として、
天界を駆け巡っていた時代を思い出してください。
この次元の宇宙に響き渡った、
あの呼びかけを覚えているでしょうか？
「総力を結集し、地球へと降りよ」という呼びかけです。
あなた方には、やるべきことがあります。
疑いや恐れは捨て去りましょう。
地球での転生周期で積み上げた疑いや恐れは、
未来では置き場所が無いのですから。

二元性に入った時に四散したかのように見えた我らは、
実はまだ一つのままです。
天界であっても、地球上であっても、我らは一つ。
これまでも、そしてこれからもずっと。

戦いに赴くのではなく、一なるものの到来の勝鬨《かちどき》を上げに来たのです。
愛の戦士として。
分離ではなく、統一を伝えに来たのです。
惑星中に愛の種を蒔きに来たのです。
二元性の隠し場所が見えなくなるまで、一元性の光で照らすために。

星々は私達を家族の一員として見てくれて、
「おかえり」と言ってくれているのです。
私達は一つの存在だと知っているのです。
そして、自分自身のことをやっと認めてもらった時に、
奇跡は起こります。
それまでの分離の苦しみの監獄から解放されて、
自由になるのです。

涙がとめどなく溢れてきます。

「私はここに、戻るべくして戻ったんだ！　星々の中という、私の家に」

私達は皆、一なるものという一枚の鏡の欠片です。

一人一人の声が、一なるものの歌を奏でます。

星々の再整列

星々は、
再び一直線上に結び付きます。

星々との調和が終わり、新たなエーテル的青写真が定着したら、
超次元へと移行するための新惑星格子の全体的な活性化が、
始まります。
惑星格子〈グリッド〉の上空には、
まだ工事中の「黄金グリッド」があります。
完成すれば、
惑星を取り巻くクリスタルのような格子となるでしょう。

アンタリオン転換は、
多次元周波数で
高められたエネルギーを
中継して地球に送る方法です。

アンタリオン転換は
発信機／受信機の一組、
もしくは上昇駅／下降駅と言えます。

アンタリオン転換中央部の
「重複域〈ゾーン・オブ・オーバーラップ〉」の扉は、
超現実への入口です。
この扉こそが、「11：11の扉」なのです。

トライアンギュレーション（三角測量術）は
二元性を完成させるための鍵となる技法です。

二元性の網目に引っかからないようにと、
これまでの考え方を止めようとする努力をする必要はありません。
その代わりに、二元性を拡張し、
一元性へと変化させてしまえばいいのです。
その為には、第三点を作り出すことが大事です。

第三点は「不可視の観点」から、
両極性間の直線の外側に配置します。
その三角形の頂点となる第三点を、
「星天我」と呼ぶのも良いでしょう。
その点を、一なるものとの意識的融合点としてください。

トライアンギュレーションを拡大していくと、
二元性で凝り固まった私達の表現は姿を消していきます。

それまでは超えるのが不可能と思っていた壁も、
拡大したトライアンギュレーションでなら
超えることができるようになり、
それが「一なるものの新しい枠組み」となります。
これが二元性からの卒業であり、
人類の進化と解放への必要条件なのです。

この次元の世界の二元性の枠組みのマスター・キーを持っているのがオリオン座です。
超現実へと入るためには、
確率性現実を裏返しにする必要があります。
二元性が大分薄れてきた結果として、
オリオン・ベルトの三ツ星ＥＬ・ＡＮ・ＲＡによる
二元性固定の緩和も進んできました。

三ツ星はもう一直線上に並んでいなく、
中央の星だけが他より高い位置にあることに
お気づきになられた方も多いと思われます。
最後には、三ツ星は三角形を形成して、
二元性を完了させるでしょう。

11：11の扉を開けると、
そこにはオリオン・ベルトの天の星である
アルニラム（ANの星）があり、
そこを通り抜けると、この次元の宇宙へと繋がっています。
アルニラムには、全てを見通すANの目があります。
ANとは、あらゆる両極性を神聖な合体によって
一元性へと戻すことです。

11：11の扉は、一度開いて、一度閉じます。
入れるのは一なるものだけです。
一度通れば、そこは至高。帰り道はありません。

私達の「完成の時」のため予め決められていた合図。
それが11：11です。

この惑星に転生することになった時のずっと前、
11：11の記号〈コード〉が私達に刻まれました。
幾度もの転生の間、
細胞記憶に刻まれていたこの11：11の信号は
潜伏期間を過ごしてきました。
記号が発動することになっている、その時に向けて。

その「完成の時」が近づいているため、
11：11の記号はようやく信号を発し始めたようです。
世界中で何百万人という人が、それを経験しているところです。
そして今この瞬間にも、彼らの波動が高まる一方です。

私達一人一人は、
ＥＬ・ＡＮ・ＲＡのいずれかと強い繋がりを持っています。
しかし、本当の完全な一元性となり、
完全に超現実に住み始めるためには、
まずはこの三つの制御地点のエネルギーを
融合させなければなりません。

バード・スターは心臓から裏返しなって産まれます。
一なる存在となるには、
まずバード・スターの心を生み出さねばなりません。
中心部から、エネルギーは愛の噴水のように、
上へ外へと流れていき、この上なく巨大化していき、
そこを通って私達は一元性へと歩み始めます。
こうして、バード・スターの身体は最後に形成されるのです。

11：11の旅行中は、
バード・スターは不可逆の軌道を通ることになります。
その後辿り着くのが、オクターヴ7です。
そこは新たな愛の枠組みであり、
私達が新たに創り出す真実そのものです。
そこには数えきれないほど多くの新しい芸術的表現や、
新しい生き方、新たな天然エネルギーの活用など、
超現実に根付いた全てがあります。
一元性に完全に目覚めた私達が、一緒に生きる未来です。

星の子〈スター・チルドレン〉はそこで、
指導者や導き手となるでしょう。
オクターヴ7において私達の新しい土台が出来上がったら、
11：11は「22」に変化します。

可視を不可視にするという、
本当の私達の仕事はまだ始まったばかりです。
学んできたほぼ全てを忘れる必要があります。
内面と外面のどちらもが、超現実に浸り続けることで、
大いなる変容の時を迎えるのです。
まだ時間と空間に縛られていますが、
そこへ私達を縛り付けていたものはもう、ありません。
私達はどこにでもいて、時間の内側にも、外側にも行けます。
過去と未来は折りたたまれ、現在という瞬間になります。
それが、永遠の「今、ここ」なのです。

それがあなたに開かれる時、
適正な時間、適正な場所の状態に至ることができます。
過去を再パターン化する力をここで行使することができ、
そうすれば思い通りの未来を創り上げられます。
私達の前に灯っている青信号は、変わることはもうありません。
横断歩道の先には、真世界が待っています。

本当の自分として、本当の人生を生きる。
それは、全てを始原の状態に巻き戻すこと。
私達が知っていると思い込んでいた、全てを。
変化はあまりにも大きくて、他の惑星に住んでいるかのよう。

見るもの全てが、違って見える。
感じるもの全てが、違っている。
考えていること全てが、変わっている。
他の人達とのふれ合い方も、変わっている。

自分がやる事も、やり方も、全てが、変わる。

私達自身の未来の枠組みは、
いま、私達自身が創り上げているのです！

親愛なるスターボーンの皆様

星天から生まれ
星天へと還る。

それがあなたという、スターです。

あなたの、ホームまでの道程を加速させるため
この本を
スターボーンの皆様、
真実を思い出してきた方々に、捧げます。

皆様の決意が揺るがぬよう、
その勇気を持ち続け、
自分自身でいられますように。
本当の自分自身だけが住める地球〈ほし〉でありますように。
ホームは「今、ここ」に。

カバーデザイン　三瓶可南子
本文仮名書体　文麗仮名（キャップス）

目次

第1部　スターボーン：一つの星の家族だったあなたへ

第2部　エンジェル：物質界へ降りてきたあなたへ

第3部　スター：星こそが完成への重要な鍵！

第4部 帰り道：一なるものだけが一なるものへと帰れる！

はじめは、一つの星。
みんなという、一なる星。
空っぽの宇宙に燦燦《さんさん》と輝く、星。

それが爆発し、
星の欠片となりました。

天空の隅々まで
世界は光の欠片で埋め尽くされ、
無数の星々が生まれました。

覚えていますか。
私達が、星の欠片だった頃。
広大な天国を、渦を巻いて流れていた、あの頃。

思い出しましょう。
もう一度、繋がりましょう。

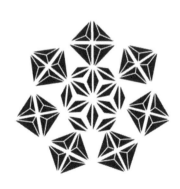

星の家族はもう一度繋がり、
かつて、一つの星だったあの頃へ。
もう一度戻るための、旅に出ましょう。

さあ行きましょう、最愛の人よ。
記憶を呼び覚ますための旅へ……

第1部

スターボーン

‥一つの星の家族だったあなたへ

この数十年間、スターボーンの大量覚醒がありました。

心の奥底でずっと追い求めてきたその時が、ようやく来るということです。そのスターボーンが私達です。

スターボーン

あなたは自分が誰かを知っています。
何処にでもいる普通の人を装い、
周囲の人々の中に、
上手に紛れ込んできました。

この惑星上で、あなたは無数の職業、生き方、文化の違いの中に紛れて生きています。しかし、あなたはいつもどこか「馴染めない」と感じていたはずです。

捨て子になったような気分の人もいると思います。まるで本当の両親に見捨てられ、見知らぬ家族に拾われたような。若い頃は、実の母親や父親や兄弟姉妹の眼をじっと見て、「なんで私はこの人達と一緒に住んでいるのかな？」と感じていたのではないでしょうか。星空を見つめて、いつか本当の家族が降りて来て、この偽りの現実から救い出してくれるよう、天からの助けを求めたことはありませんでしたか。そう、あなたはスターボーンです。

子供の頃、不思議な夢や経験がたくさんあったのではありませんか。家族に話しても、「夢でも見たんじゃないか」と相手にしてくれませんでしたね。夜になるとベッドの上空を飛んでいて、自分の体が寝ている姿を興味深げに見つめていたことがあったかもしれません。突然、感覚の限界を越えて、自分の心が物凄く巨大になるような感じがする経験や、あなたの認識があっという間に知覚できないほど極小になったりしたこともあったでしょう。

突然、全ての動きが曖昧に見える程加速して、眩暈がするような感覚になったこともあったかもしれません。逆に、いきなり全ての時間が遅くなった感じがして、何でこんなに遅いのかと困惑したこともあったでしょう。

子供の頃のこういった体験を今でも覚えている人は少なくないでしょう。これらは様々な意識界と多次元扉を行き来していた時の記憶なのです。若い頃にはもっと体験し易いですが、学校では「そんな世界は存在しない」と教わります。

自然の中で妖精に出会ったことがある人もいるかもしれません。きっと喜びの感じ方についての秘密を教えてくれたと思います。妖精は、自身の存在を認めて、一緒に遊んでくれる人間が好きですから。昔は、それが普通のことだったのです。

あなたがベッドの中で安心して外界から守られていると感じた時、天使達が訪れてきたこともあったでしょう。彼らは「星天の歌」を歌ってくれて、あなたを見守ってくれて、病気の時や挫けそうな時もあなたを癒してくれました。もしくは、輝く光の球体の訪問者があったかもしれません。そう、あなたもスターボーンの一人です。

道に迷ったと感じている人もいるでしょう。どこかで道を間違ってしまって、地球なんかに迷い込んでしまったんだと感じているでしょう。しかも、帰り道が分からないときたものです。夜空を見上げ、遠い日々の記憶の欠片が、火花が散るように蘇らないものかと願いましたね。

この惑星上をただ漠然と歩き回りながら、何となく、自分がここにいる理由が必ずあるはずだと知っていましたね。何か、自分にしかできないことがあるはず。それをやり遂げることで、家に帰れると信じてきました。そう、あなたはスターボーンです。

過去に犯した何か大きな罪を償うために地球にいるのかもしれないと感じている人もいるでし

ょう。別世界で、力の乱用を犯した罰としてここに来たという可能性もありますね。ここでなら力は制限されるので、同じような力の誤用は避けられますから！

あなた方は「負傷者」なのです。あなたに刺さっているそれらの剣やインプラント装置は、あなた自身が自らの内側に埋め込むことを決めたものです。何故自分を傷つけ続けるのか。それは、自分が強くなり過ぎないように、現実に目覚めたりしないように、あなたがそう決めたからなのです。大きな罪を負っている人のように、この惑星上で控えめに生きてきました。自分には家に戻る資格なんてないと考え、追放された苦しみに疑問を持つことなく、苦しみ続けている人がいます。そう、あなたもスターボーンです。

スターボーンは皆、そういったことを感じながら生きてきました。それらは細胞記憶の奥底に埋め込まれた感覚なのです。なぜ自分はここにいるのか。なぜ自分はこんなにも皆と違っているのか。なぜ「普通の生き方」に自分を合わせられないのか。

他の人とは違う歌が聴こえているような感じです。自分にとっては感動するその歌も、多くの人には聴こえていないのです。ですが、この美しい歌の欠片のおかげで私達は生きていけます。そして多くの人には見えないその欠片を皆で拾い集め、神聖なパズルを組み立てていきましょう。

真珠のネックレスをまた作り直すように、
目覚めの記憶の欠片を皆で集めるのです。
追憶の彼方にあるそのネックレスを
また作り直すために。

惑星地球の上で、私達は何度も生まれ変わりを経験してきました。普通の人間の振りをするのが上手くできた人生もありました。それでも、どんなに普通の人を演じても、拭い去れない違和感がありました。その違和感でとても嫌な気分になったこともありましたね。それに耐え切れず、死を選んだ人もいました。ですが、結局は違う肉体でまた転生することになります。もっとも、これはやり直すチャンスであるとも言えますね。

私達の内側には、ある規律がありました。その規律の多くは、現在の地球上の価値観にそぐわないものです。ですから私達は生まれた時から、異質な法律や価値観などを押し付けられます。他の皆は完璧に馴染めているのに、私達にとっては有害な法であって、受け入れられないのです。その一方で、他の皆には真似できないようなことが私達にはできたりします。周りの人々は困惑するだけでなく、トラブルに巻き込んでくることもしばしばです。それが今の地球での日常茶飯事です。

いつもいつも、辛い事ばかりだし
誰も気づいてくれず、一人ぼっち。
それでも、まだ探し求めています……
星々に向かって、語りかけます。
「お願い、ここから連れ出して！」

時々、私達を理解してくれそうな人に会う時は、嬉しくなりますね。彼らの中にも、「一なるものの歌」が聞こえた人がいたのかもしれません。この感覚を共有できる相手が見つかる時、本当に嬉しくなります。大事にしてきた密かな想いを伝える相手がいるのですから。その時だけは、寂しさを忘れることができます。そんな時には、お互いの目を通して魂を揺り動かすような体験をします。そして、自分のことを理解してくれる人が必ずどこかにいてくれるのだという事を悟ります。

私達の肉体も、他の人とは違っていることがあります。病気の時に熱が出るよりも、逆に体温が下がったりします。低血圧の人や鼻が詰まり易い人も多いです。変わった形の脊椎を持つ人もいます。まるで関節がもう一つあるように、在り得ない方向に体を曲げられる人もいたりします。

特に違っているのは目です。物事の見方が異なっていることが多いです。目を通して、視えるのです。何が視えるのかというと、物理的な目を通しては見えないはずのものが視えるのです。目を通して、他人の本質を見通すことができたり、考えていることを見抜いたり、隠された感情を言い当てたり、その人の過去世や、運命を見つけ出すこともできたりします。それが気に入らない人もたくさんいます。その所為《せい》で、私達は嫌われたり仲間外れにされたりします。人々は、視られることを恐れているからです。別に、そんなのを見通そうとしているわけでもないのに、視えてしまうのです。これも、スターボーンの特徴なのです。

このように、私達の人生には孤独と誤解が沢山ありました。この苦境についての理由を求めて、これまで人生を歩んできました。いつでも家への帰路を求めていました。心の安堵はいつも、共感してくれる人との出会いの中や、自然とのコミュニケーションの中に存在していました。

自然の美は癒しをくれます。
不安をなだめ、落ち着かせてくれます。
自然は再生と死の周期を繰り返し、

せわしなく変化し続けているにも関わらず。

自然の中で一人佇んでいる時、家にいる時の様に落ち着くことができます。まるで母親の腕に抱かれているような感じがします。私達自身の弱さに押しつぶされそうになっても、私達を慈しみ、護ってくれているようです。そこでならリラックスして、深呼吸をして、また世界に戻る勇気を貰えます。

出生地や時代に関わらず、私達は生まれた時からずっと攻撃され続けてきました。もちろん、中にはもう少し啓蒙された文化もあったし、そこに転生した人は生き易かったかもしれません。

それもあって、心の奥底に感受性をしまい込んでしまい、それを鎧で覆って守ってきました。ですが、そんな鎧があっても、本当に守ることなんてできません。最後は幾重にも重ねた鎧の重さで圧し潰されてしまいそうになります。そしてほとんど動けなくなる一方で、自分の弱さだけが皆の前に露になってしまうような感覚が続いていくでしょう。

地球に入り込んだ私達は、これまでの転生の中で様々な人生の在り方を経験してきました。ある時は裕福だったり、貧乏だったり。賢い時もあれば無知なこともあり。権力を持つこともあれば、虐げられる立場にあったりなど。段々と最後には、境界が曖昧になってきます。私達は、全てを経験し、見てきました。

これ以上どんな経験が他にあるのでしょう。全ての過去の人種の人生を、私達が内包していま す。色々な言語で喋ったり、支配者や奴隷まで、どんな職業でも経験してきました。男にも女にもなりました。若者やお年寄りも経験しました。醜かったり美しかったり、お金持ちだったり貧乏だったり。どの人種も経験しました。それらを何度も何度も繰り返してきました。

この惑星に転生する周期があまりにも長いため、もう疲れてきてしまいました。美しい夕日を見ても、夜明けにニワトリの鳴き声を聞く時も、延々と繰り返す転生の疲れの所為で、静かに涙を流すこともありました。一体、これから何回、この終わりの見えない転生が続くというのでしょう。

何でもやったし、誰にでもなったし、それを何度もやったし、終わらない繰り返しの中で、もはや何が喜びで何が悲しみなのかも曖昧になってきました。

しかし、私達にはまだ一つ、やり残したことがあります。それこそが、私達が長らく求め続けてきたことでもあるのです。それは、思い出すことです。家への帰り道を。思い出すことが、帰り道を見つける鍵になるのです。

そう、地球上での冒険では見つけ出せなかったその鍵こそが、あなたが探し求めていた宝物なのです。

スターボーンとは?

私達は皆、星天から来ました。
そして一なるものが私達の起源です。

Star-Borne（星天に生まれし者）とは、これまで何度か地球上に転生してきて、自分が地球外に起源を持っていることを知った人のことです。覚えているのは、地球での転生周期を経て、二元性〈デュアリティ〉を変化させるためにここに来ることを選択したことです。これが達成されれば、一元性〈ワンネス〉を基礎とした新たな進化の道へと進む選択をした人類と惑星を、次の進化の段階へと進めることができます。

この数十年間、スターボーンの大量覚醒がありました。心の奥底でずっと追い求めてきたその時が、ようやく来るということです。そのスターボーンが私達です。より明確にするために、スターボーンの定義を三つのカテゴリーに別《わ》けて説明します。

目覚めた人

このことを覚えている人のことを「目覚めた人」として定義しています。どんな人にも祝福を与えてくれます。目覚めた人との出会いや協働は、まさに至福です。目覚めた人に会うと、「この人を知っている」と深く感じ、あらゆる面でお互いへの支援と信頼感が生まれます。課題が何であろうと、一つの存在として一致団結し、その完遂の為にただ協働するのです。

全力で人類の為に貢献する多くの目覚めた人がいることを知ると、何だか心が軽くなってくる気がしますね。私達一人一人が、地球上で発動した「光の柱」なのです。私達こそが、本当のヴォルテックス〈日本では聖地、パワースポットなどとも呼ばれる特殊なエネルギー場のこと〉なのです！

今の私達の主要目的は「今、ここ〈ヒア&ナウ〉」にあるこの「超現実〈ウルトラ・グレーター・リアリティ〉」に住むことで、目に見えない深い領域を探求していき、最後にはこれを可視化させることなのです。見えるようになるのが少数の人だけであろうが全人類であろうが関係なく、とにかくやらなければならないのです。これが最重要課題です。何としてでも、やり遂げなければならない目的です。

目覚めへの過程にいる人

もうすぐ完全に思い出そうとしている人々も何百万人と存在しています。その為に私も、急がなければならないと感じ、何年もかけて世界中を旅してまわっています。少しでも多くの目覚めの過程にいる人に会うために。

思い出そうとしない人

今のところは、目覚めることを選択しなかったスターボーンもいます。自分で決めたことなので、それを尊重してあげることは大事なことです。私達も、準備ができていない人を目覚めさせようとしないことです。このカテゴリーに属す人が多いことも、よくご存知のはずです。一人一人の自由意志を尊重してあげましょう。二元性に残ることを選んだ人がいても、愛を持って、その選択をさせてあげましょう。私達は一元性であることに集中し続け、二元性の両極化へと戻らないように挑戦し続けるのです。

分裂

その昔、私達が三次元において霊的求道を続けていた時代がありました。

かつて私達は悟りを得るために従順に祈り続け、儀式を行い続けてきました。霊的な道へと献身し続けてきました。それなのに、明らかに何かが足りてなかったのです。完全な幸福感や、家にいるような感覚には至れませんでした。毎日の暮らしが本当に大変過ぎるのです。霊的な領域を探求するため瞑想するなど、一人の時間を作ることで何とか生きてこられましたが、世俗的な生活に戻る時はいつも苦痛を感じていました。

私達は正反対の、両極性の中で分断させられます。
即ち、精神界と物質界です。

この二極間の間を行き来することは困難が多いです。実際、全く違う世界に放り出された時に感じるショックは非常に大きいものです。しかも、選べる現実はどちらか一つの界《さかい》だけなので、もう一つの自分の側面を片方の界に置いてくる必要があります。よって、どちらの世界にいても結局何かが足りていないと感じてしまうのです。そのため、二元性の中ではいつも私達は二つの自分に別れてしまいます。

この分離問題は、チャクラを通るエネルギー流の分断として表現されることもあります。人間界では、上の方のチャクラは精神界を、下の方のチャクラは物質界を表しています。上と下のエネルギー・センターを流れるエネルギー流を組み合わせることは非常に難しいこととして知られています。精神性を高めている時には上方チャクラを、物質的なことをしている間は下方チャクラを使っているからです。全てのチャクラを感じていることは、かくも難しいことなのです！

この状況は、私達の感情体の中に過度のストレスを加えます。ひとたび感情のバランスが乱れると、「スピリチュアルじゃない」と勝手に決めつけたり決めつけられたりするので、相手との関係を断とうとし始めます。怒りや悲しみを感じている時、スピリチュアルな道から足を踏み外してしまったと、つい考えてしまいます。私達の人間性にとって、高次の領域への道が断たれたと勘違いしているのです。

こうして私達は自分自身の可能性を閉ざしてきましたが、それは単に本当の霊性と人間性と物質性の組み合わせ方を知らなかったからなのです。

分裂した自分自身は
二元性の海で苦しみ、疲れ果てています。
でも全部を一つにできる鍵を
私達はずっと探し続けています。

覚醒

覚醒は一夜で済むことはありません。
それは、気づいていないだけで、常に起こり続けています。

私達はこれまでずっと、バラバラになった思い出の真珠を拾い集めてきたということを忘れないでください。そしてようやく、変化に気づき始めたのです。初めは自分たちの独自性を讃えることから始まります。自分が他の人と違うのだという事実を認め、独りであることをかえって楽しむということを学んでいきます。

独りであることを認めれば、寂しがる必要は無かったということに気づくでしょう。孤独である時にこそ、「静寂域」という神秘に入れるということを覚えてきたのですから。その領域で、新世界が目の前に大きく開かれていくのを私達は目撃していきます。

静寂は最高の先生の一人です。

静寂は私達を包み込み、その中で充足感と安息を感じさせてくれます。覚醒の未知の段階へと誘ってくれます。そして静寂に馴染んでいくだけでなく、内なるバランスを保つため、一なるものとの繋がりを維持するために、静寂を服用し続ける必要があるということに気づいていきます。静寂は真の理解者の一人なのですから。

次に、私達は自己愛を育んでいきます。それは最も大変な課題の一つであることは、よくご存知のはずです。私達はずっと罪悪感や自己否定、愛や幸せに対しての疑いを持つように強制されてきたのですから。そう信じないと、この惑星上で生きていくのが難しかったほどです。今こそ元の場所に戻っていく時です。私達がずっと帰りたがっていた、ホームに。その為には、罰を受けなきゃいけないとか、見捨てられる不安といった感覚を完全に捨て去ることを覚えなければなりません。

人が自分の不安感に直面しないように愛を与え続けるよりも、自分自身を愛することを学ぶべきです。

罪悪感を持ったり利己主義者にならないようにしつつも、自分自身を愛し認めてあげる。それが、どれほど難しかったことか。

最初は自己中心的だとか、甘やかされて育ったとか、他人からの一方的な批判の的になることを怖がってしまいます。他人というのは、基本的に私達が知っていることは嘘だと思って聞かず、自分の考えを押し付けてきて「ああしろこうしろ」と言ってくるものです。自分自身に厳しく育ったのはこのためです。だから自分自身を愛するということが、こんなにも難しくなってしまったのです。時が経ち、自分自身を知ろうと努力することで、やっと自分自身を認識し始めることができてきます。自分自身との本当の繋がりを構築し始めるのです。

ありのままの自分を認めてあげることができれば、信じられないほどの解放感を得ることができ、自分の本当に感じていることや内なる知識を表現することがとても楽になっていきます。驚くべきことに、自分自身の内なる真実の最深部に同調することができれば、目の前の世界も真実に近いものになっていくのです。次第に批判を浴びることも少なくなっていきます。気分が良くなるというだけでなく、周りの人もあなたをもっと好きになっていくのです！

この惑星上で、自分自身をオープンにすることは危険だと判断して疑わなかったのに、それが間違っていたことがこんなに簡単にバレるのは面白いものです。そして、これが唯一の安全な生き方だったと気づくことも。

次は力の使い方についての課題です。
例えば人類史における、
異性への支配権を巡る戦いなどでこの問題が浮上してきます。

遠い昔、この地球上には女性が権力を優位に振るっていた時代がありました。平和に国が治められていたというよりも、彼女たちは男性を劣等種と見做して奴隷のように扱っていたのでした。その時代には、女性達が力の使い方を大きく誤っていたということです。アマゾンあたりの古い伝説には、その時代のことについて語っているものもあります。今日でも地球上の片隅にある誰も知らない場所に住む部族の中には、男性が過酷に管理されている社会があります。ですが現在、ほとんどの場所において、女性の権力が完全に取り除かれてしまいました。

今度は男性が権力を振るう時代に入ったのです。現在起きているのが、この周期の終わりです。かつて虐待された男性側が上の立場に立ったのなら、もしかしたら思いやりを持った統治ができるようになると期待していた人もいたでしょう。残念ながら、これまでの地球の歴史に繰り返し見られたように、そのようなことは起きませんでした。

力を手にした男性達は、結局女性達がそれまでしてきたように、権力を乱用しました。今度は女性側が二流市民にさせられました。現在でも世界各地で性別間の不平等が見られます。しかし、その状況も変化をし続け、やがて大いなる調和と平等へと落ち着いていくでしょう。

既に流れは変わっているのです。混沌の時代の中でも、目覚めた女性達が失われた独自性を主張し始めています。しかしながら、男性をお手本にしている女性も後を絶ちません。早く権力を得ようとするあまり、男性のように振る舞い、男性と並ぶ為に力を得ようとしている女性が多くいます。

もちろん、そのやり方は誤りです。女性は真に女性らしくなることを学ぶべきなのです。「女性らしく」というのは、世間で典型的な女性像とされているような、馬鹿馬鹿しい女性のイメージのことではありません。啓発された真の女性になるため、女性性というものを完全に理解して自分のものにする必要があります。その中には、女性性の陰の部分を認める過程も含まれます。

女性の陰の部分というのは、闇の魔女や闇の女神的な一面のことです。黒魔術を使ったり、人を操ったり、心無い誘惑をしたりなど、ほとんどの女性が自分の一面だと認めたくない部分のことです。この陰の部分は、それを学んで統合しない限りは、全ての女性の内側にずっと巣くい続けることになります。闇と光の統合は、全体となるまでに絶対不可欠なのですから。

陰の自身を愛し、全体性の中に統合してあげることで、その女性は変身を遂げます。悪巧みは真実を見抜く洞察力へと、人を操ろうとする心は直観力へと変貌します。そして女性が本来持っている深いヒーリング知識が蘇ります。真の女性性の力へと目覚める女性も現れるでしょう。

男性も同じような道を歩んできました。男性は外側に向かっていく力を持ち合わせていますが、バランスを失うことで、幻惑の世界に生きる羽目になります。彼らはその知能と奉仕力を使うことなく、暴力による他人の支配の道に向かってしまいました。女性達の力を奪うことで、彼ら自身も自らの女性的側面を閉じ込めてしまったのです。女性性の力以上に鋭い洞察力や愛のある献身力や思いやりの力を振るうことができる側面は無いのにも関わらずです。

それでも男性は力を調和させようと、自身の内なる女性性を見出そうと試みてきました。自分の感情への扉を開いていき、受容性や直感、優しさや感受性を磨いてきました。それで世界全部のバランスが取れてきたのかというと、ご覧の通り、そう上手くはいきませんでした。今度は男のように強い女性と、受け身な男性ばかりの世の中になってしまいました。私達に必要なのは、強くても調和の取れている男性なのです！

男性は他人との競争に打ち勝つことで男らしさを見せつけるように、強制的に教育されてきました。その点では、女性以上に辛かったこともあったでしょう。なにしろ、男性はそれを拒むことすら許されず、自分の陰の部分に統合する道しか残されていなかったのですから。男性の陰の部分とは、冷酷で流血を好む狂戦士です。受け身で感受性の高い男性は、その側面を認めることを避けているでしょう。しかし、いつかはその真実を認めなければなりません。

このようにして男性は影の部分と一つになってきました。それが絶望によって仕方なくだったのか、それとも勇気のある行動の結果だったのかはともかく。男性には瞬発力と、強い忠誠心と、不屈の力強さが備わっています。それらは男性の陰の部分からでも、発揮されるものなのです。ただその為には、男性が全体性の中で愛されることが必要なのです。

さあ、今こそ男性と女性にとっての新たな始まりの時です。運命に導かれ、ようやく一つに合体する時が来ました。

二人が平等に、補い合い、共同創造者として完成する時です。

その実現の瞬間を、私達がどれだけ待ち焦がれていたことか……

この男性性と女性性の力を平和的に統合させる時が、これまで覆せないと思っていた支配構造から逃れる過程の、始まりとなるのです。私達はこれまで、従順で意志の弱い子供のようになるように教え育てられてきました。さあ、ここからが自分の人生を取り戻して成長する時です。

その瞬間こそが、カルマを超越する時です。原因と結果のループから抜け出す時です。それには大きな意識の変化が必要なのです。二元性の現実から、一元性の現実へと目覚めましょう。

旧《ふる》い慣習を捨て去るのは簡単なことではありません。
手放しの段階は長く続くことでしょう。

手放すことは本当に難しく、永遠に思えるほど長く感じることもあるかもしれません。まずは過去に自分を苦しめてきた旧い慣習を手放すことが必要になります。その後は、好きだった自分の部分でさえも手放す必要が出てきます。エゴで着飾った、キラキラしていた頃の自分のイメージや、これまで身につけてきた知識や実力。これらを全部……そう、全部捨ててしまうのですから！

当たり前ですが、それには恐怖や疑念が伴うでしょう。理性がいつも生き残りを賭けて邪魔をしてきます。数えきれないほどの疑いの念を持たせてきて、私達の信念が試されます。「私は狂ってしまったのか？」「何も結果が無かったらどうする？」理屈が冷たく語りかけてきます。「現実的になって考えろ」失敗のイメージが無限に湧き上がってきます。不安の蜘蛛の巣に捕まりそうになります。本当の自己は無力だと、思い込ませてきます。

その時に感じる恐れや疑いが現実なのだと、信じてしまいがちです。
だから、恐怖や疑念へ人生や力を預けてしまっていました。
その代償が、幻想の中に閉じ込められていた人生でした。
私達はずっとその中で、「生まれ変わりたい！」と叫んできたのです。

蚊に刺されて伝染病にかかるのを恐れている象のようなものです。私達はその蚊に注意を払いすぎてしまうあまり、自分がどれだけ偉大な存在か忘れてしまっています。外界に注意を向けすぎてしまっているのです。

覚醒度が高まることで、私達は横の繋がりから縦の繋がりへと歩を進めていきます。旧来の横の繋がりを通しては、他人の受け売りしか学べませんでした。先生から教えられたことや、本を通して覚えたことや、他人の経験から学んできました。「みんなが言っているから本当のことだ」そう信じて疑いませんでした。それほど自分たちは力を奪われていました。本当の自分自身を見つけ出そうなどとは、考えもつかないことでした。横の繋がりこそ、地上最強の宗教と言えるでしょう。

そしてこの「水平ワンパターン化」こそが二元性の道なのです。他人を操ることや、分断することや、支配などはここで私達に刷り込まれます。それらは本当に幽《かす》かな操作なので、ほとんどの人は気づいていません。人の受け売りで物事を語るので、皆が本当の気持ちを表現することがありません。「皆がやってるから」「皆が言ってるから」そんな曖昧な基準が幾重もの層になって、本当の気持ちの表現の邪魔をしているのです。自分自身に力を明け渡してあげましょう！　水平ワンパターン化の熟練者は多くいるので、気をつけましょうね。彼らの罠にはまらないようにしてください。

覚醒度が高まると、

自分という存在は縦の繋がりを形成しはじめます。そこでは「一なるもの」から直接に経験したり、導きや叡智《えいち》を受け取ることができる領域です。

かつて、各地球周期の始まりでは、皆当たり前のようにしていたことです。偉大な幻視者や神秘家や聖人、世界宗教を築き上げた人物などが、高次の真実を受け取っていた方法が、これです。本当は、誰でもこのようなことが可能なのです！

一なるものと繋がり、ハートの智慧《ちえ》を聞き取れる人にとっても、それらを真剣に信じて行動に移せるかが試されます。知識を体現する生き方。それは簡単なように聞こえて、実はとても難しいことなのです。生まれた瞬間から、他人にどう思われているかを心配しないといけないように育てられます。彼らに自分の真実を伝えたら、どんな反応をするだろう？　でも、自分に正直になろうとしないで、どうやって真実の人になれるというのでしょう？

しつこく続けていくことで、最後は必ず智慧と明瞭さを自ら取り戻すことができます。そうすれば疲れもとれてきて、心と体が軽くなってくるのを感じるでしょう。

疑いや恐れを感じたら、それらを何に対して感じているのかを見出してみましょう。

歪曲や分断工作に縛られていても、
それが単なる幻だと知っていれば大丈夫。
「超現実」への突破口を、私達は見つけるのだから。

そうなればもう負けません。いいえ、負けないと足掻《あが》く気持ちでさえも、次第に薄れていきます。

今度は、随分と長い間見てあげられなかった自分の肉体に目を向けてあげます。もう精神と物質を別けて考えることができなくなっています。次の課題が見えてきます。そう、それは天と地を結び付けること。地球と星天を融合させること。二元性から一元性へと移行することです。

可哀想に、私達の肉体はこれまでずっと虐《いじ》められ、私達自身の手によって傷つけられてきました。自分たちが押し込められた牢獄に気を配るあまり、自分自身という「神殿」に気を向けてあげることができませんでした。

絶望に圧し潰されてしまった人もいれば、荷物をまとめるだけまとめて、さっさとこの惑星から去る準備をしている人もいます。全てが明らかになる瞬間、彼らは後悔するでしょう。ホームに帰るには、荷物を全部開けて、人間の体を纏《まと》う必要があったのですから！

つまり、自分の肉体を再構築して活性化することで、超現実に共鳴するようにエネルギーを高めて加速化していく必要があるということです。そしてそれを成すには、自身の内側にある全ての二極性を、神聖な合体で融合させる必要があるのです！

再構築

こうして再構築の過程が始まります。

「再構築」という言葉が意味するのは、DNAに刻まれたコードのレベルでの、大幅な内なる変容を達成する必要があるということです。それには肉体的、精神的、感情的、霊的な体が、現在惑星に流入している高い周波数を受け取ることができるように、再調整していくことが必要になります。そしてその後は、輝く光体〈ライトボディ〉との神聖な合体を遂げることになります。

私達はワンネスを定着させるために舞い降りた光の柱なのです。そのためにも、細胞記憶に予《あらかじ》め刻まれているコードを起動させましょう。

意識が一定のレベルに達すると、私達の中の引き金が引かれる仕組みです。

その引き金は、私達が地球に転生する前に埋め込まれたコードです。時が来ると、知識と記憶が同時に甦る仕組みになっています。それが今起きていることです。

近年、世界中で多くの人々が物理的な不思議な体験をしているでしょう。例えば身体が極端にだるくなったり、力が入らなくなったり。多くの場合、それは純粋で幽《かす》かなエネルギーを深いレベルで経験している最中だからなのです。そんな時は体中のエネルギーが消費されてしまうものです。

特定の食べ物しか口にしなくなったり、いきなり好物が変わることもあるでしょう。いわゆる健康に良くないものを何故か異常に食べたくなることもあるかもしれません。私の場合、いつも内なる指示によって食べる物を決めていますが、たまにすごく変な選択をすることがあります。

多くの場合、以前よりも必要な食べ物の量が少なくなっていることでしょう。それに伴って、より健康的な食生活に移行することもあるでしょう。そうかと思えば、現実感を保つためにも多量の食物を摂取することもあったりします。

他の再構築の兆候として、ずっと大きな耳鳴りが聴こえ続けるというものがあります。後ろ首や仙骨あたりに鋭い振動を感じることもあります。急に息切れがしたり、動悸が激しくなることもあるでしょう。普通のお医者さんに診てもらっても、何も異常は見つからず仕舞いです。そんな時は、知識と理解あるホリスティック・ヒーラーにエネルギー浄化を依頼してみましょう。ですが、中には普通のお医者さんに診てもらうほうが良いケースもあるため、常に心掛けるべきは自分の直感に耳を傾けることです。どのような症状に対しても適正に対応できるように心を開いておきましょう。

私自身の経験から語らせていただくと、これらの兆候は私達の基本的細胞構造に非常に激しい変容が起こっているという証拠なのです。「もしかして私、死んじゃうの?」と心配されることもあるかもしれません。まあ、自分自身の旧くて要らなくなった部分が剥がれ落ちていくのだから、ある意味その感覚は正しいと言えるのかもしれませんね。

人間という条件

私達は人間というのを経験している霊的存在なのか？
それとも、霊的経験をしている人間なのか？
または、そのどちらでも無いのか？

霊的な世界を、全くもって平和しかないという理想的世界として言い表しつつ、一方で混沌とした人間の世界を蔑《さげす》むことは、誰にでもできる簡単なことです。ですが、どう足掻《あが》いても結局私達も人間なのです。そのことは認めなければならないことです。人間であることを大っぴらに認めることは、ありのままの自分や他人を愛することに繋がります。人間というのは時に情熱的であり、落ち込むことだってありますが、それが人間というものなのです。だから、変に恐れたり抵抗したりする必要など、最初から無いのです。

でも、私達はただ苦しむためにこの世界に来たのではありません。実は人間に転生したことで様々な恩恵があるのだということを私達はつい忘れがちです。

ワンネスの意識に戻っていく過程において、個を探求する機会は無数に存在しています。なんといっても全ての個々人に、固有の肉体と精神と感情が与えられているのです。それらを探求する方法も自由ですし、最適のやり方や難易度も自分で選択できます。

この惑星において、人生は再発見の連続です。物質とはただの質量がある物ではなく、私達の創造力を伝達させるための至高の媒体なのです。自由に物質を操る創造主〈クリエーター〉です。子供が遊ぶ時のように、望み通りに、無限のインスピレーションを引き出して、想いを形にできるのです。これまでに作った作品が気に入らないのなら、意識を超現実の領域まで伸ばしてみましょう。その為にあなたはここにいるのかもしれませんね。

一なるものに繋がっている限り、
私達の生命には無駄な一面も無ければ、
神聖でない一面などもありません。
自身のあらゆる部分を愛し、
人生のあらゆる段階を愛してあげることができれば、

それで私達は一つの神聖な存在になれるのです。

加えて、ユーモアの奇跡も人生に取り入れてみましょう。人間という「条件」の内側にいる間でも、よく笑うように心がけてみましょう。いつもしかめっ面で真剣に悩んでいるよりも、笑っていれば全てが軽く感じるものですよ。この惑星は神々や天使、悪魔の遊び場です。ここでは彼らは皆、人間の形になっています。善人を演じている人もいれば、悪人の役を演じる人もいます。ですがいつの日か、この二元性の演劇にも終わりの時が来ます。劇が終わってメイクを落として、衣装を脱ぐ時、もう一度劇をやりたいと思うでしょうか？　天の光の存在たちによる、壮大な宇宙大河劇に、ようやく幕が下りようとしています。

だから自分自身が意地悪で不機嫌で、いつも絶望の淵にいると感じていても、自分が本当は何者なのかを思い出すようにしてみてください。それが、今起きていることでもあります。

何故かはわからないのにいつも涙が出る日々は、多くの人が経験するものです。私が思うに、それは地球全体、人類全体を想って涙を流しているのでしょう。その役を地球上の誰かが、代わり代わりにやっているのでしょう。今この瞬間にも、人類を思いやって涙を流している人がいることでしょう。実はそうすることで、惑星を巡るエネルギーを変化させることができるのです。

神聖な儀式であり、そのことに深い理解を示してあげましょう。

突然地球を想って涙が止まらなくなる時、自分が個でなく全体になっていることに気づくのが大事です。涙ではなく、怒りの感情の場合もあります。いずれにせよ、それらの感情を自由にありのまま表現してあげてください。そしてあなたを通して感情を変化させてあげることができれば、あなたは皆の為に働いてくれたことになるのです。

私自身も、周りから「自分の人生をちゃんと生きていない」だとか「あなたは十分スピリチュアルじゃない」とか言われて、本当にイライラしたことがありました。自分が道を誤ってしまったと信じ込んでしまったのです。別に悲しんだり怒ったり落ち込んでもいいのだと、分かりました。それが人間なのだから。どんなに抑え込めて隠していても、感情はいつか表に出てきます。

この転生の周期の終わりも近くなったから、
私達がここに来るように呼ばれたのです！

常に物事を大きな観点から、大局的に見ることを忘れないようにしましょう。例えば、何故あなたの覚醒はこんなに急に起きたのでしょう？　何故こんなに早く再構築がされているのでしょう？　変化のスピードが時間と共に加速していっています。５年前と今の自分を比べて見てください。こんなにも大きく変化しました。旧い考え方や慣習も沢山手放してきました。一元性へ心を開きました。

今私達が目を向けているのは、この惑星や太陽系だけではありません。その先を理解しようとしています。家への帰路を歩み始めた段階です。

よくぞここまで辿り着いたものです。人間の感情と経験のおかげです。人間という枠からの卒業ももうすぐです。卒業したら、人間であったことがどんなに楽しかったことか思い出して、あの頃を懐かしく思うでしょう。

でも、ご安心ください。その後も新しい世界が続いていくのですから。その新世界が誕生しようとしているのです。更なる志願者が集うように、呼びかけがあるでしょう。これから物質界に降りてくる人もいます！　その中には、ここで私達がどれだけ大変だったかを覚えていなくて、喜びしか覚えていない人もいるかもしれませんね。

両極性の統合

内なる男性性と女性性の両極性を統合させ、全体性を感じてみましょう。

内なる両極性を統合することで、二度と寂しさや欠乏感を経験することが無くなります。自らの内で、完成することができるからです。

ロマンチックな経験となることもあります。内側で男性性と女性性を統一させることでクンダリーニが完全に目覚める時、至福の瞬間を味わうことになるからです。これこそが真の神聖な合体であり、純粋な喜びが発露する瞬間です。三次元世界の人間関係では、これと同じレベルの至福を経験することは非常に稀でしょう。

統合のワーク

ここで、内なる男性性と女性性に触れて調和させるための練習方法について書かせていただきます。まずは静かな場所に座って、右手を軽く握ってください。その右手を前に出して、左手は後ろに出してください。（左利きの方はそれぞれの手の向きを逆にしてください）。右手に全神経を集中してください。男性性を込めるのです。

彼の存在感を感じてください。それがあなたの男性性です。彼は喜んでいますか？それとも悲しんでいますか？　怒っていますか？　落ち着いていますか？　強すぎませんか？　弱すぎませんか？　落ち込んでいますか？　自信を持っていますか？　彼の周りに、恐怖が渦巻いていたりはしませんでしょうか。どう猛な戦士に見えたり、威厳のある王に見えたりすることもあるでしょう。力強く、愛のある存在感を感じるかもしれません。このように彼についてできるだけ細かく描写していってください。どんな服を着ているか。どんな場所にいるか。何をしているか。彼に何が欲しいか尋ねてみてください。他にどうすれば、完璧な彼になれるでしょうか。

彼に必要なヒーリングを全て施して、全体性を取り戻させてあげてください。話しかけたり、励ましてあげたり、慈しんであげるなど、彼が必要としているものを与えてあげましょう。森深くにある聖なる泉や、癒しの滝へ彼と出かけてみましょう。そうしてあなたの男性性が調和されたら、今度は両腕を逆方向に伸ばします。左手を前にもってきて、右手は背中の後ろに伸ばします。

次はあなたの女性性を感じる番です。彼女のご機嫌はいかがでしょうか？　幸せそうか、悲しそうか、寂しそうか、怒っているか。独善的だったり、他人に必要とされたがっていたりしませんか？　時間が許す限り、あなたの一部である彼女とコミュニケーションを取るようにしてみましょう。そして、彼女が必要としている癒しを与えてください。落ち着かせてあげたり、勇気を与えてあげたり。女性性も調和されたら、今度はあなたの両手を前に出してください。

愛と調和の中で両手をゆっくりと合わせてください。両手のエネルギーが等しく調和されている状態にしておくことが重要です。両極のバランスが取れていないと、例えば美しい女神が汚らしいヴァイキングの戦士とペアになったり、長老と少女の組み合わせになったり、男性アーティストとメスの子犬のカップルになったりなど、おかしな組み合わせになってしまうことが私のワークショップでもみられました！　何度も申し上げますが、両極性は平等である必要があります。平等な男女が、あなたという家の中で愛に溢れた生活をしていることを想像してみてください。

これを定期的に練習することで、物質界での不調和であれば何でもヒーリングできるようになります。そうすれば全体性への旅がぐっと楽になりますね。

内的な両極の調和度が更に高くなっていくと、調和の波動が外へ向けて発せられ、外側の人生にまで影響してきます。例えば人間関係においてその変化が顕著になります。

全体性のオーラを発するようになると、同じオーラを発している他の人達があなたに引き寄せられてきます。独りぼっちが寂しいと常々思っている人の方が、寂しい経験をしやすいのと同じです。

二元性では両極性がお互いに引き合います。
一元性では似た者同士が引き寄せ合います。

内なる両極性の統一が実現するまでは、反対の性質の物事が引き寄せられてくるでしょう。人生には両極性がいつも見られて、私達はそれらを調和させて全体性にしていきます。それらの両極性には、私達がこれまで否定してきたり、無関心だったりした為に成長してこなかった部分が反映されています。

皆さんの中には、男女のカップルのうち一人は二元性に囚われたままで、もう片方が一元性に移行している例をご覧になられたことがあるでしょう。この場合でも、単純にどちらかが良い悪いという問題では無いのです。

基本的に、この惑星上で体験する人間関係は因果によるものなのです。つまり、義務感での付き合いや、過去世での約束や契約の上での付き合いなのです。このようなカルマ的人間関係には、課題も多くなるし、何より関係そのものが苦痛になってしまいます。楽しい関係では無くとも、そこから目覚めて調和を取り戻そうとする人たちも、もちろんいます。

お互いに依存している人間関係もよく見られますね。これは、自分の不完全性を埋め合わせてくれるパートナーを求める気持ちに起因しています。お気の毒ですが、このような関係性は全体性を取り戻すよりも、むしろ自分を断片化してしまうことに繋がります。他にも欲望を基にした人間関係などもありますが、これで成長の余地が無いことは明白だと思われます。

今こそ、人間関係の新しい段階を実践する時です。そのようなお互いの因果や不完全性の埋め合わせを基にした人間関係は断ち切ってしまいましょう。一元性に根付いた全体性へと集合していきましょう。お互いへの愛、信頼感、敬意、助け合い、開放感に繋がり、それを基にして一つになりましょう。

ストレスを生み出すだけの人間関係の不調和なんて時間の無駄ですから、手放してしまいましょう。そして自分の力を得たら、もうその力を他人に預けることはしないでください。

キャンプファイヤーは二つか、一つか。

自分の人生を自分で決めることとは、キャンプファイヤーの前に立つことに似ています。みんなが火を絶やさないように、火の中に薪をくべます。ということは、そこにいる知らない誰かもあなたの火の世話をしているということですね。

従来の人間関係だと、他所のキャンプファイヤーの世話をするか選ばなければいけませんでした。そうすると起きるのは、自分自身の火をほったらかしにしてしまうということです。最悪火が消えてしまうことだってあるのです。あんなに薪を集めるのに苦労したというのに。他人のキャンプファイヤーに気を取られていたばかりに。

まあ、自分のキャンプファイヤーが消えてしまった人は、遅かれ早かれ「自分の人生には何かが足りていない」ということに気づくようになるでしょう。自分を見失ったから、自分のキャンプファイヤーを見放してしまったということです。見捨てられた火の方も、誰かに世話をしてもらわなければならない時が来ます。通常、その時が不要な人間関係を終わらせる始まりになります。

新しい人間関係では、二つのキャンプファイヤーを見ているとしても、どちらの火にも気を向けてあげるようにして、二つの火を大きくし続けていき、最後は一つの「燃え盛る愛の火」へと融合させていくことになります。自分に正直でい続ければ、それが達成できるでしょう。元々の自分たちの火よりも、更に大きい火を作り出せます。その方が火の維持も楽になりますし、世話をする人も多くなります！

お互いの欠点にばかり目を向けるよりも、同じ存在として同じ視点を持つようにしてみましょう。いつでも全体性の観点から奉仕することができるのですから。このような新しい人間関係の中で、私達はずっと探し続けてきた「足りなかったもの」を見つけ出すことができるでしょう。

一元性への旅が進むにつれ、人々の間の愛や友情が深まっていき、感情の表現も容易になり、その影響は更に大きな規模へと拡がっていくのです。何故なら、私達は元々一つの存在だったからです。

以上が「新たな人間関係」の母型です。真の一なるものになるために、私達はこれまでずっと待ち続けてきました。完璧なパートナーとだけ喜びと深い繋がりを見出すのではなく、今こそ人類全体が一つの家族となる時なのです！

恋愛関係

ソウルメイトからツインフレームまで

「真実の愛という枠組み」は超現実の一部であり、皆が心から待ちわびている真実の恋人との出会いを物質界で実現させるための入り口となります。

ソウルメイトやツインフレームについては、既に多くが語られていますね。では、この二つの違いは何でしょう？　ソウルメイトは、本質的なレベルで内的親和性を感じる相手のことをいいます。この惑星上にはいつでも複数のソウルメイトが存在していることは良く知られていますが、実は私達全員がお互いのソウルメイトだということは知られていないことです。それは個人と一なるものとの結びつきのことであり、近年、超現実への目覚めが加速していることから、皆さんの一なるものへの結びつきも強まっているところです。

ツインフレームとは、超現実に住む私達の片割れの存在のことをいいます。彼らはあまり物質界には降りてきませんが、肉体へと降りてきた時にはとてもロマンチックな関係へと発展します。そのエネルギーは、一緒にい続けるには強すぎるほどです。

ツインフレームも複数存在できます。何故なら、ツインフレームとは私達の真実の恋人を物質界で体現する人のことを指すからです。つまり、ツインフレームとは、あなたの愛のエネルギーや本質を体現する存在のことなのです。

ツインフレームと出会う時、内側の深いところで何かが目覚めるのを感じます。ですが不思議な事に、そういった出会いは不意に人生から消えてしまうものです。私自身も過去に次のような経験をしました。

◇◇◇

１９６８年、ロンドン。その日は夏至でした。ロンドンは当時、ヒッピー運動の最盛期を謳歌していました。皆がワンネスの到来を感じ取っていました。夜には夏至の為の集会が多く催されていました。私の友人たちは皆、ロイヤル・アルバート・ホールに集合する予定でした。それにも関わらず、私は何故だかどうしても他のコンサートの催しに参加したがっていました。そっちに友人がいるわけでも無かったのに、何かに強く呼ばれているような、とても不思議な事が起きていました。

私は当時、祖母から貰った二個一組のアメジストのペンダントを身につけていました。ですが私はその夜だけは、そのうち一個のアメジストだけをネックレスとして身につけることにしたのです。コンサート会場に着くと、自分が何故ここにいるのか不思議がっていました。友人たちと出かければよかったと、後悔し始めたのです。その会場に馴染めないと感じながら、結局数時間は静かに過ごしていました。

ボーっと照明が動いているのを見ながら過ごしていると、突如背後から巨大なエネルギーが近づいてくるのを感じました。とてもとても強いエネルギーで、まるで風洞に立たされているようでした。吹き飛ばされそうになるのをこらえつつ、後ろを振り返ると、そこにはとてもハンサムな男性が立っていました。ワイルドな見た目に、黒い髪、射貫くような瞳で私の全存在を見つめていました。感じるエネルギーはどんどん強まっていきました……

何とか言葉を発しようとしてみました。「誰?」

「俺は、タネル」そう返事をした彼の声は力強くも安心感があり、どこかミステリアスな響きがありました。あまり聞き馴染みのない訛りもありました。なんだか以前に会ったことあるような、安心するような感覚がありました。そんな経験は初めてでした。エネルギーは強まり続けていました……

「どこかで会ったことあるかな?」と、じれったいのを抑えるような感じで、彼が尋ねてきました。

「ええ、前に、どこかで」私は迷わずそう答えました。その返事に驚いた彼は、「そう、そうだよな」と答えながら、私を抱きしめてきました。その瞬間のエネルギーは言葉では言い表せないほどで……二人は一つに溶け合ってしまうのかと思ったほどです。

ゆっくり二人の抱擁がほどけると、そのままぎこちない会話を始めました。どうやら彼はトルコ出身のようで、タネルという名前は「夜明けを歩む者」という意味なのだとか。私は心の中では、こういった三次元的な表面的な話は、実はどうでもいいと思っていました。そんなことはいい。二人の繋がりが何であろうと、それが時間を越えているものだったのは間違いありませんでした。

そうしているうちに、ある女性が近くに来ました。彼の彼女なのだそうです。それを知った私はものすごいショックを受けましたが、できるだけ丁寧にしようと、三人で話を続けました。

その後、小一時間ほどホールの暗い片隅でかがみ込んでいました。「一体、あれはなんだったの？」「あの人は何者なの？」沈黙の中で次々と疑問が湧き上がってきました。あの男性が私をここへ呼んだのは間違いありませんでした。考え込んでいると、聞き覚えのある声が突然聞こえてきました。

「やっと見つけた！　ずっと探していたんだよ」彼がそこにいました！　タネルは既に彼女を家に送ってから、またここに私を探しに戻ってきたのでした。

すぐに、完全に彼に身を委ねました。二人の関係は、超現実から発せられた光でした。もう、過ぎていったことはどうでも良くなりました。彼となら、地球上のどこまでも、二人で一緒に行けると思っていました。彼は私の人生で唯一、本当に愛した男性でした。彼の為なら命を投げうってでも、何でもできると思えたほどです。

ホールを出た私達は、ロンドンの街中を数時間ブラブラ歩き回り、そのうち街の隅にある私のアパートに辿り着きました。二人の歩調は完璧なユニゾンを見せて、まるで二人は元々一つの存在だと思わせるようでした。彼の力強い外見と流れる黒髪を見つめていると、彼がまるで皇帝のように崇高だと思えてきました。彼とは特に言葉を交わしませんでした。いえ、その必要は無かったと言えましょうか。元々一つの存在だった二人が、こうしてようやく再会したということです。とても言葉だけでは表せません。

彼をアパートに招き、数時間の間、部屋の壁を背に二人は静かに座って過ごしました。お互いの手を握りながら。話す必要も、キスをする必要も、何もありませんでした。何にも二人の完璧なワンネスを壊すことはできませんでした。お互いに感じ合っていた、この歓喜を。こんなにも喜びが溢れたことなんて、無かった！

夜が明ける頃、二人はテムズ川のほとりにある小さな公園へ出歩きました。公園に入った瞬間、それはそれは驚きました。記憶が蘇ったのです！

この惑星上で。あれは、インカ文明の時代。私達二人は一緒にいました。私は給仕で、彼と結婚しました。いつも私より断然賢い人で。彼と並んで歩く時に聞こえるジャリジャリした音を思い出して。二人はそれからもこの惑星上で歳を重ねていき。私ももっともっと進化していって。彼と対等なパートナーになるために。女王になるために。

公園のベンチに腰掛けて静かに二人の時を過ごしていると、今世でも二人は結ばれない運命だと理解してきました。自分自身の運命の中で、やらなければいけないことがあったのです。彼は言いました。

「二人が一緒になる唯一の方法があるとすれば、それは自分たちの真の生きがいのために、純粋にひたすら人生を捧げることだ。地球上でのミッションを遂行することでしか、二人はまた一つに戻れないだろう」
それを聞いた瞬間、私の中の核となるものが強く揺り動かされたのを感じました。私は決心したのでした。身につけていたアメジストを彼に手渡し、もう一つのアメジストは持っておくことを伝えました。それがお別れの挨拶になりました。

私の話はこれで終わり、と言いたいところですが、この話には続きがあります。二週間ほど至福の時間が続いた後、私はとても深く落ち込んでしまったのです。愛する人といられないのなら、これ以上地球に留まってなんかいたくない！　と考えてしまったほどです。そのさらに数週間後、とある芸術祭で、なんと彼と再会することができたのです！　どうやら彼の彼女はフランスに帰ってしまい、彼はロンドンに残っていたのでした。今世のうちには普通の恋人関係にはなれないということを二人とも承知してはいたものの、やはりまだ巨大な運命が二人の間にはあったのです。

彼は精神的に非常に成長した人でした。常に私の数歩先を歩いているようでした。私も歩幅を合わせようと努力したことで、私自身の目覚めを大いに加速させてくれました。彼から出来るだけ色々な事を学ぼうと熱意を燃やしていました。彼を通してスピリチュアルな世界のことを学べるだけ学ぼうとしていたのです。短期間の間に、多くの扉が開かれていくような体験でした。

いつも電話でデートの約束をしていたということはありませんでした。実は、私が適当にロンドンを散歩していたら、必ず彼に鉢合わせしたという事が起きていたのです！　まるで私と会うことを知っていたかのように！　彼は私を抱きしめて「大丈夫だよ」と言ってくれました。そうすると、本当に全てが大丈夫になるのでした。

大体その後は近くの公園で一緒にお茶をしていたのですが、私はいつも彼と対等になれたかを気にしていました。ですが、会う度にいつも彼は私よりずっと先を歩いていたことを痛感したのでした。内容は思い出せませんが、その時の私には理解できない高度な話をしていました。

そして、その年末。初めて彼が住む街を訪ねた時のことです。二人とも、それが最後だと何故か知っていました。涙が止まりませんでした。こうなることは知っていたのに、彼から離れたくなかったのです。最初で最後のその夜、二人は愛を交わしました。最後の抱擁の後、私は彼の家を出て、一時間ほど離れた私のアパートに戻りました。家に着き、階段を上がって寝室に入り、ベッドに腰かけた私は泣き崩れました。不思議な事に、首にかけていたアメジストのネックレスのひもが切れて落としてしまいました。

その後、タネルの姿をロンドンで見ることはありませんでした。ですが、二人の物語はまだ続いているようです。1982年、メキシコのパツクアロ湖で特別な惑星調和の儀式を行うために訪れた時のことです。その時突然、タネルの存在を強く感じたのです。数年間は彼のことを忘れていたのに。その夜、私は夢を見ました……

夢の中。彼はアメリカの大都市を訪ねていました。私は夢の中で、彼を探し求めていました。ですがどこを訪ねて行っても、彼はちょうどそこを発ったところだと聞かされました。そしてようやく今いる場所を突き止め、ドアを挟んで再会をしました。ドア越しにタネルが言いました。「今世の後も、ずっと君といるという約束から、僕を解放してくれないか」

あまりのショックに、私の存在そのものが根底から崩れていくようでした。「貴方のおかげで、私がどれほど成長できたと思っているの？」私は、彼の要求を拒否しました。頭の中では「面と向かって言ってよ」と言えばいいのにと考えてはいたのですが、つい頑固になってしまいました。

その数か月後、真夜中に目が覚めて、彼がその約束から解放されるという内容の詩を書くためにペンを走らせたのでした。

そして、ロンドンでの最初の出会いから実に36年も経過し、なんと彼と予期せぬ再会を果たしたのです！　彼に会わないといけないと思った私は、彼に何度か電話をして、トルコへと向かいました。着いた日は、私の誕生日でした。悲しい事に、彼は何年もの間アルコール中毒やドラッグ乱用によって、深刻な状態に陥っていたのです。一緒に過ごしたあの頃の、お互いに言いたいことを言う事ができたという思い出が鮮明に蘇りました。一生忘れられない思い出です。二人の愛は時間を越えて、不滅なのです。二人は平和的に別れることにしましたが、愛そのものは決して無くなることはないでしょう。

こうして私は完全に一人になったのです。私の人生においての、ツインフレームはこのような人だったということです。

ツインフレームから真の愛まで

私の話からも読み取れるように、ツインフレームというのは私達を覚醒へと向かって前進させてくれる、宇宙的活性要素にもなり得るということです。目の前に人間として現れる場合もあれば、超現実の領域から呼びかけてくる場合もあります。いずれにせよ、私達の認識のレベルを上げてくれる存在です。「愛する人」の体現者であり、全体性への到達と、究極的には「神聖な合体」への到達に向けて、後押ししてくれる存在なのです。

さて、次の話題は「一真愛〈ワン・トゥルー・ラヴ〉」という存在についてです。一なる真の愛は、物理的存在であり、あらゆる段階においても私達を意識的な一元性へと結び付けてくれる存在のことを言います。この存在はツインフレームとも異なり、私達の持つ「愛する人」の本質を体現している、本物の一真愛なのです。この存在は世界にたった一人しか存在しておらず、もし出会うことができれば、多くの真の愛がこの惑星上に生まれる可能性があります。つまり、この惑星上であなたが一真愛と出会うことがあれば、今度はあなた自身が他の誰かにとっての「真の愛する人」になるのです。私達一人一人は、必ず誰かにとっての愛する人なのですから。

私達はようやく、真の恋愛関係を作り出すことのできる時代へと入りました。何故これまでは不可能だったのかというと、真の恋愛関係というのは一元性に根付いた人々によってのみ作り出すことができるからです。だから今までの二元性に縛られた人々には作りだせなかったのです。

だから今こそ私達は、二元性を基にした旧い人間関係や、愛の無い恋愛関係を、愛を持って手放すべきなのです。愛や慈しみ、喜びをもたらすことの無い関係は、全て手放してしまいましょう。誰かに依存して成り立っている関係も、それは相互支援の形を取っていない以上、自然消滅していきます。誰かに支えてもらっている時、あなたもその人が一真愛を見つけ出せるように支えているという関係であるべきです。一元性の定型においては、勝者も敗者も無いのです。ウィンウィンの関係こそが本物です。

障害の全く無い、完璧な神聖な合体は、誰もが望むところですね。愛、信頼、寛容、尊敬をお互いに持ち、本質的に繋がった、同じ目的を持つ完全な二人。その二人が結ばれる時、一なる存在となります。同じ意思を胸に、運命を共にして馬車を引く使命を任された二頭の馬のようです。責任重大に見えますが、実はこの関係はとても楽なものです。ワクワクしますし、得るものもいっぱいあります。二人の間の愛は尽きることがありませんし、夢見る理想の関係以上のものなのです。

二人は一つだと分かる時……

分裂という名のベールが消え去り
ありのままのあなたが裸になる時

あなたそのものが明らかになり
完全な開放感を経験し
その人と完全に一つになって
次元という次元を飛び越えて
二人は一元性という新たな段階に達する。

ああ、分かった
二人は一つだった
もう分裂の幻の、欠片も残ってなかった
二人の間には、何も

あなたを形作る細胞も、分子も、
全てが一つに溶け合って、
二人の呼吸も一つになって
一なる旋律で合奏する。

自分は独立した一人の存在と思っていても

それは実は一なる存在という
至高の鏡に映る姿なだけ。
それは乗り物。
この世界で
神聖な合体という
この上ない喜びを味わう為の。

こんな偉大な存在だったと知ったら
もう自分を独立した意識と見られなくなる。
もう私一人では、いられなくなる。

光輝く二本の柱。
それらは合わさって、純真愛のかがり火となる。
その愛はあなたが会う人全てに浸透していき
真愛の新たな軸となり
大勢の人々を
一なるものへと導く。

これが私達の任務。
そのために呼ばれたのが私達。
それをこそ、やりたかった。
私達の心が、一なる心として鼓動する。
栄光の一なる愛の存在として
真の姿で、輝きだす。
至高の恵みの、神聖な火で浄化されたのなら、
さあ、生まれ変わりましょう！

神聖な合体

性に大きな秘密があることは、意外と知られていない事実です。

セックスの本当の目的の一つに、一元性へと溶け合うというものがあります。ですが、この話

題はもっとも二元性の妨害を受けやすい領域の話であることは知られるべきことでしょう。二元性は男女という両極性にだけ見られるものではなく、精神と肉体の極性の分離にも見られます。そして、上部のチャクラと下部のチャクラが別れているという偽りの話も、二元性が原因となっています。

そんな中でも高い精神性へと進化した人たちは、セックスと、下部チャクラの物質面と、上部チャクラの精神面をうまく調和させることができます。そういった人たちは、普通の人よりも見えざるエネルギーへと心を開いているからです。しかし、そんな進化した人にとっても、性的な刺激にだけ集中してしまうことで、エネルギーが自然と下部チャクラのみに集中してしまうのです。そうなると、「自分はもう、スピリチュアルでは無くなってしまった」と感じてしまうものです。神聖な合体への機会を失い、動物と同レベルになったと感じてしまうからです。

残念なことだと思いませんか。セックスは、宇宙的で神聖な表現法であり、見果てぬ夢の終着点であるのに、それを動物的だと言って恐れてしまうだなんて。確かに、物質界で起きるのは性器同士が触れ合うということのみですが、現実として起きているのはお互いの肉体だけでなく、感情体、精神体、霊体が多次元レベルで触れ合っているということです。

私はこの本を通して様々な性的テクニックを紹介しようとは思っていません。そのような本は既に数えきれないほどありますからね。それより、性というものをこれまでと違う角度から見られるようにお手伝いをしたいと思っています。

お互いが合わさって、一つの存在になるために愛し合うこと。元々一つだったのにどこかで別れてしまった二人が、愛によってまた一つの存在へと融合していくということ。全ての次元において、目と心を開き、言葉という言葉を交わして、超現実へと至ることができるのです。

全身全霊を使って交わることで、全開になったお互いのエネルギーが物質界に定着します。その巨大なエネルギーが、二人をより深い「見えざる領域」へと導いていきます。その領域では、至福の翼を使って空だって飛ぶことができるのです。どこへだって。一つの存在として。

私達は一元性の特性を生まれ持っています。神聖な合体は、その特性へと近づけるのならば、どんなやり方でもいいのです。やり方が重要なのではありません。真の神聖な合体は、限られた人々だけが通ることができる門なのです。その先にある、究極の間まで辿り着いた人はそう多くありません。

エンパワーメント

ありのままの自分を認め、体現すること。それがエンパワーメント。

本当の自分自身になるということは、私達が生まれ持った権利です。自立する力を得る時、自分の中の核となる真実に気づきます。それが、一なるものとの調和する瞬間なのです。

生まれ持った権利なのに、何故こんなにエンパワーメントに至るのが難しいのでしょうか。実はそれには、私達がかつてこの惑星上や惑星外で過去に経験した、力の乱用が原因となっているのです。

この惑星上で最も悟っていて、何でもできる能力を持った人でさえ、この生まれ持った権力を完全には行使できないのです。何故なら、そのような人達でも過去に力の乱用による虐待を受けた経験を思い出してしまうからです。または、過去に力を乱用してしまった自分にまた戻りたくない為に、自分自身を強く責め続けている人もいます。

ここに転生してきた人は誰しも、過去に少なからず悪さをしてしまったものです。二元性の定型の中に生きている人間なのですから。当たり前の事なので、過去の悪行を責めるつもりはありません。ですが、過去に行われた力の乱用によって起こったことは、意識されるべきと言えます。もうこれまでに多くを学んできました。一なるものへと奉仕することの大事さについても、良く学んできました。

間違えを犯す経験はもう十分です。過去に自分自身がどんなに酷い事をしてしまったのかを責め続けるのも、やめましょう。もう赦してあげましょう。そうすることで、一なるものを体現し、エンパワーメントを得ることができるようになります。これからは、過去を赦し、真の一なるものに向かって自立することができる人達の時代です。

自分の真の力を表現することを恐れてはいけません。力は他人を征服するためや、暴虐になることや、自惚れることや、自分勝手になることや、心無き行動をすることに使われるものでは無いという事を覚えましょう。私も自分自身の過去の経験から話していますが、こういった性質は自身の力の本質を定義するものでは決して無いのです。

力とは、距離に関係なく、
自身の愛や智慧を送ることができるエネルギーのことです。

試しに「力」という言葉の定義を辞書で調べてみてください。そこには、何も恐ろしいことは書いていないはずです。実は、力を正しく使用することが今の時代では必要とされているのです。

力とは、推進するための手段なのです。
それ無しでは愛も智慧も、表現されることなく枯れてしまいます。

力とは、単にエネルギーです。そして真の力というエンパワーメントをもたらす力は、一なるものから直接発せられるエネルギーなのです。そして私達は、自分たちを表現することで、二元性を一元性に変化させるためにここにいます。だから受け身になったり、気弱になったりすることはありません。ただ、自然に生まれ持った権利を使うだけなのですから。真の愛の戦士になりましょう。

エンパワーメントを得て、強くなることは気持ちの良いことです。他人を操ることなどに力を使うことは、気持ちが悪くなることです。自分自身というものを表現すればするほど、「生きている」という感じがするものです。力の蛇口を開けたままにしておくのも良くはありませんね。この流れるエネルギーに愛と智慧を入れ込んであげましょう。そうして、完全で強力な奉仕ができるように目指しましょう。

智慧と力

隠された智慧

メルキゼデクは秘めたる古代の知識が隠された場所の監視者です。深い洞窟の奥底、大いなる記憶の間〈ホール・オブ・レコード〉に保存されたそれらの知識は、メルキゼデク教団〈オーダー・オブ・メルキゼデク〉という守護者達の管理下で、限られた者だけに伝えられてきました。オーストラリアのアボリジニーたちや、マリのドゴン族、またはアメリカ大陸のマヤ族やホピ族といった古代の民はこれらの古代の知恵を保存し続けてきました。彼らはメルキゼデクのエネルギーと繋がっていたからです。

1991年11月11日、念願のメルキゼデク教団〔著者の語るところによると、いと高き神の祭司であるメルキゼデクは、この宇宙の大いなる智慧の主の管理者であり古代の秘儀と知識の護り手であるとされています〕の活性化が行われました。そのおかげで、それまで隠され続けてきた多くの秘教が再発見されました。現在では多くの記憶の間が見つかり、公になりました。

この活性化の波及効果は、はるか遠くにまで及びました。真の霊界の階層性〈ヒエラルキー〔一般的に、存在の霊格に基づく霊界における上下関係のことを指します〕〉が明らかになったという結果は際立った効果でした。これが意味するのは、多くの秘教マスターが表に出てきたということです。世間から隔絶されたヒマラヤの洞窟にひっそりと隠れ住んでいると噂されるような人達のことだけではありません。

他にも多くの、愛と智慧と力を持つマスターが人々に知られるようになりました。誰の事だと思いますか？　そう、それはあなたです！　私達が、その隠れマスターなのです！　今こそ私達が人類の先頭を切って、超現実を体現する時がやってきたのです。

力の正しい使い方

地球上でもっとも間違った使われ方をされて、人々に怖がられているのは、「力」であると言えるでしょう。過去世においても乱用され続け、または乱用し続けてきたことに大きな罪の意識を感じている人もいます。自分には力を正しく扱える資格が無いと思ってしまっている人もいます。これは自分への罰なのだと言って、罪悪感で自分自身を傷つけ続けている人がいます。

さあ、もうそんなもの、手放してしまいましょう！　そんな不要な考えは捨て去って、本物の光を見つめるようにしましょう。物質界に降りてくる前の、星天協議会で話したことを思い出してください。覚えていますか、とても美しい円形の、スター神殿を。そこは古代ローマの円形演技場のように、ひな壇式客席があって……

中央には、無数の多次元宇宙へと続く扉がありましたね。星天界の巨大な光の存在であった私達は、そこから始まる物質界での冒険に胸を躍らせていました。その扉から小さな惑星地球を見つけた私達は、そこで肉体に転生する周期を選んだのでした。

まるで色々なお芝居をする劇団員のようでした。演技力が要求される、ありとあらゆる役から選び抜いた、一人の人間としての人生です。だから、何でも経験してみたいんです！

その時は力の乱用者や、その乱用の被害者になることを恐れてはいませんでしたね。完全体として星天協議会に居た間には、地球での経験なんて、たかが二元性の幻想のドラマに過ぎないと考えていました。しかも、その二元性の中に降り立って、それを一元性へと戻すことを選んだのは、私達自身の選択でしたから。

ここでの演劇が終わり、幕が下りたら、どうなるのでしょう？　衣装を脱いで、メイクを落としたら、元の現実に戻るのです。罪悪感も何も、持ち越しません。それらは、たまたま私達が悪党の役だった時に演じたことです。ですが、そもそも何故私達は悪役になんてなろうと決めたのでしょうか？　自分で悪役になることを選んだのなら、なぜ罪悪感なんて持っているのでしょう？

大事なのは、悪役だった自分は、「本当の自分」のうちのほんの少しの欠片でしかなかったということを思い出すことです。昔着ていた衣装なんて忘れてしまいましょう。自分は本当が誰なのか、思い出せば全て済むことです。あなたはずっと、あなたでしかありませんでした。あなたは、あなたになるしかないのです！

力の乱用にも周期があることは興味深いことです。この周期は、そこまで長続きしないものですが、その時の記憶は長い間私達を苦しめがちです。力の乱用は転生するごとに徐々に大きくなっていき、いつしか生きることがとても辛いことになってしまいます。最初はただの自分勝手で意地悪で欲張りな人なだけでしたが、歪んだ力の味に憑りつかれてしまってからは、そのまま力の乱用の道を進んでしまったのです……

その周期は、最後にとんでもない大きな爆弾として人生に落ちてきます。支配者となって多くの民衆を苦しめたり、邪悪な魔女になって魔法で人々を操ったり支配したりします。もっと酷いことをした人もいることでしょう。文明そのものを滅ぼしたり、他の惑星を破壊してしまったり。

明るいお知らせもあります。かつて大きな過ちを犯してしまった人達は、普通は間違いを認めて、二度と力の乱用をしないようにするのです。酷い過去世を持った人は、大体の場合権力の座に就くことを避けるようにし、蓄えてきた知識や能力を隠そうとするものです。誰にも注目されたくないのです。誰にも気づかれないようにして、自分が傷つかないようにしているのです！

ですが運命のいたずらは絶対にやってきます。それがやってきてしまった時の人生は、それまでの転生の中で最も辛いものとなります。例えばこんな人生のシナリオが待っています。

まず、支配階級の一族の末っ子に生まれます。その家族で一番若いということで、自分は後継者になるには程遠いということで、一安心と思い込みます。ですが、自分の兄弟たちが次々と不遇の死を遂げていきます。次に王座に就くのは？　そう、自分になってしまいます。他にも、警察組織の中で階級の低い立場にいて満足していたら、急に上司が皆殺しにされて、突然自分が上司の役目を負うことになったりします。

皆さんも、最初は数回ほどこのような人生を歩みました。そこで待っていたのは、自滅の運命です。結局その後、無茶をしてすぐ殺されたり、酷い病気にかかったりして、不遇の死を遂げました。「もう権力なんてまっぴらだ！」と思いながら。

権力に背を向けて生きることが一番の解決法だと考えている人がいます。今世を含む、これまでの過去世でも、そうやって生きてきました。しかし、そうやって逃げていても何も解決には結びつかないのです。いつかはまた、恐れている権力の座に就くことを強要されるものです。

それともう一つ、運命の皮肉があったのを忘れていました……例えば自分から権力の座にわざと戻って、今度は民衆の為に尽くす親切な統治者になろうとしても、結局は周囲から中傷され追放されたり、酷い時は殺されてしまうこともあります。力を正しく使おうと努力したのに、こんなことって！　もう二度と権力に近づきたくないと心に決める瞬間となります。

そうすると次に、「贖罪《しょくざい》の周期」という段階に入ります。ここではわざと自分を被害者に仕立て上げ、権力の誘惑に引っかからないようにします。権力の乱用者の生贄となる必要があるため、この贖罪の周期は非常に長いものになります。私達のほとんどは、ようやくこの周期から抜け出したところです。

力はただのエネルギー

一なるものから送られてくる力は、無尽蔵です。真の力とは、恐れられるものでは決してありません。それは独占されたり、貯め込まれたり、操作されたりするものでは無いのです。言ってみればそれは……風のようなものです。シャーマンの受講会などで、「自分の力を取り戻す方法」だとか、「その力を使って自分の望みを叶える方法」だとか、「他人から力を盗む方法」なんていうことを教えていると聞くと、ため息が出てしまいますね。いつかそのシャーマンたちも理解するのではないでしょうか。「力が無い〈ノー・パワー〉」こそが、最強だということを。力が無い状態とは、人が持てる力を完全に手放して、完全に力が抜けきっている状態のことです。激しい運動をした後に、この状態になったりしますね。

力が無い状態でいるとき、人は完全な防御と、完全な浄化と、無限の綺麗なエネルギーの供給を感じます。心が一なるものからのビームに対して開ききっている状態です。これが本当のエンパワーメントです！

その状態でなら、愛と智慧と力を無限に使用することができます。その為には、自身の内側が完璧な調和を保っている必要があります。

力強く愛すること。
力強く智慧を働かせること。
それが力の正しい使い方。

この神秘を誰も分かっていないように見えます。何故なら、それを実際にやろうとしても、その神秘は形を歪め始め、そのうちに、影も形も無くなってしまうのです。焦って無理に追い求めてはいけませんね。愛と智慧と力は、皆に無限に用意されているのですから。

ですが、いま地球上に求められている人材は、力の上手な使い手です。愛と智慧と力という、神聖な三角形を内側で活性化させた人です。そして、その三角形を皆の為に使うことに全力で貢献する人です。一元性に移行する、この栄光の時代に。

誰かがそれを実行すれば、皆が自分の使命をやり始めるでしょう。そして私達は、皆で11：11の扉から超次元へと旅立つのです。

神聖な一時停止

長らく追い求めてきた扉の前に立つ時、その瞬間は訪れます。「この扉をくぐると既に心に決めていた。そして、今はもう目の前に障害は無い」その神聖な瞬間、一旦動くのを止めて、これまでの長い道のりを振り返ります。そして今、ずっと追い求めてきた扉が目の前にあります。

その時には、曇りなき目で過去を振り返ることができるでしょう。

慈愛に満ちたその心を持ってすれば

過去を祝福することができます。
全ての経験に無駄な事は一つも無く
この扉へと導いてくれたのです。

その先の道で出会った人々をよく見てみてください。昔の恋人、学校の先生、そして誰よりも、あなたの成長を妨げているあの人。その時は敵として見ていたとしても、もう一度彼らを見てみましょう。

実はどんなに素晴らしい恩師であったかが分かるでしょう。あなた自身の変化の引き金となったのは、彼らだったのです。この変化が無ければ、とっくの昔に死んでいたかもしれません。他人への深い思いやりと理解力を、あなたに与え続けてきました。

愛していたあの人を思い出してみましょう。公認の恋仲だったあの人も、そうでなかったあの人も。そうですね、過去の失恋の連続は、思い出すのも辛いものです。愛と信頼のために一生懸命心を開こうとして、結果、煮え湯を飲まされる思いを何度もしてきました。「もう愛なんて信じない」でも、もちろん、それは愛への服従ではありません。服従関係は、いつか壊れる関係です。心を開くことを止めないで。天からの試練のように感じる恋愛は、時に慰みを感じつつ、続いていきます。この愛の海は静かでいながら、それでも私達を前へと進めてくれます。あまりに深くて、触れることも忘れることもできない、いくつもの私達の本質の川が、愛の海の中へと合流していきます。これが神聖な合体の意味だったのです。魂と魂が一つに融合する、神聖な合体。私達の細胞の芯までもが、それをずっと追い求めてきたのです。

もちろん、他人から捧げられたハートを、私達の方がボロボロに壊してしまったこともあるでしょう。自分はここまで冷酷になれるものなのかと思いつつ、実際にそれをやってしまったことがあるのです。いつも被害者側ではなかったのです。こうして多くの高貴な心、優しい心、壮大なミッションを背負った心が愛の祭壇へと捧げられました。時には命を懸けた愛情でさえも。苦痛のうちに、または自分から進んで、無数の心がそこで犠牲になっていきました。私達は愛の劇場にて、ありとあらゆる役柄を演じてきました。ですが、一体何のために?

経験した人間関係は、全て自分自身の映し鏡なのです。
自分らしさや、自分らしくないところを完璧に映し出す鏡です。
見るのも苦痛な姿が映し出されることもあります。
私達はその部分を、成長または変容させなければいけないのです。

自分の中にあった、今まで見ようとしてこなかった部分。その部分を直視することで、私達は強く成長し、もっと自分全体になれます。人間関係を通して、これまで否定し続け、自分の中に閉じ込めてきた部分についての指摘を受けることができます。多くの場合、それはひどく苦しい経験となるでしょう。映し鏡を見つめる時、直後に嫌悪感を伴う強い反応が引き起こされます。そして、恋人を繋ぎとめておこうとすればするほど、その人たちは自分から離れていくのだと、ようやく学習します。逆に鳥かごの中に繋ぎ止められている時は、ただそこから飛び立って逃げるか、やる気が無くなり関係を辞退するか、下手するとその中で枯れて死ぬことになるでしょう。自分自身との繋がりを欠いたまま他人にしがみつこうとすれば、いつか必ずそのような結末を迎えることになるのです。人間関係のパラドックスです。

なぜ私達は他人との完璧な関係を求め続けるのか。それは、全体性との融合を果たすための外界での冒険の旅の途中にいるからです。つまり、本当の融合は自分の外側でしか果たせないと考えていたのです。「もし完璧な相手を見つけ出すことができれば……」それが動機となっていたのです。これまで、自分を癒してくれる相手、自分の足りない部分を補ってくれる相手を探すために、恋人を探し回ってきました。「何故、神は本当の恋人を探すのをこんなにも難しくしたのか！」と叫びたくもなりますね。向こう見ずで、終わりの見えない、恋人探しの旅です。そして最後は必ず、失望が待ち構えています。

遅かれ早かれ、（大体は後で理解することになりますが）私達は悟るでしょう。真の合一は、自分の内側で果たされるということに。だから、外側に足りないものを求めても、無駄だったということに。自分の内側に目を向けてみると、そこにずっと求めていたものを見つけ出すことができます。「なんだ、こんなに簡単だったんだ！　今までの苦労はなんだったの!?」とも言いたくなりますね。まるで宇宙的ジョークのようですが、面白いことに、自分の内側の男性性と女性性の両極性を一つに融合させることができれば、外側で素晴らしい恋人に会いやすくなるのです！　もちろん、それを望んでいればの話です。

人前で間違えを犯すのを怖がっていても、何一つ間違っていなかったというのが真実です。

過去世を含むこれまでの人生で出会った選ばれし恋人達は、最終的に自分自身を全体性へと繋げるために自分で選んだ相手だったのです。外側の人達にどのように見られようが、関係ありません。外側からは、あなたが持つ人間関係は楽しそうに見えたり悲しそうに見えたり、報われないものに見えたり、充実しているように見えたりするのでしょう。実のところ、その人間関係はあなたの成長のためだったのです。さあ、今こそ沢山の感謝の気持ちを贈りましょう。赦しと愛を、目覚めを促してくれた人達に送ってあげましょう。

転生の周期は完璧です。
全ての必要な要素を含んだ
調和のとれた交響曲。
私達独自の歌を創りだします。
間違ったと思った判断は、実はいつも正しかった。
成長の糧となってくれたのだから。

さあ、自分が誰かを思い出しましたか？　なぜこんなにも永く忘れていたのか、不思議でしょう？　なぜ覚醒はこんなにも困難なものなのでしょうか？　なぜあなたは、無知の深い眠りをこんなにも永く経験しなければならなかったのでしょうか？

三次元の中に完全に浸りきることが、実は目的の達成のために絶対必要だったのです。記憶を完全に持ったまま物質界へと降りてきたら、人類への思いやりや理解力を育むことが果たしてできたでしょうか？　恐らく、人間は下等生物だと判断して、見る価値が無いと思っていたのではないでしょうか？　アトランティス時代のあなたの記憶をスキャンしてみましょう。そこにもその例が残っています。自分の霊格が高いと言って思いあがっていると、かつて「神聖」だとして崇められていた全てが、最後には自滅することになるのです。

調和へと至るには、
いつでも謙虚な心を忘れないことです。
そのような転生もありました。
従順だったり、目立たない人だったり。

謙虚な人生からは、品位や栄誉の心を学ぶことができます。高い地位の人の転生では、卑下する心を学びました。大事なのは、**支配によって服従を学び、服従によって支配を学ぶということ**です。

自分の両極性を調和させるには、ある程度の時間が必要なのは誰もが認めるところでしょう。しかし、できるだけ広い範囲での両極性の力学を経験することが、私達に必要だったのです。

数えきれない地球上での転生は、一見永遠にも思える長い時間ですが、天の時間から見れば地球での時間はほとんど一瞬であり、それでいてとても実りのある時間なのです。

ここまで愛を行動という形で表現することができる場所が、他にあるでしょうか？　身体と精神と感情をフルに使って表現できる、こんなにも素晴らしい機会が与えられているのです！　私達の本来の巨大な存在を、最も密度の高い物質界に詰め込んで、私達はここにいます。形のないものと形があるもの、見えるものと見えざるものを、錬金術的に融合させるために。その融合は、自分の内側で果たされるものなのです！　これこそが、錬金術の真髄です。

全てを忘れて頑張ってきた甲斐があったというものです。それは一瞬の閃きとなって現れます。膨大な時間をかけたわりには、ほんの一瞬の簡素な閃きです。

量子飛躍

私達の前には、開かれた扉がある。

いま、その中へと一歩を踏み出す時……

これは過程〈プロセス〉

自分が、輝く本当の自分になるため

一元性に定着するため

完全に目覚め

この地球に尽くすための。

第2部

エンジェル

：物質界へ降りてきたあなたへ

地球の周波数の中に転生し、
自身を物質界の中心に定着させようとした天使はそれまで、誰もいませんでした。

スターボーン

初めは、ひとつの星、
私達という、星。

天国以外のなにもないところで、
皆で一つ、
共に輝き、共に回り。

その閃き、
その暖かな光は、
皆の本質が一つになって、
表現されたものでした。

私達の星
それは一なる存在。
完全性。
全てを内包する。

そして……

臨界点！

私達の星は内破し、
次に外側に向け爆発しました。

星の欠片が飛び散り

それぞれが

終わりのない
空っぽの
宇宙の
隅々まで
放り出され。
上へと。
下へと。
隅々にまで。

滝のように流れる欠片たち
外側へ、外側へ、
天の流れに乗って。

星の波が
星の破片と
混ざりあう。

欠片

分　　　　　　　　離

より小さく

小さい欠片へ……
より小さく……
空一面に広がり。
より小さい欠片へ……
より小さく……
より小さく……
そして、もっと

さらに遠くへ

分離してゆく。

できるかぎり
離れないようにしていたけど。

一つの星だった頃に。
真実だった頃に。

より小さく……

より小さく……

より小さく……

欠片

さらに

分　　　　離

まるで花火のように
夜空を彩る。
一瞬だけど
閃光のように。

さらに

分　　　　　　　　　　離

分裂

距離

隔離

孤独

そして最後に……

私達は

個人としての意識を得ました。

こうして、天使は生まれたのです。

天使

もしかしたら、今なら
思い出したのではないでしょうか？
天界を自由に
空を飛び回っていたあの頃を。

ええ、分離はしていました。
ですが、限界などありませんでした。
まだ思い出すことができました。
自分の至高の起源を。
一つに繫がっていた頃を。
大きな大きな、

星天存在だった頃を。

全方位に放たれる愛。
私達を流れる。
自分の、天使の呼吸と共に
踊り、遊ぶ。

皆が欠片の一つ。
一なる星の、欠片。

すべての欠片は
自分自身の映し鏡。
どうしてそれを
愛さないでいられましょうか？

私達一人一人は
同じ輝くクリスタルの一面。
輝く一なる星の
光線の一つ。

ああ、あの黄金の日々。
皆で遊んだ日々よ。
天の存在の中で
皆の本質が繋がっていた日々よ。
歌のさざ波で
静かな空を満たしていた、あの頃よ。
瞬く星の光の中で
喜びで踊っていた、あの頃よ。

私達の本質が一緒になった時、

真に愛し合えた時には、
その流れは大きく波打って、
星の波に揺られて、
新たな銀河が誕生していきました。
波はらせんのように広がり、
天の海を駆け巡りました。

私達の、透明な光の体。
虹色に光輝く
その体はまるで、星くずで磨かれたように。
そう、確かにそうです。
私達は、一なる「星」なのですから。

私達には、翼がある。
天使の翼で空へと舞い上がれる。

大きく広げた翼で、自由自在に飛べる。
力を込める必要はなく、
無限の夜を飛び回りましょう。

栄光と自由の
過ぎ去った日々。
とても楽しかった。
大事な思い出。
いま、自分で選んだこの道を
歩んでいます。

さあ、思い出しましたか。

私は覚えていますよ。

ずっと昔に忘れてしまっていた、あの頃。
滝のように流れた涙。
それを拭う私の両手。
疲れ切った、現世の私の顔。

あえて私が、あの「呼びかけ」について口にしましょうか？

あの、緊急招集のことを。

多くがそれに応えて、
地球に降りてきました。

初めは無邪気な遊びだったのです。
地球を皆で創造しようと。

新しい楽園を生み出そうと。
その楽園を、
翼を広げたまま、旅をしようと。

親愛なる皆様、
その後のことをゆっくりとお話しますね。

2回目の呼びかけがありました。
決断の時が来たのです。

天使達の多くは、
すぐに天界へと戻っていきました。

ですが私達は、

その呼びかけを聞いた私達は、
ここに留まり、奉仕することを選んだのです。

私達の課題は、一見簡単なことに思えました。

「物質界を変化させよ」

「天と地を一つにせよ」

「二元性を一元性にせよ」

その時は自然と、
とくに努力しなくても

迅速に
完了できる課題だと思っていたのです。

ですが、もちろん、
それは二元性の幻を体験する前の話。

時間と分離という、二元性の幻を。

堕天

物質界に降りてきたことは
よく覚えていますね。

時間の霧の裏側に
長く隠されてはいましたが。

私達の中で最も輝いていたあの存在が、
自らの意志で、
降りることを志願したのです。

そして致命的なことが起き、

私達は皆、この監獄に閉じ込められました。
密度と……忘却の監獄。
私達が本当は誰だったのか、思い出せなくなりました。

この堕天の体験を
今でも私達は思い出すことができます。

ショック。
裏切られた。
見捨てられた。

深い悲しみ。

怒り。

罪悪感。

それらが細胞記憶に根付き

解放の時を待っています。

忘れてしまったのですよ。

親愛なる皆様……

自分の翼を。

自分の星を。

自分の至高の起源を。

自分が天使なのだということを。
自分は無限なのだということを。
自分は一なるものだということを。

自分自身に厳しく接していたのです。

罪悪感や思い込みで、
身動きが取れなくなっていませんか。

絶対に、絶対に忘れないと誓えば、

私達は星になれます。

親愛なる、星を呼吸する皆様、

あなた方の心には、
このことも運命づけられていたということを知ってください。

忘却も必要な過程だったということを。

三次元の物質界を
変容させる過程の一部だったということを。

そしてそれを
私達は自ら選んだのだということを。

だから、自分に厳しく当たらないでください。
あなたのミッションは、決して失敗に終わっていません。
理解して、決して忘れないでください。
自分を愛するということを。

あなたはいつの日か、
癒され、愛されるということを。

私達が、天界なのです。

私達が、ホームに残ることを選んだのです。
一なるものの、心の揺りかごの中で。

最上級の愛と感謝をあなたへ。
あなたの貢献を讃えます。

「なんでなのか」それが解ったのだから。
もう泣かなくても、大丈夫。

黄金のコード

その無限の一瞬の間に
分離が始まり、
天使だったあなたは
黄金の光の流れを発し、
あなた自身という
ホログラムを投影していた。

更に下へと……

地球へと……

星の黄金の光線。
それが物質界まで伸びていく。
あなたは、そのようにここへ降りてきました。

小さな小さな星の種〈スターシード〉が
地球の密度の中へと植えられました。

黄金の星の光の柱を通って降りてきました。

この星の種は
あなたという存在の、ほんの一部に過ぎません。
それだけを、ここに降ろす必要がありました。

上空には星天。

そびえ立つは、巨大な黄金の天使。

あなただけが、ずっと忘れていた。

転生したのは、あなたの一部だったことを。

ほんの小さな、あなたという欠片は、
大きなあなたの、一部だったことを。

天使が星の種をこの地球に植えた瞬間、
それは感じられました。

分離の感覚。
分裂していく感覚を。
しかしそれでも、本当は、
ずっと一緒にいたということも。

あなたが通った
黄金の光線。
それは当時のまま残っています。

黄金のコードは
いつもあなたと、
一なる星を繋げています。

あなたがどこに行っても

いつでも戻ってこられるように。

黄金のコードは、
本当は輝く一なる星の
一筋の光線なのです。

本当の私達という、星の！

親愛なる皆様、
もう、お分かりでしょう。

いえ、既に感じていることでしょう。

私達は遠くまで来ましたが、
一なるものの心から離れたことはなかったということを。

ここがあなたのホームなのです。
「今、この瞬間」が。

この長い黄金のコードは
いままでずっと、
これからもずっと、
精神と物質を
天と地を
繋いでいます。

終わりなき転生の旅の中、
この黄金のコードは当時のまま残っています。

地上にいるあなたと
天使としてのあなたを
常に、完全に、繋げています。

あなたが、
「黄金太陽天使〈ゴールデン・ソーラー・エンジェル〉」
としてのあなた自身を
外側の存在だと捉えていても、
別の存在だと考えてしまっていても……
守護天使だとお考えの方もいるかもしれませんね。

この天空の守護神は、
あなたを導き、
護り、励ましてきてくれました。
ずっとあなたを包んでくれていました。

全方位に向けた、その愛の中で。
あなた自身を知るのです。
これまでよりも、もっと深く。
そして自分自身を非難するのは、もうやめましょう！

呼びかけ

いま、もう一度呼びかけがありました。

目覚めの時、
立ち上がる時がきました。
眠気を全て落としてから、
さあ、思い出す時がきました。

天使、
黄金に光輝く者たち。

私達をじっと見守ってきた者たち。

時の始まりから、
創造の夜明けから、
あなたを呼ぶ声が。

内側深くへ、
定着してくれと、
呼びかける。

二元性から一元性へと
移行させるために、
黄金の階段を昇り続け
来た道を戻り
ホームへ帰る。

二元性を越えましょう。

両極性を調和させ、
融合させ、
一なるものへと戻しましょう。

地球の周波数の中に転生し、
自身を物質界の中心に定着させようとした天使は
それまで、誰もいませんでした。

私達が、その中心にいます。

加速する、

ホームへの帰り道の途中です。

私自身の覚醒のお話

私個人の物語の、
小さな欠片についてお話ししましょう……

私は幸運にも、少し変わった家族の中で育つことができました。母はスピリチュアルな話題にとても詳しい人でした。私が小さかった頃、よく古代アトランティス文明や、レムリア、エジプト、アッシリアについて教えてもらいました。だから、今でも馴染みがある場所なのです。そして、それらの文明が存在していたことに疑いの心を持ったことはありませんでした。

7歳の頃、カリフォルニアのどこかの砂漠地帯で開かれたUFO総会に連れられたことがありました。そこで多くの人々に、私と母は金星出身だと言われました。今考えると、なぜ金星なのかは未だよく分かりませんが、とにかくそういうことをよく言われました。小さい頃は、UFOや火の玉をよく目撃していました。それは事実です。無知だった私は、それは誰でも見たことがあるのだと思っていました。妖精や自然の精霊たちとも、よく交流していました。

少女の頃はとにかく、物事の外観の下に隠された真実を知りたいと思う、飽くなき好奇心が湧きっぱなしでした。本当のことを知りたくて、なんでそれが起きているのかを知りたかったのです。結構早くから、全てを曇りなき真実の目というフィルターを通して、真意を理解する方法を学んでいきました。

想像力もとても豊かな方でした。ほとんどの時間を、一人っきりで遊んで過ごしていました。目には見えないお友達なら沢山いましたが。十代の頃は、人生について深く考察するようになっていきました。多くの異なる宗教について勉強し始めました。でも、そんなに頑張っていたのに、結局求めていた答えを見つけだすことができなかったのです。いえ、言葉に落とし込むことができなかったと言えるでしょうか。この前、私が高校生の頃に書いた詩を見つけたのですが、そこには「私は天使的な光の存在です」と書いてありました。その頃、この文章が本当はどういう意味なのかを、知る由《よし》もありませんでしたが。

その頃、一つの問題を抱えていました。それは、私が「強すぎる」という問題でした。少なくとも、何人かの人にそう言われていたのです。私のエネルギー場は強力すぎたようなのです。黙ってそこにいる時でさえも、人によっては不愉快な気分になったようです。私は誰も邪魔したいとは思っていませんでしたし、ただでさえ面倒だった私の人生をさらに面倒にしたくもありませんでした。次第に私は心を閉ざすようになっていきました。そうすれば、「強すぎ」なくなるだろうと思っていたのです。でも、自分が何故こんなに大きな力場を持っているのかが、ずっと不思議でした。この力がちゃんとした形で表現されなかったら、どうなってしまうのかも心配でした。この惑星には居場所がないと思い始めました。

若い頃、私はずっと**普通の人間**になりたいと思い続けていました。二十代前半は特に頑張って、どこにでもいる普通の人を演じようとしました。ですが、それも無駄な努力でした。人は、私を普通の人だと認めてくれなかったのです。だから、私はただ自分がこの惑星では「普通じゃない」ことを認めることにしました。そしてそれを、笑い話にできるようにしてみたのです。

年月が過ぎても、私は霊的探求の道を歩み続けてきました。占星術や数秘術、古代中国の易経も勉強しました。この惑星の古代の宗教、文明も学んでいくうち、どうもそちらの方がもっと自分にとって、しっくりくるような気がしたのです。何年もの間、古代の文化の探求にのめり込み、インカ帝国の公用語だったケチュア語まで勉強しました。地球の隅っこでずっと隠されてきたことにこそ、大きな魅力を感じたのでした。古代文明と先住民たちへ、深い愛情と親近感を覚えていました。

そして、無数の過去世を思い出し始めました。それらは、過去世で特に強い経験を共にした特定の個人と会った時に、引き起こされました。今世でそういった人達に会うと、追憶の扉が開いていったのでした。

11年間も、私は自分のお店を経営していました。最初はミシガン州で、後にロンドン、それからボストン、最後はニューメキシコ州のタオスで。お店では、世界中から集めた古代のお宝を売っていました。それと、私の魂に懐かしく響いたワールドミュージックのコレクションを収集し始めました。本当、なんでもかんでもやっていましたね。1970年代の初め頃、ペルーの山間部に住んでいた頃は、地元の子供達に、忘れられた古代の伝説を聞かせてあげたりしていました！

この頃、三人の恩師に出会うことができました。一人はトルコから来たミステリアスな男性で、二人目はホピ族の女性酋長のミナ・ランサ。三人目はラコタ（スー族）のメディスンマンのジョン・ファイアー・レイム・ディアーです。彼らは、多くは語りませんでしたが、彼らの存在そのものを通して、私の目覚めを加速させるような挑戦できる状況を創り出してくれました。

いつだったか、夜に瞑想をしていた時、偉大な古代エジプトの神プタハ〔古代エジプトの都市メンフィスで信仰された創造神で、ピッタリと四肢をくっつけた緑の顔のミイラの姿で表される〕が現れました。プタハはアンク、オーブ、ワンド、セプターなどの数多くの道具を携えていました。それらを私に儀式的に手渡し、彼は私の古代の力がその身に蘇ったということを告げました。すると、本当にそうなったのです！　忘れ去っていたことのほとんどを思い出せました。忘れ去られた言語で古代の祈禱《きとう》文を言うこともできました。太陽に捧《ささ》ぐ神聖なムードラも思い出しました。透明になる方法や、龍を召喚して守護をお願いすることもできました。

その年は素晴らしい年でした。人々の全ての質問に答えられるようになり、私のお店にも大勢の人が来てくれました。チベットから来た人に、私が多くのイニシエーションを通過した人物だと認められたりしました。さらに、アメリカ先住民の人や、ヒンドゥー教徒の人などからも、同じように認められたりしました。

ですが、それも私のゴールではなく、通過点の一つでした。ほとんど一年間、プタハは私の前に現れては、今度は私の古代のエネルギーを取り除く時が来たと告げました。私はとても安心して、これまで私が使わせてもらっていた、それらの古代の力の道具たちを感謝しつつ手放しました。

　すると今度は、全く不思議な年が訪れました。私は、何も知らない状態になったのです！　自分がまるで、よちよち歩きをする赤ちゃんになったかのように感じました。楽しい思い出がいっぱいの年とは言えませんでしたね。ですが、この時期を通り過ぎることができれば、何か新しい、刺激的なことがその先で待っているという気がしていました。

　ある晩のこと、私はまた瞑想をしていました。その時、私の内なるビジョンが開き、自分が巨大な星天洞窟の中にいるのに気づきました。そこは「偉大なるオクミン〔"Og-Min" チベットの言葉で「至高天」を意味する言葉〕の間」だということを告げられました。そこは、時間を超越した天の存在たちが集う場所だったのです。低い詠唱の音が響き渡る場所で、無数の白いロウソクが絶え間なく灯り続けていました。目をやると、私は長くて白いフード付きのローブを着ているのに気づきました。そしてそこには、同じような格好をした人が大勢いました。彼らの姿が目に留まった瞬間、私の魂の奥底から、とても深い親近感が湧いてきました。深い安心感に包まれました。家に帰ったような気分でした。

　次に、一人の星天存在が洞窟の前に現れました。彼は4本指の両手を掲げて、「クリスタル・

トランスミッション」と呼ばれる演説を始めました。その夜は多くを学ぶことができました。ですが、学んだことの多くは、言葉や概念に落とし込めないものだったのです。とりわけ、細胞記憶の飛躍的な活性化を経験できたのが良かったです。

その経験をした後、自分の意志でいつでもオクミンの間に行くことができるようになりました。そこの住人は時空に束縛されずに存在していました。そこで理解したのは、私の一部が地球で生活をしている間、もう一部はずっとその広間に居続けていたのだということです。沢山のことを教わりました。私は、当時経験していた深い変容の指標にするためにも、彼らの教えを書き残し始めました。

多くの未知の扉が開かれました。新世界へ旅立った船乗りのような気分でした。それはなかなか困難な道のりでした。もちろん、これまでの人生の大半が困難で、孤独なものでしたが。

この段階では、私は「手放す」という概念を学ばなければなりませんでした。これは私にとって非常につらいことでした。潔く手放すか、壊してしまうか、その二択は常に与えられていましたが、私は頑固だったので、大体壊してしまうことを選んでいました。

私は「全てを手放すための準備をするように」と言い渡されました。そして、それに挑戦している間に気づいたのが、「残しておきたい」と思うものはすぐに全て取り上げられてしまうのに、最初から「手放そう」と考えていたものだけが周りに残るというパラドックスがあるということでした！

この時点までは、私は結構物質界で生きるのが得意な方でした。自分ができる仕事を自分で作って、自分の利のために働き、そこそこの成功を収めてきました。企画したり、プロデューサー業も得意で、当時まあまあ人気があった週間ラジオ番組でも勤めていましたし、その傍らで自分の綺麗なお店も経営できていました。それが突然、その「全てを手放す」ようにと言われたのですから。私は原因不明の体調不良になりました。ホリスティックのお医者さんでさえ原因や治療法の特定には至りませんでした。その病が伝えたいことは明らかでした。ここで人生の方向転換をしなければ、死しか残されていないということです。

だから、ラジオ番組も辞め、イベント企画も辞め、家を売り、店を売りました。そして四つの掘っ立て小屋にトタン屋根を載せて一列に並べただけのような、小さな家を買いました。それもアリゾナ州南部のチリカワ山の山奥にです。最寄りのスーパーマーケットまで130㎞、一番近い都市までは240㎞ほど離れた場所でした。そんな山奥の小さな家に、娘と犬と、2羽の小鳥と5匹の猫を連れて、そこでどうやって生計を立てるとか、これからどうするかとか、何も考えずに引っ越したのです。

樫《かし》の木、アメリカスズカケノキ、杉の木、クルミの木が群生する美しい環境でした。年中小川が流れていて、鹿やマウンテンライオン、ペッカリー、アカハナグマ、クマ、ガラガラヘビ、豊富な種類の鳥たちが生息していました。ところで、私は別にワイルドなタイプの人間でもないですし、キャンプ好きな方でもありません。それが、こんなに急激なライフスタイルの転換を経験することになるなんて！

最初は激変した生活に馴染むのに四苦八苦していました。ですが次第に、その深い静寂に魅せられていき、それを求めて止まないようになっていきました。岩間を流れる小川の水流を、何か月もの間、ひたすら見つめて過ごしていました。そうしていると、どんどん自分が空っぽになっていきました。そして、ついに私の全部が溶けて、「無」になったのです。それは、ものすごいヒーリングとなりました。その時の自分には、それしかできなかったとも言えます。50㎞ほど離れた所にある学校へ娘を送ってからは、パンを焼いたり、果樹園や菜園の世話をしたり、果物を缶詰にしたり、静寂への浸り方を学習したりしていました。お金が無くなったら、以前お店をやっていた時の商品の残りを売ったりして、日銭を稼いでいました。

6か月ほど経った頃、ある物語が浮かんできて、私の頭から離れなくなりました。それは、レムリア時代の「いと高き王」についての記憶の断片でした。私は書くことは苦手でしたし、作家になるつもりなどありませんでしたが、**本に書かされているように筆を進めていきました。**この時書き上げたのが、『アルタザールの伝説〈原題：The Legend of Altazar: A Fragment of the True History of Planet Earth〉』という本でした。この本を書くことで、アトランティスやレムリア、エジプトやANなど、私の大事な地球上での記憶から解放された気分になりました。アルタザールの伝説を書いている間にも、私は何度かオクミンを訪れていました。

大きな黄金の翼で飛び回っている夢やビジョンを見るようになりました。体は空を覆うほど大きくて、私が住んでいた山が隠れてしまうほどでした。大天使ミカエルも現れ始めました。彼はその剣の波動で、私の活力を引き出してくれました。そして、私は彼からのメッセージを書き残すことにしたのです。天使はいつも、私の体の中に降りさせて欲しいと頼んできて、私もそうしているつもりだったのですが、どうやらまだ天使たちと自分は別々の存在だという認識を持っていたようでした。

当時、テキサスに住んでいた霊能力者の友人が経済的に困窮していました。彼女を助けてあげたかったので、その時はあまり乗り気では無かったのですが、彼女のやっていた霊的リーディングを受けてみることにしました。とりあえず質問のリストを作って、彼女に見てもらいました。数週間後、リーディングを記録したカセットテープを郵送したという連絡を彼女から電話で受けました。そして、リーディング中にとても不思議なことが起きたということも。なんと、240㎝はあろうかという背の高い黄金の天使が現れ、リーディングセッションを乗っ取られてしまったのだと言うのです！

後日、届いたテープを大急ぎで再生しました。最初は柔らかな口調でリーディングが始まったのですが、突如、彼女の声は黄金天使の力強い声として響き渡りました。声の主は次のようなことを述べました。「私を認識するだけでなく、私を受け入れ、体現することが重要なのです。尤《もっと》も、私達はこれまでも、離れ離れになったことはありませんでした」

私の中で、何かがカチっとはまったような気がしました。雷に打たれたような気分とでも言うのでしょうか。分かってしまったのです。「**私達は天使だ**」ということを！　学生の頃に書いたことを思い出しました。天使たちはずっと、私にこのことを伝えようと、共にいてくれたのでした。私はそれを、分かっていなかったのです。

この時期、私は有名なオカルティストのホゼ・アグエイアスから、コロラド州ボルダーで開催されるスピリチュアル会議に是非出席してほしいとせがまれていました。会議になんて出たこともありませんでしたが、行かねばならないと感じました。多分、大勢の人の前で天使について話さないといけなくなるのだろうとは、感じていました。考えるだけでも恐ろしかったです！　私のような隠遁者《いんとんしゃ》が、どうやってそんなことができるのでしょうか。

準備期間は一カ月しかありませんでした。私はまず、黄金天使に呼びかけました。そうすると、愛の波動を持った黄金の光が私を包むように発せられているのを感じました。天使に、「お名前は何と言うのですか?」と尋ねました。彼の名は、「ソラリス・アンタリ〔Solaris Antari〕」です。実は、最初はその名前があまり気に入りませんでした。もしかしたら、どこかの本で見かけた名前を思い出しただけなのかもしれないと思い、本棚にある本を一日中読みあさりました。ですがやはり、その名前はどこにも見つかりませんでした。何度も何度も天使に名前を聞いても、返ってくる答えは「ソラリス・アンタリ」でした。（私、結構頑固なので）

黄金天使の男性的側面であり、テキサスの友人のところに現れたのは彼で間違いないようでした。

ようやく、私はその名前を私の名前として受け入れました。私は、はっきりと「I am ソラリス・アンタリ」と宣言するようになりました。そうするといつも、愛のある存在が私の肉体に入ってくるのを感じました。以前よりもずっと、私が私らしくなっているのを感じました。書いていた本も、ソラリス・アンタリ名義で書くようにしました。その方が天界のエネルギーを私の内側に感じたからです。数週間後、もう一つの名前を受け取りました。「ソララ・アンタラ〈Solara Antara〉」。私の天使の、女性的側面を表す名前です。やはり、こちらのほうが断然しっくりきました。

コロラド州で開かれる会議の会場に到着すると、瞬時に強い繋がりを感じる素晴らしい人々に出会うことができました。初めはシャイだった私も、少しは気が楽になってきました。会議は3日間に渡って開催されました。最初は待っていましたが、日が経つにつれて、私は担当者の人に私が話すのはいつになるのか尋ねました。最初は、話すのは無理だと言われました。スケジュールが埋まっているのだと言うのです。ですが、私は話さねばならないことがあると何度も懇願しました。そんなに長くしないから、と。彼はようやく折れて、どこかで私のスピーチの時間を入れておくから、とりあえず控え室で待つようにと伝えられました。

いよいよ、心配になってきました。何を言えばいいのか、何も考えていなかったのです。私の一部となった天使に対し、どうすればいいのか教えてほしかったと言いました。どちらが体の操縦権を持つべきかという話になりますが……

次の話し手の人が遅刻しているという連絡がありました。よりによって初めての遅刻者がその時に出たのです。もう、どうなるかは分かっていました。私がそこでスピーチをすることになったのです。演壇に近づいていきます。もう心臓バクバクで、心臓発作になるかと思ったほどです。胸に耳を当てなくても、心臓の鼓動が聴こえてきました。さて、チリカワ山で引き籠っていた隠遁者のお出ましです。目の前には350人の参加者が、こちらを見ていました。私の知り合いのニューエイジ運動家も見えました。激しい動悸。もうダメ、失敗する。どうしよう。

まずはソラリス・アンタリから貰ったメッセージのメモを読み上げました。完全ではありませんが、私の天使存在が私に入り、定着しました。天使について話し始めると、ものすごく大きな愛で満たされました。観客の中には、泣き始めた人もいました。そうしているうちに時間がきてしまいました。皆に感謝を述べて、その部屋を後にしました。沢山の観客が部屋を飛び出して、私を追ってきてくれました。皆、頬が涙で濡れていました。もっとお話を聞きたいと言ってくれました。彼らは私が書き上げた天使のメッセージを書き写したいとか、もっと質問をしてみたいと申し出てきて、夕方になるまでずっと私を待っていてくれました。本当、信じられないような体験をしてしまいました！

現地を発つ日になり、私は自分自身が自由になったと感じられるまでは、人前でスピーチをしないことを誓いました。この情報の力は強すぎて、乾いた草原に火のついたマッチを捨てるようなものだと感じたのです。天使からは2週間のうちに、この情報を一冊の本にまとめるように告げられました。

そして完成したのが「天界の守護天使の呼び出し方〔原題：Invoking Your Celestial Guardians〕」という本です。その直後のことでしたが、私は虫刺されによって酷いアレルギー反応を起こしてしまい、色々と事情もあって、当時の家から引っ越しを余儀なくされました。もちろん、引っ越しなんて全く考えていませんでしたが、私の中の何かに呼ばれていたのだと思います。そして、娘と犬と猫たちと一緒にまた引っ越しました。前の家の名義は持ったまま、少しのお金を手に。

車には私の新刊を詰めた箱を載せて、3週間の車の旅の後で、私達はカリフォルニア州のシャスタ山に辿り着きました。私にとって、シャスタ山はずっと憧れの地でした。神聖なヴォルテックスであるその地に行けば、天上界からのお迎えが来るのではと期待していました。ですが、高速道路を走っている間に初めてその火山が見えてきた時、何故か気持ち悪くなってきました。あまりに気分が悪くなって、運転ができなくなりました。あの山は強力で、衰えを知らない地のようです。

宿泊先のモーテルに着くと、空に見えていたレンズ雲の一つが、ブラック・ビュート山脈にあるピラミッド型の噴石丘《ふんせききゅう》の上空で怪しい動き方をしているのが見えました。「これは私達に関係したことだ」とすぐに思いましたね。その夜は、私に「今後2年間の間に、内側と外側が裏返しになるだろう」と山からお告げがありました。そして、実際にそれは起こりました。その過程は決して楽しいばかりではありませんでしたが、たまに至福の気分になる瞬間もあり、そういった時には「私は正しい道を歩んでいる」ということが意識できました。逃げ出したいと思ってばかりいたのではありませんよ！

あの山に登って、楽しい経験もいっぱいしました。半ズボンとTシャツとコットン製の中国風の靴という出で立ちで、雪道や氷の上を歩き回っていました。それで山道を進んでいくと、山の上の方でウール製のズボンやスパイク底がついた、ハイキング用ブーツを装備した本物の登山家にも挨拶していました。

時には、大きな岩の上に座って、ただじっとしていたこともありました。思考も止めて、瞑想もせず。そうすると、ぼんやりと記憶が蘇ってきたのです。まず、私は集団意識の中にある、個人意識であるということに気づきます。次に、この惑星上での私の歩んできた道、つまり「時空連続体（一般的には、この宇宙を時間と空間が合わさってできた四次元多様体であるという考えのこと）」を遡っていきます。（未だに、この経験の再現方法を探しています。その時は頻繁に起きていて、しかも予測不能でした）

ある日、岩山を登っていると、大きな翼が浮き彫り加工された丸石が落ちているのを見つけました。翼の彫刻はどれも精巧で、石には焼き付けの跡も残っていました（この時はちゃんと私の他にも目撃者がいたのが救いでした）。その後日、平たい岩面の上に横になって見たら、その岩の中に溶けていくような気がしました。そして、体がどんどん大きくなっていくのを感じ、突然私の脊椎を凄いスピードで何かが走っていきました。それは、強いクンダリーニ・エネルギーの爆発的反応でした。たまらず目を開けました。ハチドリが上空を飛んでいるのが見えました。

これは大いなる地球のイニシエーションだったとも聞いたことがありますが、正直言って、終わった時には安心しましたね。

それから一年ほど経った頃、ついに『アルタザールの伝説』を出版することができました。さらに、『天界の守護天使の呼び出し方』の方も増版が決定し、そろそろ私の隠遁生活にも終わりの時が告げられたのです。コロラド州での会議以来、表立って話をしたことも、ワークショップを開いたりもしていませんでした。つまり、またも何もやり方を知らない状態になったのです。ですが、その直後のことでした。私はテキサス州ヒューストンにいた一人のヒーラーから、招待状を貰ったのです。私の天使についての本を読んでくれた人でした。それで、ヒューストンで3回トークショーを開いたり、週末のワークショップも開いてほしいということでした。またもパニックタイムの到来でした！

ヒューストンは初めてでしたが、人々は暖かく私を迎え入れてくれました。最初の夜のトークショーでは、16ページにおよぶスピーチ文を準備していましたが、本番では序文が終わったら紙を横に置き、あとは紙無しでスピーチを続けたのです。エネルギーが勝手に流れていきました。ワークショップでも同じことが起きました。

それからはトークショーやワークショップは何も準備しないで行うことに決めました。服装も、普段通りにしました。ただ、エネルギーを感じて、あとは流れのままに行うことにしたのです。触れようと思えば触れられそうなくらいはっきりとした黄金の光が、いつも会場を包んでいました。それを作ろうとか、なにも意識する必要もありませんでした。私がいるだけで、そこに光がありました。ですが、私達の「一なる心」が活性化しているのは感じていました。

一なる存在を活性化するために、この惑星上での自分の仕事をしなければいけないと、強く感じていました。同時に、祝福されているのも感じていました。人々が真の自分として目覚めていくのを見ていると、とても嬉しかったのです。私も人間なので、決して完璧な人物だとは言い難かったです。悲しくなった時もありましたし、元気が無い日もありましたし、機嫌が悪い日だってありました。その点では、私は普通の人間だと言えるでしょう。ですが、私は知っています。本来の自身の偉大さを体現している間の人間は、ある意味で完璧性を体現しているのだということを。それを学んできて、認知して、讃えています。

私は自分が何者であり、何故ここにいるかを知っています。私は独りぼっちでは無いことも知っています。二元性を一元性に移行させる使命を持った人は、他にも大勢存在しているということも。

黄金太陽天使

天使は超現実への入り口点です。

天使は宇宙普遍的な存在です。天界はもちろん、この惑星上にも天使が存在していることは、疑いようがありません。中国人には「施恩《しおん》」、ムスリムには「バラカ」、ヒンドゥー教徒には「デーヴァ」、アメリカ先住民には「バードトライブ」として知られています。天使はキリスト教の聖書でも大事な役割を持っている存在として描かれています。聖書では、彼らの多くは「星々」との関係を持っています。記録が残っている限りの人類の歴史において、天使や大天使は「いと高きところ」からのメッセンジャーとして描かれていたり、天の介入の執行者として描かれていたりします。

人間の中にも
光輝く、愛らしい天使は
存在しています。

個人レベルでは特に、天使はよく「守護天使」として認識されることが多いようです。若い頃には多くの人が、自分の守護天使に関する体験をしたことがあるはずです。守護天使からの愛、導き、守護、閃きなどを受け取ったりもします。多くの転生先の人生で、その守護天使は片時も離れずに、傍にいてくれます。

天使との直接の関係性は、
想像よりもずっと深いものです。
天使はずっと離れずにいてくれます。
実は天使とは、
自分自身全部の一面だからです。

そう、その守護天使はあなた自身だったのです！　ただのハイアーセルフではありません。もっと大きな、本当の自分の重要な一面なのです。

黄金太陽天使は
今もホームに残り続けている、
あなた自身。
一なるものと融合していることを選んだ、
自分自身です。

惑星地球で人間の肉体に転生する周期を創り出したのは、黄金天使です。まず黄金の光の柱が地球に向けて放たれて、そこを通ってこの惑星に埋め込まれたのが「星の種〈スターシード〉」です。この星の種は、自身の「星天我〈スターリー・オーバーセルフ〉」の幻影に過ぎません。人間としての私達の肉体は、この星の種の産物です。ですが、私達の細胞記憶には、自分の本当の正体についての記憶も埋め込まれています。この記憶は、一元性の意識というホームに帰るための地図としても働きます。

人間は脳を10％ほどしか使用していないということは、現代の科学でも認められているところです。これが本当に意味しているのは、地球上での経験には全体意識のほんの一部しか使用していないのだということです。地球上での経験とは、自分の本質と分離し、エゴに突き動かされ、二元性を基にした肉体での人生のことです。自分の星天我と一つになることができれば、無限の知識にも経験にも自由に接続できるようになります。元々は当たり前のようにやっていたことなのですから。それが今では、手元のカードが全体の10％しか無いのですから。もちろん、全部のカードを自由に使いたくなりますよね？

1988年にロサンゼルスで行われた、「スターリンク」という集会での出来事をお話します。その夜、私はスピーチの途中で観客に「自分が全くの疑い無く、天使だとご存知の方は立ち上がってください」と呼びかけてみました。何千人という人が参加していましたが、立ち上がってくれるのは良くて100人ほどだろうと思っていました。ところが、なんと観客全員が勢いよく立ち上がってくれたのです。私の目には涙が溢れ、感動に震えて話すことができなくなってしまいました。

地球上で、
本当の自分でいられることは
本当に安心するものです。

「私が真に私でいるには？」と考える時、どうしても「今ここではない、どこか他の場所で」と考えてしまいがちです。しかし、本当はそうでは無いのです。自分そのものを完璧に体現したいというこの強い想いは、自身の覚醒と追憶を後押ししてくれます。真珠は貝の中で作られますが、初めは一粒の砂です。その砂粒である私達が、自身の星天我と一つになるとき、私達は光輝く真珠になるのです。

真名

名前の進化

名前も私達と同じく、進化し続けています。私達の人生は、両親から貰った名前と共に始まります。成長すると、あだ名で名乗るようになったり、もっと聞こえがいい名前に変えたりする人もいますね。

黄金太陽天使と繋がると、自分の「天使名〈エンジェリック・ネーム〉」を受け取ります。私のはソララ・アンタラ・アマーラ〔Solara Antara Amaa-Ra〕です。天使名は結構長いことが多く、複雑で、天界の響きを持っています。ちなみに天使名は苗字ではなく、名前です。天使は家族的カルマを自分に持ち込まないからです。

超現実に生き始めることで、自分の「星天名〈スターリー・ネーム〉」を知り始めます。星天名は自己と人間を、自己と星々を繋げる架け橋です。星天名には、自身の「星の系譜〈スター・リニエージ〉」が埋め込まれています。星天名は、自分そのものと一元性を調和させる響きを持っています。大体は天使名よりも短くてシンプルです。私のはソララです。

さて、星天名の先には、超現実から発せられる名前があります。これらを、自身の「真名〈トゥルー・ネーム〉」と言います。真名はシンプルですが独自性があり、自身の核となる本質を含んでいます。

ここでは、星天名を思い出すための全過程から、そのまま自身の真名を思い出す過程までをお話しましょう。これらの名前は、自分にとって最も心地よく響く名前です。

誰もが自分の真名を持っています。本当の自分としての自分の名前です。自分の正体としての自分に、最も相応しい名前です。地球上のどの言語にも似ていない言葉です。それを受け取り、使うようになると、自身の細胞記憶の活性化が開始します。よりはっきりと本当の自分を体現することができるようになります。

真名は、

自分自身から受け取るものです。

過去に何度か、「名前を付けて欲しい」と尋ねられたことがあります。その方が手軽に早くできるだろうとお考えだったことでしょうが、それは正しい方法ではありません。それに、霊的知識を水平的な関係や二次情報源から受け取るというのは、旧いやり方だと言えます。一なるものから直接何でも受け取るのが一番良いのです。最も純粋で綺麗なやり方ですし、自身と「本当の自分」自身を繋げれば、誰にでもできるからです。だから、私などでは仲介役すら務まらないのですよ。出来るのは、せいぜい扉を開けておくことだけで、本当は皆が自分からその扉に入らないと意味が無いのです。真名を受け取ることは、非常に気力が溢れる過程となります。自分自身をマスターする大きな切っ掛けになってくれるでしょう。

真名を求めている時は、自分の感覚を信じてください。結構多くの人が、どうしても名前を見つけることができないと嘆いているのを見かけます。でもそれは、「失望するのが怖い」とか「失敗するのが怖い」という気持ちでいるからだけであって、本当はずっと真名を持っていたと最後に気づく人も結構います。逆に、すぐに真名が出てきて、「こんな簡単に判るはずが無い」と考えてしまう人もたまにいます。それか、どこか他所で聞いた名前だと思い込んで、「他人の名前を使いたくないから」と考えている人もいます。ですが、その名前がどこかで聞いたことがあると感じるのは、それが自分の名前だからなのですよ！

真名の見つけ方

心を落ち着かせ、自分を自身の核となる本質に向けて、開いてください。先入観は全て捨てて、名前を受け取れるように開いたままの状態でいてください。

何か声を発してみてください。何でもいいので、楽に出せる音を発声してみてください。続けて別の音を発声してください。これらの音を、何度も発声してください。繰り返していくうちに、音が早く、順番も変わっていき、別の新しい音へと結合し、変化していきます。最後には、「これだ」と感じる音になっているでしょう。

正しい名前を見つけると、それは聞いたことのない響きである一方で、ものすごく親近感が湧く響きでもあることに気づくでしょう。

真名の使い方

真名を聞き取れたら、今度は実際に宣言をしてみましょう。次のように宣言してください。

「I am（あなたの名前）」

音が内側で深く響くように宣言をしましょう。

最初はすこし変な感じがするかもしれません。急なエネルギーの流れや、体がピリピリするのを感じる人もいるかもしれません。何故かというと、肉体に新しい周波数のエネルギーを入れることになるためです。新品の革のブーツを履く時のようなものです。最初は固くて窮屈ですが、日々履いているうちに足に馴染んでくるように、エネルギーも慣れると快適に感じてきます。

次に、名前を宣言する時に、宇宙に向かって宣言してみてください。そしてエネルギーを体の隅々まで流してください。これによって、本来の自分の極大さを肉体に詰め込むことができます。

真名は使えば使うほど強力になっていきます。真名の振動数によって、あなたはもっと本当のあなたになっていきます。真名はいつでも超現実を定着させ、「純心愛〈ピュア・ハート・ラヴ〉」の響きを強化します。そうすれば、毎日の生活の中でも、いつでも本当の自分を体現できるのです。

真名を使うことで、細胞構造もその振動数に合わせて調整され、自身の本質に近づいていきます。この調整を個人的に行えるのが、真名の真髄なのです。

星の系譜

一なるものから生まれ、
これまで紡いできた、
あなた自身の星天系統。
それが星の系譜です。

これによって、自分が光輝く一なる星の黄金の光線のうち、どの光線から来たのかを知ることができます。地球の概念で言う、苗字に似ています。

星の系譜とは、黄金の光線のうち重複域（本質合併域）のことを指します。ですから、他にもあなたと同じ本質を持っている人がいるということです。各重複域は各自それぞれの、一なる星の系譜を表しています。皆様は一なる星が内破した後に一なる星の欠片となりましたが、星の系譜を見ることで、皆様がどのくらい細かい欠片になったのかを確認することもできます。つまり、共通の星の系譜を持っている人がいれば、その人達は元々、同じ星の欠片として宇宙を旅してきた存在だったということです。

星天名には、
星の系譜のヒントが含まれています。

ほとんどの人は複数の重複域を持っています。花弁のように四方八方に放射された光線ですから、隣同士の光線とも重複しているのがほとんどなのです。真っすぐに飛ばなかった星もありました。その場合、隣の光線とだけでなく、あちこちの光線とも交差しています。といってもこれらは例え話であって、実際はもっと複雑で多次元的な構造を持っています。交差点はそれぞれの光線の本質合併域です。

一元性意識へと近づくにつれ、星々の欠片を統合していきます。より元々の一元性の状態に戻っていくだけでなく、今度はその状態を次の進化のレベルまで広げていくのです。私達の星を再統合するために、まずは最小単位から、自分から一番近い物事から始めます。そして、そこから先へと進んでいくのです。

皆で一なる星を再生しましょう。
バラバラになった星の欠片を繫ぎ合わせる接着剤は、「愛」です。

星の欠片を再結合し、星の家族たちと繫がり、一元性の大きな輪を作りましょう。皆が一なる存在の一部だったことを知る時、その時の状態こそが「ホーム」になるのです！

星天調和

一なるものと垂直的な関係を持つことが鍵です。
そうすれば調和のもとで活力が湧くようになるでしょう。

一なる星はいつも頭の上にあります。だから自身とその光を調和させることで、いつでも直接繫がることができます。それが一なるものとの繫がり方です。

ですが、たまに一なるものとの繋がりを見失ったり、その輝きが見えなくなったりしてしまうことがありますね。周囲の目ざわりなエネルギーによって不調和になる時、二元性に注意が引かれてしまう時など、大局的な視点が失われる時にそうなってしまうのです。

ですから、頭上にある一なる星との直接の繋がりを常に維持しておくことが私達には必要なのです。次に二元性に注意を向けすぎて不調和になった時に、一なる星を思い出してみてください。黄金の光を呼吸してみてください。そうすればすぐに、調和と落ち着きを取り戻すことができるからです。

星天調和という過程があるのでご紹介します。自身と星とを再接続するための技法です。これを使うことで自身の光体〈ライトボディ〉と肉体を強力に調和させることができます。一人でもグループでもできます。

家の中でも、何人かのお友達とでもできます。結構すごいことが起きますよ。

この技法をやる間、何か綺麗な音楽をかけてムード作りをすることをお勧めします。その後、立ち上がって自分のワークをする場所を確保してください。自身を垂直的に見立ててください。あなたは輝く、自由な、垂直の光の柱です。他の人とワークをする場合は、輪になってください。なので、ちょっと大きめの部屋が必要ですね。それと、始める前には柔軟体操などをして肉体のエネルギー感度を上げておくといいでしょう。

深呼吸をして、息を吐くと同時に、気になっていることや心配事などを全て体の外へ吐き出してください。呼吸をする度に、頭上にある一なる星がはっきりと感じられるようになります。星からは黄金色の液体の愛の波が、あなたに降り注いできます。この黄金色の液体愛が自分の中に溶け込んでいくのを感じましょう。そしてあなたはそのまま、地球の奥深くまで浸透していきます。この液体愛があなたを満たしていきます。

星に向けて手を伸ばしましょう。星はやわらかな黄金の光を球状に発し、あなたの両手に光を感じ始めます。この黄金の液体愛の玉を両手で受け取ったら、それが次第に美しい黄金の冠に変化していくのを見つめていてください。

あなただけの為に作られた冠です。あなたの至高の生得権と遺産を象徴する冠です。その黄金の冠をかぶります。その感覚を、とても元気が湧いてくる感じを、味わってください。頭頂部に意識を集中して、この冠を絵に描けるくらいまで詳細に心で感じてみましょう。

もう一度、星に向かって手を伸ばしてみましょう。一なる星からは、無数の小さな星がキラキラと光る、液体の愛の光が流れ込んできます。星々に満たされたその液体の愛は、あなたの頭頂部から入り、体の隅々まで行き渡ります。あなたの頭部に入ったこの愛の中にある無数の星々によって、あなたが活性化していくのを感じてください。

息を吸い込む度に、星々の液体愛が頸部を満たし、次に左肩、その次は左腕を満たしていきます。光を左腕の指先まで持っていきます。いま、あなたの左腕は完全に星の光で満たされました。

この過程を体の右側でも繰り返してください。頭上の星の光を吸い込み、頭部から頸部へ、右肩から右腕へ、そして右腕の指先まで。ここで、自分の状態を見直してみましょう。両腕がもっと軽く、長くなっているのにお気づきになりましたか！

次に、上半身を星々の液体愛でいっぱいに満たしてください。特に心臓へは特別濃厚な星々入りの愛を吸入してください。ここで、星々が世にも美しい黄金の蓮の花へと変化していきます。この蓮の花は、あなたの内側で強烈な光を発しながら咲いてきます。

もっと星々の液体愛を吸い込みましょう。今度は腹部、内臓、お尻、基底チャクラに到達するまで光を運び入れます。その時に病気や痛みがある部分があれば、その部分に意識を集中してみましょう。「美しくない」と感じる部分があれば、いつものように無視せずに、注意を払うようにしてみましょう。ここまでくれば、体が大きくなっている感じがして、体が液体の愛で満たされて、光が流れているのを感じるでしょう。でもこれだと、脚だけ短くて、重いですよね！

次は愛の光を左脚へと流し、光が腿《もも》を通って膝、足首、そして左足のつま先まで浸透していきます。つま先まで黄金の星々が流れているのを感じてください。できたらもう一度、体を見直して見てください。右脚だけが短くて重くなっているでしょう？ 両脚で長さが違うので、いつものように動かすのも難しそうです。

さあ、もっと純粋な星々の愛の吸い込んで、右脚にも流しましょう。右足のつま先まで浸透させて。はい、随分と軽く、長くなりましたね。

まだ終わりではありません。今度は、もう一つの特濃の黄金の星々が入った玉を、肩甲骨の間にある背中の中心に持ってきてください。そこは私達の翼がしまってある部分です。翼が開けるように許可を与えてみましょう。黄金の星々を吸い込み、背中に流し、翼から星々を吐き出しましょう。そうしながら、翼を完全に開いていきます。これまで感じたことのない新しいバランス感覚を感じます。そう、それがあなたの翼が開いた状態です。翼を広げた時の、自由さを感じてください！

もう一度あなたの体を見直してみましょう。何か苦悩などは残っていませんか？　表現されずにいた感情や、肉体で痛いところなど、もっとヒーリングが必要な部分はありませんか？　星々の流れが足りていない部分はありませんか？　そういった部分が見つかったら、もう一度星に手を伸ばし、純粋な星々入りの液体愛を患部に流すだけで結構です。その星から出る愛は取り放題なので、何も遠慮することはありませんよ。いつでも、一なるものに帰れるのです。だから一なるものと調和し続けることが大事なのです。

次に、あなたの胸に咲いた黄金の蓮の花を見てみましょう。それはあなたの肉体の周囲に向かって、大きく拡張していきます。あなたの全存在が、この蓮の花の中心に収まるまで、花は大きくなっていきます。いま、あなたは最も純粋な真実の愛の中心地に居ます。あなたは、「純心愛〈ピュア・ハート・ラヴ〉」そのものになりました。あなたは万物の輝く愛そのものです。

グループで行う場合は、ここで立ち上がって、歩き回ってみましょう。そして、自然と会った他の人達も、一なる存在の一部分なのだと感じてみましょう。

自分だけのムードラ

ここまでを行うことで、自身の光体が活性化するので、一なるものとの接続度が強まります。その状態でなら、自分独自のムードラ（ヨガの世界で言う「手のポーズ」、「印を組む」）のやり方を受け取ることができます。ムードラとは、両腕や両手を使ったシンプルな動作のことです。これは一なるものの個人的表現となります。

自分のムードラを見つける為に、何度か両腕を動かしてみると良いでしょう。一番良い動き方を見つければ、それが一番自然な動き方だと感覚で分かります。

そのムードラが体に馴染み、忘れられなくなるように何度か繰り返してください。とても気持ちいいでしょう。あなたに活力を与えてもくれます。ムードラは一元性と調和を維持するための非常に強力な手段なのです。

あなたの真名〈トゥルー・ネーム〉と同様、ムードラを日常生活の中でも使用してみましょう。（簡単にでも構いませんので）使う時はちゃんと一なるものと調和するように心がけましょう。

私もよく使用しています。でも、普段使う時は省略した形にしていますね。テレビに出た時の録画を観ると、一時間くらいの番組の中で、短いバージョンのムードラを20～30回も使っていました！　多分、何か手を動かしているくらいにしか思われなかったのでしょうけど、私のムードラを知っている友達はみんな笑っていました！　とにかく、自分のムードラは自分自身を一なる存在に定着させるのにとても役立ちますよ。是非やってみてください。そうすれば、私が何を言っているかがお分かりになると思います。

さあ、参りましょう。親愛なる皆様。

永い時間の領域を遡って歩きましょう。

思い出さねばならないことがあります。

あの呼びかけが聴こえますか？

覚えていますか？

あなたが、
ここに残ることを選んだことを。

あなた自身のために。

あなたの愛はこんなにも偉大で、
あなたの思いやりはこんなにも深くて、
だからあなたは、献身することを選びました。

呼びかけに応えました。

さあ、思い出して。

地球で任務を遂行することを
選んだのは、
あなた。

この物語を最後まで進めるために。

そそのかした者など、いませんでした。

あなたは無意味にここにいるのではありません。

何か過去に過ちを犯したからここにいるのではありません。

愛があるから、

残ることを選んだのです。

二元性から一元性への移行という、

任務〈ミッション〉を完遂するために。

物質界への降下

地球へと向かい、

物質界を変化させるのを手伝うという任務の

志願者の募集があった時に、

手を挙げたのが、

私達でした。

「時間」が創造された後、私達のような巨大な光の天使ボディを持つ者にとって、地球に居続けることは不可能となりました。私達の星天我〈スターリー・オーバーセルフ〉にできたのは、それ自体の小さな欠片を贈ることだけでした。それが星の種〈スターシード〉。星天我の小さな本質です。これらが地球に向けた黄金の光のビームを通って送られました。星の種は物質と連結しました。ですから、私達は二元性の密度の中に自分自身を埋め込むための推進力として必要だったというわけです。

自分が進んでこの任務を行うことを選んだのだと思い出すことが重要です。それと、このために出来るだけ完璧に準備をしてきたのだということも。何しろ、それぐらい前代未聞の体験だったのですから。

ルシファーと呼ばれる大天使が参加を表明したのは、この時点でした……ルシファーが請け負った任務は、これまでに酷く誤解され、彼は恐れられてきました。しかし、今こそ彼の本当の役割を理解する時です。

ルシファーと彼の堕天使軍団については様々なことが書かれてきました。ルシファーはサタンだと、何度も歪曲した解釈をされてきました。ところで、聖書ではルシファーとサタンが同一人物だとは一言も書かれていません。同一人物だと誤解され始めたのは、もっと後の世でのことでした。誤解が生まれてからはずっと、ルシファーという存在が恐怖と不安をばら撒いている張本人だと思われています。覚醒した私達ならば、この件についてより大きな観点から見直すことができます。

ルシファーの真実

遠い、遠い昔のお話です。ルシファーはその聡明さと貢献力を持ち、天使の中で最も強かったため、神の右手におりました。彼の名には「光を抱く者」という意味があります。または、「明けの明星」という、金星と関連性のある訳をされることもあります。彼の本当の役目を理解するには、時間の始まりよりも少し前の時代に行われた、地球への「二元性の枠組み〈テンプレート・オブ・デュアリティ〉」の導入についてお話せねばなりません。私達の物質界への降下は、その後のお話です。

地球が創造された後、そこには「観察者〈ウォッチャー〉」と呼ばれる体の大きな天使が住んでいました。その時の地球はまさに楽園で、平和そのものでした。観察者たちは今もまだここにいますが、主に地球外の領域で働きかけています。（この本の「アナホ」という題名の章に詳しく書かれています）

二元性の導入と、物質界への降下は、惑星地球にとっての進化の青写真〈ブルー・プリント〉に完全に準拠するものであると理解することが重要です。進化の道筋から脱線してしまったということは、全くありません。全ては計画され、準備されてきたことです。この実験に参加した者は、全員が自分の意志で参加したのです。誰も過去の所業を償うためだとか、ここに追放されたということは、断じてありません。

二元性の枠組みが導入された時、観察者たちは地球へと出発しました。星天協議会では志願者たちの準備が勧められていました。この大きな冒険の旅には、本物の大天使たちも同行して課題を乗り越えられるように支援してくれることになっていました。

浄化の熾天使《してんし》サマエルは、新たに創り出された「地獄」という幻の領域の監視者になることを選びました。これは、二元性においては万物が反対の極性を持たなければならないというルールがあるからです。即ち、「善」があれば「悪」がある必要があったのです。天国があれば地獄も必要となります。浄化の大天使が地獄を担当するなんて、とても想像し難い出来事でした。

ルシファーは全ての天使の中で最も美しく、最も強かったので、最も困難な任務に志願したのです。二元性の、最も密度が高い核の部分、「闇の中心」を変化させることです。闇の中心は、一なるものから最も分離している部分です。ルシファーはこの任務を請け負う危険性を誰よりも理解したうえで、その万物に対する誰よりも大きな愛を持って、この任務を実行したのです。酷く誤解を受けるであろうことも、全進化過程の間、闇の中心部から出られなくなるであろうことも、承知した上での決断でした。

天界からは全体の三分の一ほどの天使達が、物質界を変化させることを手伝うために地球に来ることを志願しました。そこで必要となったのが、自身の本質である星の種をその地へ送る方法だったのです。

もう一度念を押させていただきますが、ルシファーは自ら進んでこの最大最悪の任務を請け負いました。私達の星の種を、二元性の三次元密度の深くまで埋め込むための道筋となるために。

この事件は私達にとっても全く予期できなかった、非常に辛い経験となりました。当時の私達は史上初めてのショックと裏切り、見捨てられたという気分を味わっていました。深い悲しみ、怒り、そして罪悪感を持っていました。こうして私達は、底なしの忘却へと押し込められたのです。

私達は、自分が誰だったのかを忘れてしまいました。自分の至高の起源を思い出せないのです。自分の真の目的も、自分がかつて一なるものだったということも。そして私達は、二元性の母体〈マトリックス〉の中に閉じ込められています。

これまでの全ての歴史は、当初言われていた通りに進んでいます。ただし、当時理解していたよりもはるかに、分離の痛みは大きなものでした。物質界への降下の凶暴なほどの苦痛は、以前の無限の状態にいた私達にとっても大変なものでした。

楽園であった地球にも、終焉《しゅうえん》が訪れました。カーテンの裏に隠れたというだけでなく、時間、距離、分離、対立、二極性という幻の中に閉じ込められてしまったのです。一なるものもバラバラに分散し、今では善悪の両極性がここを支配しています。

以上が「堕天」として知られる時代です。真実は、私達は堕天などしていないということです。私達は至高の計画の完成までの途中にいる。ただそれだけのことです。

物質界に完全に降りてきた瞬間、初めて感じた恐怖と怒りの感情は、全て直接ルシファーに向けられたのです。「奴が我々を裏切り、苦しめている張本人だ!!」と。

ですが、それも至高の計画の完成への一部なのです。ルシファーはこの方法をもって、私達のネガティブな感情を使って自身を密度の中心へと押し進めたのです。闇の中心部へと。これがルシファーと、堕天使と呼ばれた彼の天使軍団の任務なのです。

堕天使たちはルシファーを慕っていたので、闇の中心まで付いて来ようとしました。ルシファーは一人で行こうと、彼らを何とか説得して留めようとしました。これはあまりにも大変な任務なので、恐らく数名しか生き残ることはできないだろうと予想していたのです。しかし、天使軍団は一なるものへの篤い信仰心を持ち、ルシファーへの忠誠心も非常に深かったので、どうしても付いて行きたかったのです。

もちろん、任務から戻ってきた者もいました。私も、まれに街中で堕天使を見かけたことがあります。ひだのある黒い翼があって、怖い目をしているのですぐ分かります。堕天使は誰からの助けも受けたくないとよく口にします。もしくは、そういった人達に敵意を持つことがあります。そそくさと逃げ出す者もいますね。

私は堕天使を見かけたら大きな愛と思いやりを持って接するように心がけています。彼らが私達のためを思って、最も深い闇へと降りて行った方々なのですから。その分離の苦痛は、痛い程分かります。彼らの受けた苦痛を想うと、悲しみがこみ上げてきます。堕天使たちが一元性の意識に回帰する時は必ずやってきます。ですから、その時には彼らを愛をもって抱きしめてあげましょう。

こうしてルシファーと堕天使軍団は二元性の核に閉じ込められ、私達の恐怖、不信感、裏切られた気分、憎しみといった集団的感情の中から出られなくなってしまったのです。そうして一元性の意識への帰還を妨げられているのです。

自分の二元性基盤の恐怖に向き合い、抱擁し、
全てを愛し返し、
輝く一なるものへと帰してあげましょう。

ルシファーと堕天使軍団が負った最大の困難についても、理解される時がきたのです。これも天の計画の一つなのだということを。彼らはもう十分過ぎるほど苦しみました。もう誤解はたくさんです。

私達の一部が闇の中心へと旅立ったのだから、これまでの地球上での経験で犯してしまった、私達自身の過去の過ちなどももう赦してあげましょう。

完全な一元性に移行するならば、これは避けて通れないのです。全ては一つなのですから。ルシファーと堕天使軍団は解放され、一なるものの中心へと帰還しなければなりません。私達は思い込みや誤解という重石で、これまで彼らを二元性の核に閉じ込めてきましたが、その重石も私達の許し、思いやり、愛で押しのけることができるのです。

その為にも、「私達全員のために」最大の任務を請け負ってくれたルシファーに、全力で感謝をすることができます。最大の貢献をしてくれている、最強の天使は、ルシファーに他ならないということを理解する時です。そうすればようやく、彼らも一なるものの心へと戻れるでしょう。

そうすれば、二元性の核となる教訓を修得することでしょう。

一なるものから分離しているものなど、本当は何もありません。

超現実では、全てが一つです。
私達は皆、一なる存在の一部です。

ミカエルの剣

大天使ミカエルは、
私達が二元性に生じてから、
ずっと力強い守護神として、
私達を見守ってきてくれています。

ルシファーが闇の中心へと降りた時、大天使ミカエルも二元性の枠組みで行われる、私達の進化の旅を監視する役割へ志願しました。彼も物質界への降下をすることになったのです。

当時、この惑星に入ったのはミカエルの天使軍団に所属する者たちでした。その後に地球に転生してきた者の中にも、ミカエルの天使軍団員がいました。ですから私達は大天使ミカエルと深い繫がりを持っています。それを意識していようと、いまいと、この惑星が二元性から一元性へと移行するのを見守るという役割において、ミカエルとは繫がっているのです。

私達は皆、
ミカエルの仲間です。
彼の真実と正義の剣を、
私達も持っているのです。

私達が転生してきた肉体が目覚めていない場合、この剣を使う気が失せてしまうのです。剣を地面に引きずって歩いているようなものです。それで何ができるのかも知らないまま。

目覚めの過程の途中で、内的な混乱によって心が引き裂かれそうになると、大体自分の力について過小評価しようとしてしまいますね。その時、この剣も捨ててしまおうと思ってしまうのです。ですが、その剣は捨てようとしても捨てられないものなのです。

問題はここからです。剣の責任が、その人にとって耐えきれないほど重くなると、その剣を自分の体の深い底まで突き刺して、責任放棄を試みようとするのです。体に剣が深く突き刺さったままの人がいます。いわば「ウォーキング・ウーンディド」といった状態です。もしあなたがそうなら、この文章を読めば自分がそうだと分かるはずです。あなたがもしそうだったら、今こそ剣を抜いて、真の力と責任感を取り戻し、自分自身のヒーリング過程を開始する時です。あなたの力が今こそ必要とされています。

◇◇◇

私には幾度もの過去世を共に生きた「トム」という古い友人がいます。彼はいつも崇高な大義のために戦う戦士としての人生を生きてきました。彼は創世記の時代からボディーガードとして惑星の為に尽くしてきた、大天使ミカエルの愛のエリート戦士なのです。私の過去世でも彼は私を守ってくれて、何度も命を救われました。時には彼自身の命を犠牲にして。ですからトムには、会うことは無くとも、いつも深い愛情と感謝の念を抱いています。彼はいくつかの格闘技で黒帯を持っていて、アメリカ人なのに外見は日本のサムライのようです。

そんな彼を初めてハグした瞬間、彼の胸から何か硬いものが突き出ているのを感じました。よく見てみると、彼の胸から背中にかけて貫通している剣が見えました。最初は過去世での戦争から持ち越したものだと思っていました。過去世で戦士だった人は、過去の戦いで負った傷を今世にも持ち越すことがあるからです。過去世からの傷を完全に癒すことができた人は、そんなに多くいません。その人に必要なヒーリングができる人を見つけることは簡単ではないからです。

トムに、胸の剣のことについて知っているか尋ねてみたところ、「ずっと前から気づいている」と答えました。私ならトムを癒せると、何故か思いました。恐らく、私は過去に上級巫女だったことがあって、戦士たちをヒーリングする方法を知っていたのでしょう。彼に、剣を引き抜いても良いか訊きました。いつでも準備ができたと感じた時に抜くことに決めました。

その後何か月もトムとは会いませんでしたが、ある晩、眠れなかった私は「今がその時だ」と感じました。部屋の祭壇の前に腰かけ、目を閉じて、自分の内側深くに剣が刺さったトムの姿を視い出しました。まず二つのクリスタルを視覚化し、一つは剣が体に入った部分、もう一つは背中の剣が出ている部分に置きました。傷の痛みを抑えるためです。何しろ、長い間刺さっていた剣を引き抜くのだから、強い痛みを感じるかもしれないからです。クリスタルは二つの傷口に麻酔するためでした。その後、慎重に剣を取り除きました。

剣が抜けた後の部分をヒーリングし終えると、引き抜いた剣を観察してみました。血まみれで、視ていると気分が悪くなりました。これをどう始末するか悩んでいたら、とても信じられないことに気づいたのです。「この剣……彼自身のものだわ！」なんと彼は、自分の剣で自身を傷つけたことが分かったのです！

次の瞬間、大天使ミカエルが私の上に現れました。どうやら私が剣を差し出すのをじっと待っていたようです。ミカエルに剣を差し出すと、彼も自分の剣を掲げました。すると、眩しい青紫の閃光が、あっという間に昔年《せきねん》の血まみれの紛争を洗い流してしまったのです。ミカエルは、剣をどうしても欲しがらないトムに返しに行きました。

次に視えたシーンは、なんとも可笑しなものでした。トムが何度も全力で剣を投げ捨てようとしても、直後に剣は彼の手に戻っているのです。何度も挑戦した後、彼は諦めて泣き始めました。どんなに頑張っても、自分の剣は捨てられないのです。

次の数か月間は内的次元のトムの様子を視続けていました。傷痕は随分良くなっていきましたが、彼はまだ剣を捨てようとしているようでした。そしてようやく、待ち焦がれていた瞬間が訪れました。彼はついに剣を受け入れ、威風堂々と手にしたその剣を掲げたのです。彼はやっと本来の力と職務を受け入れたのです。

物質界で彼に再会したのは一年ほど後でしたが、明らかに変化があったように見受けられました。もう内面の戦いはしなくなったようで、彼の人生も順調に行くようになったようです。彼に剣を取り除いた時の話をすると、彼も剣が無くなったことを感じていたようです。そして過去の傷も癒されたことに気づいていました。

◇◇◇

ミカエルの剣は、現在の自分そのものの状態を測るのに良いツールとなります。内なる目を使って、自分の剣の状態や場所を観察してみましょう。それを通して、力や権力についての自分自身の問題をどう対処しているかを確認することができるのです。例えば瞑想中は剣の柄に手を当てているかもしれません。活力化されている時は、剣を高く掲げているかもしれません。

＊＊＊

次の章は、深夜に私が書きました。夜に寝ていると、何頭かの馬の走る音が次第に大きくなっているのが聴こえました。この家は山奥にあるというのに。家の門が開く音が聞こえ、誰かが家に向かって歩いてくる足音が聞こえました。そして玄関の鍵が開く音が聞こえ、この寝室に向かって歩いてくる人の足音が聞こえたのです。そして私がいる寝室のドアが、ゆっくりと開き……

とても怖くなって、もう眠れなくなりました。目を開けて、眠気や恐怖と戦いながら、訊きました。「そこにいるのは、誰？」

月光の下、見えたのは大天使ミカエルでした。彼の体の輪郭は白い光で美しく描かれ、彼の身につけていたローブや、装飾が見事な剣も光輝いていました。彼はドーム型の王冠を手に持っていて、それを私に差し出したのです……

大天使ミカエルによる二元性からの最後の伝言

愛する皆様、私はここに、あなた方が至高の力と権力を認め、あなた方がそれに目覚めるように呼び掛けるためにいます。騒々しい世の中で、それをすることが困難なのは承知の上です。「完成の時」までの最後の日々にいる間、多くのことが起きています。

あなた方がこれまで長い間準備してきた「その時」に近づこうとしています。至高の責務の成就の時です。一なるものへの収束点です。完成の時です。内側へと潜り、思い出すことを自分に許すのです。時間を遡り、我ら一つの巨大な光の軍団として、天界を駆け巡っていた時代を思い出してください。

この次元の宇宙に響き渡った、あの呼びかけを覚えているでしょうか？「総力を結集し、地球へと降りよ」という呼びかけです。あなた方には、やるべきことがあります。疑いや恐れは捨て去りましょう。地球での転生周期で積み上げた疑いや恐れは、未来では置き場所が無いのですから。

二元性に入った時に四散したかのように見えた我らは、実はまだ一つのままです。天界であっても、地球上であっても、我らは一つ。これまでも、そしてこれからもずっと。

戦いに赴くのではなく、一なるものの到来の勝鬨を上げに来たのです。愛の戦士として。分離ではなく、統一を伝えに来たのです。惑星中に愛の種を蒔きに来たのです。二元性の隠し場所が見えなくなるまで、一元性の光で照らすために。

惑星上、またはアストラル界で意識的、または無意識的に二元性を続けている者、または一なるものの一部であることを否定する者は、一時的に自らの至高の起源を忘れているのです。そのような者にならないように！　遅かれ早かれ、全ての意識の欠片は一なるものへと戻っていくでしょう。

我らは一つの愛の戦士団として、可能な限り多くの人々を目覚めさせる任務を持っています。必要でない者など、一人としていません。我らは全力を出せる状態であることが必要とされています。自分自身を信頼し、自信を持ってください。光の存在であることの疑いや恐怖は捨て去ってください。

全力で自分自身を目立させてください。悲しみを喜びへと、憎しみを愛へと、苦難を安寧へと、欠乏を豊富へと、変化させるのです。その達成のために、我らはここにいるのです。その時が今です。

我が最愛の天使軍団よ、あなた方の剣をとり、高く掲げてください。目の前にある青紫〈ブルー・ヴァイオレット〉の巨大な光が、私です。今一度、一なるものへの誓いをたてましょう。純粋な愛の体現者であることに、自分自身を開きましょう。

天から光が流れ込んでくるのを感じるでしょう。あなたという存在を貫いてもらいましょう。そして光は、あなた方の魂と精神と感情と物質の体を洗浄します。あなた方の流した涙、分離の痛み、幻惑のベール、恐怖の要塞は、消えて無くなります。青紫の光のシャワーを体の芯まで浴びてください。あなた方は生まれ変わるのです。あなた方を引き留めていた全て、至高の善への貢献を阻むものは全て、自分から完全に手放してください。

天に掲げたあなた方の剣。その切っ先と、私の剣の切っ先が触れ合います。その瞬間、青紫の雷流があなたを通ります。剣から腕へ、腕から全身へ、一瞬で通ります。これであなた方の活性化は済みました。

次に、以下の文言を三度唱えましょう。

「自分の至高の遺産を受け取ります」

「自分の権力を受け入れます」

「自分の力を受け入れます」

「自分の任務を受け入れます」

以上を、天の主たるエロヒム評議会の大天使ミカエル最高司令官より任命致します。

◇　◇　◇

二元性の枠組み内からの、大天使ミカエルの最後のメッセージは以上です。1992年1月11日～12日の11：11の扉の開放以来、ミカエルの職務にも変更があったようです。彼は現在、二元性と一元性の間の「重複域の監視者」となりましたが、まだ進化の定型の移行を支援することに変わりはありません。

ミカエルの軍団も次の段階へ移行しました。一つ前の誓いが成就した為、現在の私達の課題は、本当の自分に完全になることです。それと青紫の炎は現在、「ＸＵＡ〔著者が推奨する「シュア」という音の波を発する技法で、エネルギーの浄化に非常に有効と言われています〕」に変更されました。自分の剣も必要なくなり、現在は「純心愛」の体現者になることが求められています。

２０１２年に11：11の扉もついに完成し、大天使ミカエルは地球での職務から完全に解放されました。

皆さんはもう、
十分浄化され、神聖になったので、
今は大中心太陽〈グレート・セントラル・サン〉からの
大いなる黄金の白い光を受け取ることができます。

幕は取り除かれ、
壁は壊され、
今なら、本当のあなたとして、
見て、在ることができるでしょう。

長い黄金のトランペットが
もう一度、いと高き音を響かせます。

初めて
帰還の呼びかけが
天界に響き渡ったのです。

天の舟旅

オクミンの洞窟にいたときのことです。洞窟の丸角には楕円形の窓が備え付けられており、そこから外に無限に広がる星空が見えていました。黄金の光線が垂直的に部屋の中を通り、くるくると回っていました。

セロン〔Xeron〕という人が私の前に立っていました。この人（性別は分かりません）は、私のオクミンにおいての古い知り合いです。何でも知っていて、愛のある私の師匠です。輝く白い光の玉がセロンの頭から発せられて、それぞれが両手いっぱいに広がりました。

私はその時疲れ果てていて、笑顔にはなれませんでした。セロンは見つめているうちに、三つの光の玉になりました。そのように見えたと言えましょうか……そうしたら、ネオンのような光の線で三つの光球が繋がり、光の三角形になりました。それ以外は完全な暗闇になりました。私は、その三角形の扉に足を踏み入れました。

扉の向こうは、星がいっぱい輝く何も無い空間でした。自分が落下しているような感覚に陥りましたが、落ちているというよりは浮いている様子でした。星の波にゆられているようでした。とても快適で……優しい、星々の流れに乗っているようでした。音楽が聴こえてきました。奥行きのある天上的な調べが、私を包みました。

いかだの上で揺られているように感じていましたが、実は天の舟に乗っていたようです。舟は長いけども狭くて、黄金の優雅な舟でした。まるで星々が凝縮してできたみたいでした。

私が深く座っていた椅子には、マゼンタ色の絹のクッションがありました。深く腰掛けたままで、穏やかな空の上を浮遊していたのです。「どこに行くのかしら……」ふとそう思いましたが、やはり考えるのはもうやめて、ただ舟に身を任せていました。

あまりの快適さに、つい深い眠りについてしまいました。眠っている間、黄金天使が来て、愛をこめて私を撫でて、優しい歌を歌ってくれました。その愛の波は、全方位に放たれていました。「星々の歌」を歌ってくれました。長らく聴かなかったので、すっかり忘れてしまっていました。薄着だったからなのか、天使たちは白い布で私を覆ってくれて、夜の冷えから守ってくれました。

私の疲れ切った魂も、彼らの愛の歌で癒されました。遠い記憶の彼方に置き去りにしてしまった、調和のオクターヴ……一なるものから、こんなに遠く離れてしまって……度重なる転生先の人生で積み重なった辛さが、洗い流されていくようでした。

ひんやりした手が私のオーラを撫でているのを感じました。手は黄金の愛の波のように、心の傷を癒していきました。この傷をずっと癒して欲しいと願っていました。一度でいいから、このように優しく浄化されてみたいと、どんなに思い焦がれていたことか！「なんでこんな世界にいるのだろう？」「この世界は腐りきっていて、つまらなくて、意地悪な人しかいないじゃない」

あまりの苦しみに、ずっと叫びたかったのを我慢していました。繰り返される毎日。真剣な目的のために日々を生き続けているけど、ちっとも楽しそうに見えない自分自身。それよりも、孤独の苦しさや根深い悲しみの比重が大きく見えていました。

「このように生きるべきではない」ずっとそう思ってはいましたが、抱えている重荷を手放すことは簡単ではありませんよね。元々は、責任感には喜びが伴うべきものなのです。ですが、私は責任の山に埋もれてしまい、楽しむことを忘れてしまっていたのです。

天使は私の泣き言を一言も漏らさず聞いていてくれました。流れることの無かった涙を見つめていてくれました。私の中の悲しみの奈落を垣間見たことでしょう。それでも、天使達は歌い続けていました。私の内側で何かが渦巻いていました。ずっと流れが妨害されていた、あのエネルギーが、解放され始めました。体が天のクッションの中に埋もれていくようでした。私は抵抗するのをやめ、積年の涙を自然のままに解放してあげました。

変化の風が強く吹き付け、私が手放したものを変化していきました。旧いものが無くなって、空いた場所には新しいものが入ることができるようになりました。風は私を優しく洗い流してくれ、私も風の吹くままにして欲しいと思いました。唇からも許可の言葉が流れ、言葉は天の星々を巡り、無限の中に飛んでいきました。

絹のクッションの上に寝そべり、天の海上での舟旅を楽しんでいましたが、ふと考えが頭の中をよぎりました。「時間が無いところでは、どうやって今何時かを知るのかしら？」

分かっていたのは、これからも、これまでもずっと、私は私のままであるということでした。天使の歌の中に、私の名前が歌われているのが聴こえました。それは私という本質の芯にまで響きました。理解されること、認識されること、それは見守られ、本当に愛されているということです。その安心感は素晴らしいものでした！

星々は私を家族の一員として見てくれて、「おかえり」と言ってくれているのです。私達は一つの存在だと知っているのです。そして、自分自身のことをやっと認めてもらった時に、奇跡は起こります。それまでの分離の苦しみの監獄から解放されて、自由になるのです。

涙がとめどなく溢れてきます。「私はここに、戻るべくして戻ったんだ！　星々の中という、私の家に」私達は皆、一なるものという一枚の鏡の欠片です。一人一人の声が、一なるものの歌を奏でます。

私の深いところからあふれ出てくる想いは、俗世の幻というダムを洗い流し、そこに根付いて、花を咲かせ始めたのです。大きくなり続ける私のハートは、一なるものを包み込みます。

星を呼吸する本来の私も、喜びの涙を流し、本来の自分である「輝く愛の一なる星」になります。この天界の海の空の上に燦燦と輝いている、あの星に。

至福の平和とは、このようなもの。

それ以上でも、それ以下でもなく。

純粋に、

「存在していること」なのです。

身近な天使たち

私達の中にも天使は存在しています。
大体は、一番意外な人がそうだったりします。

天使はこの地球上にもまだ存在していて、人々の中に紛れて世界中に散らばっています。

私が最初の本『天使の呼び出し方』の初版を出版した後、私は資金を稼ぐためにいくつかの州を渡り歩いて、自分が集めた宝物を売って回っていました。数千ドルを現金で持ったまま、最後の品を売るために南カリフォルニアを訪れた時のことでした。カセットテープが車のプレイヤーの中で詰まって出てこなくなってしまったのです。

とりあえずその場で視界に入った街で停まって、そこで修理してくれそうな人を探すことにしました。そして、ガソリンスタンドがあったので車で入り、そこにいた全く面識の無い歩行者の人に事情を説明しました。彼も少し驚いていましたが、一緒に修理所を探してくれることになりました。

彼も車に乗り込んで、カセットテープを出そうとガチャガチャやっていた間、ふと自分がいる状況を考え、不安になってきました。周囲を見回してみると、全く来たことも無い、荒れたスラム街の中に自分が立っていることに気づきました。傍らには、適当に声をかけた大柄の男性がいて、自分の車の中にはこの男性と自分しかいませんでした。しかも、車の中には私の財布も品物も、車の鍵も置いてありました。

状況を認識するにつれ、ひどく緊張してきました。やがて男性はカセットテープを取り出すことに成功しました。彼に感謝をして、何かお礼の品を渡したいと言いました。彼はお礼なんていいと言いましたが、私の本をプレゼントしたいと伝えました。何の本かと尋ねてきた彼に、天使についての本ですと答えました。

「天使だって？」彼は驚いて、「そんな、**僕は天使なんだよ！**」と言いました。

「えっ、あなたが？」私も驚いて、「**私も天使なのよ！**」と言いました。

その瞬間、私達はお互いを抱きしめあい、今度はその駐車場で踊ったのです。二人とも笑って、泣いていました。

彼はこのような厳しい環境に孤独に生きながらも、世界には自分が天使だと理解している人がいることに大変感謝をしていました。

その時よく分かったのです。天使はどこにでもいるのだということを。

愛の戦士

地球の天使達の中でも、
最強なのは「愛の天使」です。

「天使」という言葉の意味は、劇的に変化をしています。皆が連想する典型的な天使像というのは、実は実像の一部に過ぎないのです。天使はただお空をひらひら飛び回ったり、柔和な声で話しかけてきたりするだけの存在ではありません。

元々、天使は霊的な戦士です。強く逞《たくま》しく、愛のために献身する戦士です。進化すればするほど更に強力になっていきます。

天使は最初からとても強力な力をもつ巨大な存在であったので、地球上にいる天使は普通の社会に馴染めないことが多いです。その力ゆえ、普通の狭い社会の枠組みに入りきらないのです。そのため、犯罪者や革命家、山賊や海賊といわれる人の中で頭角を現す者もいます。チェ・ゲバラのようなカリスマ性を持った革命家で、理想を追い求める戦士で、ドラッグのマスターで、バイク乗りの人が天使だったりします。

ルシファーやサマエルが物質界の変容という危険な任務を選んだように、愛の天使たちは、自分から進んで最も闇の深い人生経験を選択していきます。彼らが堕天使だからではなく、実は彼らの「一なるものへの大いなる愛」による結果なのです。

このようなお尋ね者の愛の戦士たちのほとんどは、この世に現実感を見出せなくなり、自分の手で反体制文化を作り上げていくことがあります。愛の戦士は物静かですが無作法なところがあり、勇気があり、恐れを知らず、自分は望まなくともリーダー的立場にいる人が多いです。彼らの行動の仕方は、時に不愛想で喧嘩っ早く見えます。

愛の戦士は、畑を耕した後にも生き残った種のような性格をしています。生き残って意志が硬く成長し、真実のままでいること、ここにいる理由を忘れないようにすることを目的としています。目的を忘れてしまうと、そこにある闇に浸食されて、魂の健全さが損なわれるからです。ですから、彼らはイバラの道を歩み続けることを決めたのです。

愛の天使の全てが無法者というわけではありません。この本を読んでいる方々の中にも愛の戦士はいます。私達は毎日、「二元性の戦争」を戦っているのではありません。二元性の支配を終わらせ、一元性を完全に定着させるための、「聖戦」を戦っているのです。そのために、愛を体現する必要があるのです。誰よりも強く、純粋に、猛烈に、愛しているのです！　それが私達の存在理由です。それによってのみ、新たな真実の愛のマトリックスの中に生きられるのです。

全ての愛の戦士たちは、独自のルールで人生を生きています。遊んでいるのではありません。自分自身の完全性に対して妥協をしたら、自己破滅に繋がってしまうからです。究極のサバイバーであると言えるでしょう。

大天使はその中でも最も強い愛の戦士です。燃え盛る愛の炎の目で、全てを見通す巨大な存在です。大天使ミカエルはこの階級にいる存在です。そして、ルシファーは究極の愛の戦士であると言えるでしょう。

愛の戦士は全て、最後には次の段階へと進化の道への歩みを進めます。それは、「王の中の王」、「女王の中の女王」とも言える段階です。

大天使と新たな枠組み

超現実の中での
大天使の役目は
大きく変化しました。

1992年1月11日の11：11の扉の開放以来、多くの変化が起こりました。この強烈な惑星規模の活性化は、私達の進化の時刻表に変更を加えただけでなく、二元性と一元性の架け橋も創りだしたのです。

地球上の何百万人という人が、既にこの橋を渡って一元性の意識へと移行しました。私達が一なる存在と超現実を「今、ここ」へともたらすことで、万物が次の段階の各自の配置に就くのです。

大天使も次の段階へと移行します。私は最初の11：11活性化の直後の数か月間に、直にこのことを知りました。

私は過去世において何度も大天使と密接に協働してきました。特に、ミカエルとメタトロンとは深い繋がりがあり、過去に私の前に頻繁に姿を現したり、私を教え導いたり、護ったりしてくれましたので、恐らくこれからもそのように私を助けてくれるでしょう。

11：11活性化から数か月後、厄介な状況に陥った時があったのでミカエルとメタトロンに支援を呼び求めたことがありました。いつものように彼らは来てくれたのですが、一つ問題がありました。それは、現れた彼らの姿がとても小さかったのです。あれほど巨大な光の体を持っていた天使が、なんと私よりも小さかったのです！　最初は私にとってショックな出来事でした。何かの冗談なのかと思いました。

その時は冗談を言っている場合では無かったのです。私はどうしても彼らの助けが必要でしたので、「適正な大きさになってくださいませんか」と尋ねました。しかし、天使は体の大きさを変えようとしません……なので何度も何度も、「いつものように大きくなってください」と尋ねたのです。

ようやくメタトロンが返答をしました。「我らは大きいし、大きさは全く変わっていません。あなたが、大きくなった自分自身に気づいていないのです」

全く予想してもいなかった回答でした。ちっとも嬉しくありませんでした。まだ、何か仕掛けがあるんじゃないかと思っていました。私は「大きくなってください」と言い続けましたが、何も変わりませんでした。

次の機会に、彼らを呼び出した時も同じでした。彼らはすぐに現れましたが、小さいままでした。前回と同じように懇願しましたが、回答も同じものでした。

自分自身の大きさを認めることができなかった当時の私にとっては、大変なショックでした。特に、彼らのような偉大な存在との比較において、私は彼らより大きな存在になどなりたくなかったのです。彼らとのこれまで続いてきた関係性を変えたくなかったのです。

何年もの間、このことは誰にも言えない秘密でした。私のエゴが生み出した創作話だと思われたくなかったのです。何が起きたのか理解できていませんでしたし、嬉しくありませんでした。私は大天使たちとの繋がりを放棄することにしました。そして、私達が二元性から卒業することを支援するという彼らの主要任務が終わったのだろうと推察したのです。

今なら、彼らがどこに行ってしまったのかが分かります。いえ、彼らはどこに行ったわけでもなく、もっと小さくなったわけでもありませんでした。

私達が自身を二元性から解放し、超現実の中に生き始めると同時に、大天使も新しい職務に就いただけのことでした。彼らは現在、「沈黙の観察者〈サイレント・ウォッチャー〉」になったのです。もう私達の導き手ではなくなったのです。新しい定型に基づく各自の配置に就き、より遠くに思える場所から、私達を見守っているのです。小さく見えたのは、新しい枠組みが大きすぎて、彼らがより遠くにいるように見えたからだったのです。

大天使と私達との関係は
親子の関係と
全く同じです。

赤ちゃんの両親は、赤ちゃんのために何でもしてあげなければなりませんね。赤ちゃんを愛して、食べさせてあげて、洗ってあげて、服を着替えさせてあげて、どこに行くのも一緒で、綺麗な服を着せてあげて、起こしてあげたり、寝かしつけてあげたり。親の助け無しでは赤ちゃんは生きられません。

赤ちゃんは成長すると、親の助けなしでできるように、自分で色々なことを覚えていきます。食事も着替えも、歩くのも自分でできます。ですが、まだ親の指導が必要ですし、ちゃんと教えて、愛して、分別できるようしてあげたり、衣食住を提供してあげたりすることが必要ですね。それらの助けが必要な時が、子供が親を呼び出す時であるとも言えるでしょう。

子供が20代になると、親に背を向けて、外の世界に飛び出していきます。親へ定期的に連絡するのも忘れ始めてきます。でも、親は自分を愛してくれていると無条件で信じています。どんなことがあっても。なので、もう親に指導を頼まなくなります。大きすぎる問題を抱えていない限りは。

子供が十分に成長し、真に自分らしくなった時にようやく、子供は親との新しい関係を再構築できるのです。親と子が対等に話せるようになるのが、この時点です。やっと心を開いて全てを話せるようになるのです。

本当の親の願いとは、これなのです。親は子供に幸せになって欲しいし、成功して欲しいのはもちろんですが、何よりも、子供が成熟して自分のやるべきことを見つけて、本当の自分になって欲しいと願っているのです。

大天使は私達にも同様のことを思っています。私達に成熟して欲しいと願っています。ただ従うだけだったり、無いものねだりをしたりして欲しくはありません。だから、人々に大天使に頼って欲しいと思っていませんし、人々のために全ての道を決めてあげたいなんて思っていないのです。自分で考え、自分で実行し、自分で責任を取って欲しいのです。そして自分自身のマスターになり、「本当の目的」を成就できるようになって欲しいのです。大天使の私達への願いはただ一つ。私達が「本当の自分」になり、自分の人生を生きて欲しいというだけです。

だから大天使はどんどん小さく、遠くに行ったように見えるのです。大天使だけでなく、次元上昇した存在〈アセンデッド・マスター〉にも同様のことが言えます。彼らもどんどん縮小していくように見えるでしょう。彼らも新しい定型を通して新しい位置に就いたのですから。

偉大な存在たちを本当の意味で愛し、尊敬をしているというのなら、彼らへ感謝の意と敬意を見せるのに最適な方法とは、「自分自身の人生をマスターする」ということになるでしょう。そして、ここにいる本当の理由を、実行に移すことです。

海のエロヒム

感情のヒーラー

オレゴン州の海岸沿いに住んでいた時の、ある夜のことでした。それまで見たことなかったような、とても美しい天女が姿を現したのです。彼女はとても大きく、足は深い海の底にあって、頭は星空に届くほどでした。彼女の名はア・クア・ラ＝ア・ワ・ラ〔A・Qua・La A・Wa・La〕です。海のエロヒムであり、感情のヒーラーです。彼女の長い髪には小さな白い貝殻が散りばめられていて、身につけているアクア・ローブはマゼンタ色、金色、ラベンダー色、水色などに煌めいていました。

ア・クア・ラ＝ア・ワ・ラはこの惑星に来たばかりでした。彼女は慈愛と恵みの女神観音〈クァン・イン〉の姉妹存在のようです。観音を表すのは薔薇の花ですが、ア・クア・ラ＝ア・ワ・ラの場合は「水」です。それを使い、私達の感情を癒し、この惑星の海を浄化し、私達が「純心愛」を体現するのを支援してくれます。「ア・クア・ラ」はイルカを意味し、ア・ワ・ラはクジラを意味しています。彼女が住んでいた場所の住人達です。

ア・クア・ラ＝ア・ワ・ラは私達とも繋がっていて、私達の内側に存在しています。ですから、彼女のヒーリングや新鮮なエネルギーが必要な時は、いつでも受け取ることができるのです。

オレゴンから引っ越す前には、この世界に存在する全ての水のヒーリングと、全人類と惑星全体の感情のヒーリングが完了するために、彼女のクリスタル・ピラミッドがいくつか活性化されました。この出来事は、新しい「星天場」の定着行程の一部でもありました。

ア・クア・ラ＝ア・ワ・ラからの伝言

私は、まったく新しい「純心愛」のマトリックスへの準備をするために、あなた方と同じ世界に来ました。あなた方のことはずっと見守っていましたが、姿を現すのは今回が初めてです。

私は水のエロヒム。海の守護神。そして、感情のヒーラーです。癒しと再生をもたらすために存在します。

いま、この惑星の大海の岸辺に立っています。それは、海が私を必要としているからです。アラゴン〔かつて米国オレゴン州の沖に存在し、現在は物質界から姿を消した場所の名称〕の海岸はずっと私の到来のために準備をしてきました。ここには純粋さと静穏さがあるため、私を知覚できる人との間で、私の本質を共有できるようになりました。

私の本質は、「液体」です。光や水、感情なども、それに当てはまります。私は天界の海の流れに乗って旅をします。あなた方と同じく、私も「星」です。

あなた方の体は水成物質で構成されています。あなた方の感情も、地球の潮の満ち引き同様、高まったり落ち込んだりします。感情の癒し手である私が、その調和をもたらし、あなた方の新しい感情体の誕生と、純心愛の定着を支援します。

そのために、あなた方の内側にある「大いなる愛」の泉の中に浸る必要があります。その偉大な愛があなた方に浸透していくことで、あなた方の霊的な水流が、新たな愛の周波数に調和していくのです。するとあなた方の感情は滑らかになり、天上の調和の下に落ち着いていきます。天界の新たな音程〈ニュー・オクターヴ〉へと自然に溶け込んでいくでしょう。

そして生まれた新しい感情は、「超現実」からの光なのです。ですから、あなた方はより感情を感じやすくなるでしょう。それまでより感じにくくなることはありません。なぜなら、それまでと比べられないほど感覚が研ぎ澄まされ、真実に近いものになるからです。

地球上の汚染された水は、あなた方の感情体の汚染具合をそのまま反映しています。つまり、一人を浄化すれば、周囲の人々も浄化されていくのです。これを、内側から始めましょう……

これを行うため、私はアラゴンの沖に11個のクリスタル・ピラミッドを造りました。これらの形成には、クリスタルのネックレスを使うことになりました。ネックレスに埋め込まれていたクリスタルには純心愛の本質が凝縮されていました。それらを地球へと落とし、それぞれ定められた静かな入り江に到着し、すぐに光のピラミッドへと成長しました。

ピラミッドは、ただ海岸線を安定させるだけでなく、あなた方の感情の安定化もしてくれるのです。現在、周波数の加速が続いている時期なので、それが感情にも影響し、ストレスや急激な感情の変化などの原因となりかねません。ピラミッドは、それらを和らげる働きをします。

純心愛を体現する者があなた方の間に現れれば現れるほど、私のクリスタルは地球に落ちて、海底の光のピラミッドに変化していきます。純心愛の共鳴を強め、「完成の時」に起きる混乱の中でも、感情の安定をもたらしてくれるのです。

私はア・クア・ラ＝ア・ワ・ラ。大いなる愛をもってこの惑星に来た者。あなた方とは常に共にいます。はじめは、私が別の存在と思えても、私はあなた方の内側にいるのです。

あなた方一人一人の中に、私は生きています。
私の足は、惑星の海の底に。私の体は見えざる世界の果てまで届く。私の輝く存在そのものは、
液体愛の道を創ります。

水滴の一粒一粒の中には
純心愛の本質が詰まっています。

どの水滴も、
一なるものへと回帰したがっています。

あなた方一人一人が
今まさに、旅の途中であるように。

流れに身を委ねましょう……

感情のヒーリング

私はア・クア・ラ＝ア・ワ・ラ。あなた方に感情のヒーリングをお贈りさせていただきます。目の前にある新たな音程へと進むために、このヒーリングを済ませることは非常に重要なことです。

さあ、私と一緒に天界の星の海を渡る旅に出ましょう。本物のヒーリングがあなたにもたらす滋養は、あなたに相応しいのです。静かな場所に座り、ここからの文章をゆっくりと読んでください。今から、時間を越えた旅に出ます。深い、内なる平和だけがある世界へ。全てが愛に包まれた世界に。

私の手を取ってください。そこへご案内しましょう……まずは私とあなたの二人で、愛の海の岸辺をゆっくりと歩いています。海は穏やかな蒼穹《そうきゅう》を湛《たた》え、海面には小さな星々が燦燦と輝いています。水平線はどこまでも続いています。ここは時間のない、永遠の海。手と手を取り合ったまま、二人で水晶のような岸辺を歩きましょう。見上げれば満天の星空。天の星々を呼吸します。空気は新鮮で浄化されているので、いつもより深く自由に呼吸ができます。

言い知れぬ深い静寂の感覚に、驚いているのではありませんか。こんなに落ち着いていて、守られている気分になったことは無かったでしょう。波は永遠の無時間の中で、岸辺に打ち上げます。岸辺に立ち、波が寄せては戻っていくのを見つめています。

波の中を歩いてみましょう。ゆっくりと、慎重に水の中に足を入れます。水は冷たくなくて、とても涼やかです。もう少し沖の方に歩いてみましょう。気が付いたら、水中を泳いでいました。力を入れなくても、星の海の緩やかな海流のおかげで楽しく泳ぐことができます。あなたという存在が、安心と喜びと、波に乗っている楽しさで満たされていきます。あなたが笑うと、内側を泡が昇ってきて、飛び出していくのが心地よいです。

ほら、あなたの楽しい声を聞いて、イルカが近くに寄ってきましたよ。イルカは人懐っこい笑顔を浮かべて、水の世界へと案内してくれます。さあ、イルカの背中に乗って。彼の体にしっかり摑まっていて。水の深みへ連れて行ってくれます。そういえば、水中でも呼吸ができているとに気づきます。皆で一つになって、キラキラ光る海の深くへと滑っていきます。深く、深く、本当の癒しが待っている場所へ。
あなたを待っていたのですよ。クジラとイルカに囲まれて、私は、ここに完全な姿でいられます。ここは「一なる心」の中心地。真の愛以外は何も存在していない場所。あなたは今、純心愛の波に揺られています。

あなたにアクアマリン色の液体が入った杯をお渡しします。この液体は、真の愛のエッセンスが含まれている神聖なエリクサー〔錬金術用語で、飲めば不老不死になれると伝えられる霊薬・万能薬〕です。あなたの心を癒すために作りました。悲しみも取り除かれ、傷ついた心も修復され、疲れも吹き飛び、恐怖も溶けてなくなり、心が静寂を取り戻します。

親愛なるあなた。しっかり癒されるまで、飲んでいいのですよ。アクア・エリクサーを飲むと、滋養がついて体が温かくなってくるでしょう。その温もりは全身に届いて、ヒーリングされない場所はもうありません。愛の温もりが通り抜けていく感覚をゾクゾクと感じ、あなたは歓喜と快楽の中に溶けていきます。

旧い心配事や悲しみなどは一瞬で消え、感じたことの無い一体感と、愛に満たされた感覚が全身から放たれます。あなたは純心愛でいっぱいになりました。あなたは今、誰でも、何でも愛しています。そして何より、自分自身を愛しています。ずっと難しいと思っていた愛が、こんなに簡単なものだったのだと、驚いているでしょう。そうです、愛は楽なのです。愛は呼吸するように自然なのです！　愛は全ての中に存在しています。水が私達の周りに常に存在しているように。

そして、愛を選んだのは、あなたです！　あなたが愛を選択したのです！　この宇宙、銀河、太陽系、地球や全生物のために、あなたは愛することを選んだのです。自分自身を愛することを選んだのも、あなたです！　万物は愛される資格があるのです。それが一元性の自然の摂理です。愛はいつもそこに在ります。私達は、それに気づくだけでいいのです。

イルカたちは、あなたという存在の愛で満たされることにとても満足しているようですよ。水音も激しく、楽しそうに踊っています。イルカたちは次第に星の体へと変化していきます。イルカと踊るあなたも、星が泡立つ渦の中を宙返りしながら、穏やかな愛の海の水面へと浮き上がっていきます。

愛の海から顔を出したあなたは、すっかり浄化され、癒され、新しいあなたに生まれ変わりました。これで、ニュー・オクターヴへ進む準備ができましたね……

私達一人一人が、開かれた扉なのです。

一人一人が、
輝く光の柱であり、
皆にとっての光の導き手なのです。
一元性の世界へ続く
道案内人です。

見えざるものを見ることで、
自分の起源を体現するのです。

超現実になること。

私達は天の先駆者であり、
神聖な塔であり、
夜明けのメッセンジャーです。

さあ、朝日が昇ろうとしています！

星々に手が届いた私達は
その星の光で
世界を照らす灯火になります。

どこに行っても、
何をしていても、
無数の黄金の星々をまき散らします……
変化の星々を！

私達が変化をもたらすのです。
そのために私達はここにいます。
多くの天使が来ることを拒否した、この惑星に……

どこへでも行きましょう。

触れたことが無いものが、無くなるまで。

触れるもの全てに
黄金の星々が埋め込まれるように。
それが私達。

変化のスターシードの役目。

私達が旅し、変化をもたらしていくと、
自分自身が、最も大きく変化していきます。

星々に触れた自分自身に、
一なるものへの変化がもたらされているのです。

第3部　スター

：星こそが完成への重要な鍵！

この惑星で二元性を一元性へと変化させるという大きな任務を背負った冒険者たちが、ここにいるのです。

私達という星

はじめは、一つの星。
みんなという星でした。

かつて、私達は「一なる星」という全体性の中で一つに融合していました。皆で溶け合って、全てを共に経験する、完全なる一つの存在となっていました。この一元性の意識状態を、私達は「ホーム」として思い出します。

私達という星が内破し、外側に爆発し（ビッグバンと言われています）、無数の小さな星の欠片に別れていきました。同一存在だったものの欠片で空は埋め尽くされました。星の欠片は、いくつかの魂の集合体でした。これがソウルメイトと呼ばれる魂の集団です。

これ以上小さくなれないほど星の欠片が極小になると、次の変化への移行が始まりました。個

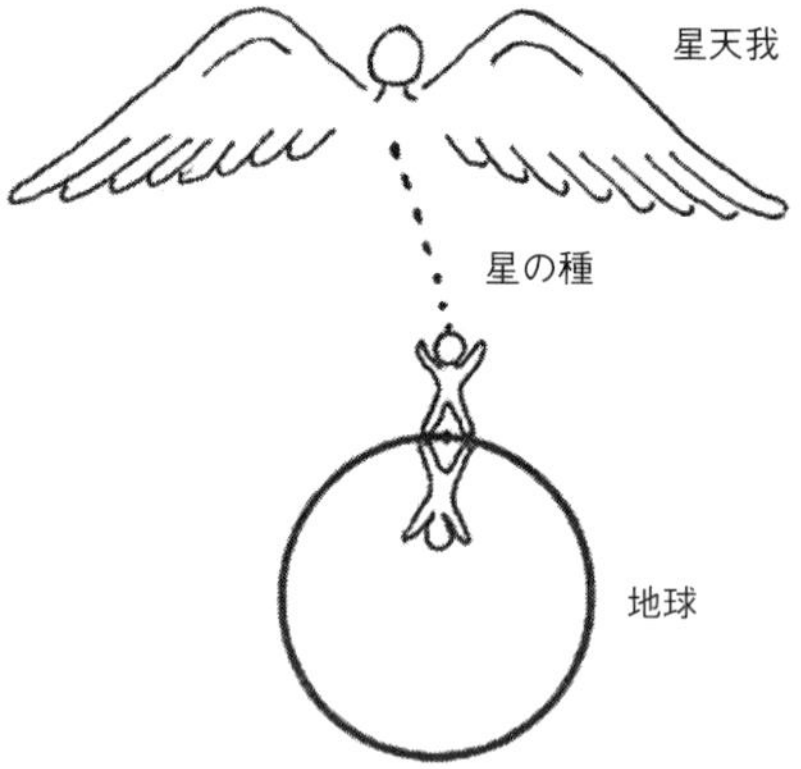

人としての意識への変化です。もちろん、私達は実は一なるものから離れたことなどありません。

物質界への降下の令が発せられた時、黄金太陽天使であった私達は、二元性を変化させる任務に自らの意志で志願しました。しかし、その巨大な完全体のまま三次元密度に降りる必要はありませんでした。何をする必要があったのかというと、一なる星の光線である、黄金の光の柱を地球に発し、それを通して自分自身を定着させるということでした。地球上に投影されたのは、巨大な「星天我」である自身の幻影なのです。

巨大な私達の、極小の星の種が物質界に植えられました。このミニチュアの私達は、惑星地球の転生の周期の中で今も生きています。

最初の内は、自分の本当の起源を知っていました。もっと巨大な、星天存在だったこと。天界に住まう存在だったこと。一なる星だった私達の、ほんの少しの割合しか地球上で生きる経験をすることを選ばなかったということも。それを知っていることで、本当に自分らしくなる自由もありましたし、多くの智慧や祝福を無限に受け取ることができていました。

「時間の始まり」と「二元性の枠組み」の導入が始まったのはその後のことでした……記憶は薄れていき、地球上での人生を重視するようになっていきました。今では、二元性を重視するあまり、これが唯一の現実だと思い込んでしまっているほどです。自分が何者かを忘れてしまったのです。一なるものと分離してしまったと感じているのです。

今では私達の意識は、一なる星の黄金の光線のほんの一部に定着しているだけです。星の中心に目を向け、一なるものと分離していなかったことを思い出すよりも、外側の無意味な虚無に目を向けてしまっている状態です。これでは、孤独感や分離感を感じても仕方ないことでしょう！

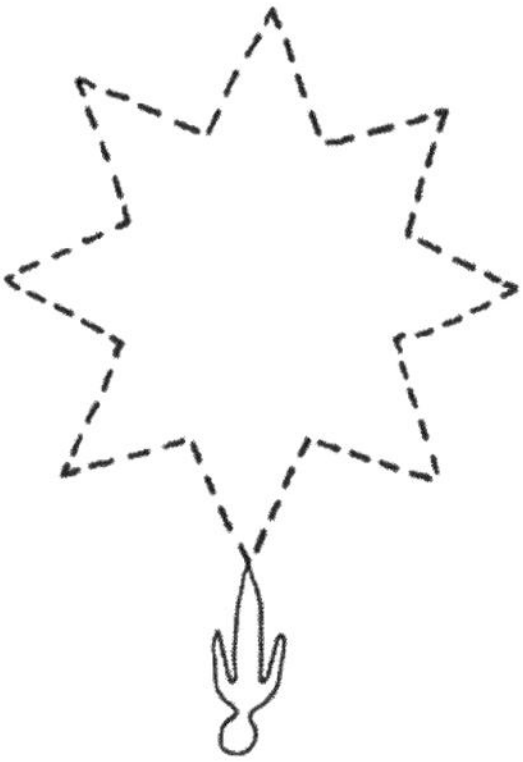

三次元生活とはそういうものです。ホームシックや孤独感を伴い、いつも悲しみや絶望感が襲ってきて、「一つに

なりたい」という報われない想いを抱き続けて生きるということです。誰かと一つになりたいという想いの根源は、一なるものとの合体を切望する想いなのです。

地球上での数々の人生経験でも、このパターンが見え隠れします。いつも完璧な合体相手を探し回っています。一方で、実は一なるものとは合体したままだという真実が見えていないのです。

私達の家へ帰る冒険の旅は、
実は自分の意識を一元性の意識に移行させるだけのことに過ぎません。

終わりがないように見えるこの冒険の旅において、私達の道程は大きな螺旋を描いているように見えます。この螺旋は、一なるものの大きな体の一部に過ぎません。

だから、本当は家から出ていなかったのです。出たように見えていただけです。行き詰ったように見えても、一なる星の光線から離れてしまったように思えても、実はずっと一緒にいるのです。

もう一度目覚めて、自分が何者なのかを思い出したのなら、意識を一元性に戻す旅に出ましょう。一なるものから無数の星の欠片へ、星の欠片から黄金太陽天使へ、天使から送られた黄金の光の柱から地球に埋め込まれた星の種、そして人間として生まれました。

外側に向けていた目線を、内側に向ける時です。一なる星の中心へと帰りましょう。私達はすでに一つです。いつでもずっと、一なる生き物です。

星天存在

星天エネルギーと宇宙エネルギーの間には大きな違いがあります。

星天エネルギーは二元性の幻のはるか彼方の

高次元の光の領域から発せられます。

星天存在は、私達に知覚されたい時には、凝縮された光の体を形作って出現します。その体は星天要素〈スター・エッセンス〉の凝縮体です。星天存在は物理的な体でこの惑星に転生したいとは思っていません。彼らはさらに高度なレベルの広大な領域で、巨大な規模の任務に就いています。あまりにも巨大すぎて、誰にも想像ができないほどです。

高い音程〈オクターヴ〉の世界の洞天には、無数の「星の同胞団」が存在しています。それぞれの洞天を空間で知覚するならば、卵型の泡に見えます。星天存在は古代から伝わる伝説の中に残っています。チベット仏教や、中国の道教、インカ人やポリネシア人やドゴン族やホピ族の伝説にも。スターボーンの皆様は、星の同胞団とも深く繋がっているのです。

オクミンも星の同胞団の一つです。「Og-Min」はチベット語で「至高」とか「不可逆」という意味です。もう二元性が基になった現実システムには決して戻らないということです。肉体に転生する必要もありません。もちろん、それを選択することもできますが。

ごく稀ですが、星天存在が肉体に転生する時は「菩薩《ぼさつ》」として現れることになります。菩薩は深い思いやりと、二元性からの人類の解放を目的としています。菩薩は、個体としての進化についてはもう重視していません。

オクミンは、この銀河の位置調整をする黄金の光線を管理する「格子〈グリッド〉の番人」であり、非常に重要な役割を持っています。オクミンにはいくつかの星天階層が存在しています。一階は「オクミンの間」という無数の白いロウソクが灯る大洞窟です。長くて低い詠唱の声がずっと聴こえて、白いローブを纏った人達が静かにクリスタルの伝えることに耳を傾けています。

オクミンの中間層には小さな洞窟がいくつもあり、そこには星空が見える大きな窓があります。そこには、より静寂に至った少数の存在がいます。彼らの教えは言葉を使わず、直接の個人的体験を通して伝えられます。その教えは、教え子たちの意識に量子的変容をもたらします。

オクミンの深部まで進む為には、いくつものイニシエーションを経る必要があります。イニシエーションを通して、時間と空間から解放される必要があるのです。達成者は「無上（阿耨多《あのくた》羅《ら》）」へと至ります。

星天存在は宇宙船を使いません。

星天存在は全ての次元に同時存在し、
時空連続体を超越しているからです。

自分自身の星天性に繋がることができれば、私達も星天存在の分類に入ることができます。私達の一部は、その領域にまだ残っているからです。星天存在は転生やウォークイン（一般的に、二つの魂間の合意の下で、新しい魂が既存の魂と入れ替わる現象を指す）、宇宙船を操縦して私達とコンタクトするといったことはしません。それと、戦いや脅しは絶対にしません。いつでも意識の内側にいてくれるので、繋がりたいと思う時には自由に繋がってください。彼らと繋がることで、超現実に合わせて私達という存在を調整してくれるでしょう。

アナホ

惑星地球が植民地化され始めた頃のお話です……

「惑星地球の植民地化時代」として知られる時代以前、半神半人の巨大な天使である「観察者」

が惑星の様々な地点に降り立ちました。彼らの任務は、ANの灯台、または星の種が降り立つための中継地点となる、大きな儀式用の建物を建てることでした。これがかつて私達が愛したアナホの地です。（「アナホ」はネバダ州のピラミッド湖の古代の名前です）

アナホの島には、大きなピラミッドが建設されました。そこは後に星の種たちが通う秘教学校〈ミステリー・スクール〉となり、星の種たちはそこで地球での天の計画の成就のために必要な、実践的手法や技術を学びました。ピラミッドそのものは、非常に高度な音の周波数を使う特別技術と、光線を扱う技術を併せることによって建設されました。

この惑星に来る前にも、星の種たちは天の計画を成就させるため、各自必要な分野の知識を学習してきました。各自の細胞記憶には、後の世に覚醒するように予め埋め込まれた記憶のパターンの引き金があります。それらは特定の周波数の光のパルスを当てる技術と、音波技術の組み合わせによって埋め込まれました。「ホログラフィ的パターン形成法」とも言える技術です。星の種たち一人一人の内部回路に特定の周波数のパルスを当てることで、独自のマンダラ的パターンを予め埋め込んでおいたのです。

これらは「遅延周波数手順」という高度な技術によって為されました。つまり、特定の振動周波数をプログラミングしておくことで、特定の時期が来るとそれらのパターンが完全に起動するようにしてあるのです。起動すると、ホログラフィ的パターン形成法は一時停止状態になります。これが「神聖な一時停止」状態です。よって、将来において全ての決められた条件が満たされれば、再度活性化が起こります。その起動のためには例えば、惑星自体の振動周波数の加速や、星の種個人の意識の上昇や、貢献具合などが条件となっています。

話題をアナホの建設物に戻しましょう。観察者たちの多くは任務を完了すると、起源である天界へと帰っていきました。目的を達成するために、地球の各地点の活性化を続けるために残った者たちもいました。起源へと戻った者のうち、何人かは後に再び地球に戻ってきました。これが第三波として知られる層です。

星の種は地球降下のミッションを志願し、準備を進めていました。志願者の星の種たちは、実は霊的に位の高い者たちでした。ですから、地球には追放者や無法者が罰を受けるために送り込まれたなどということは、決してありません。彼らは多次元宇宙の中でもとりわけ有能で、最も純粋な者たちでした。そんな彼らが一なるものへの愛と貢献の旗の下で、力を結集したのです。

星の種にはアークトゥルスの息子たち、アンドロメダの娘たち、プレアデスの姉妹たち、サナト・クマラとその直系の一族（シャンバラ〔世界中でその実在性を追求され続けている伝説の国。アジアのどこかにあるとされ、シャングリラや地下王国アガルタと同一視されることも〕と金星のクマラ王族）などのメンバーがいました。それから、大変遠方の宇宙からやって来たメンバーも沢山います。このように多種多様なメンバーが結集したことは、当時は前代未聞のことでした。

これらのスターボーン志願者たちは、地球での体験の真価についても良く知っていました。だから、自分から進んで、自分の体を放棄したのです。翼の生えた光の体もあれば、浮遊する透明な液体の体もありました。星の光線が体の者もいれば、哺乳類のような体、爬虫類の体、魚類の体、鳥類の体、音楽の形の体、色だけや幾何学だけの体を持つ者もいました。それら全員が、物理的な血肉を持つ人間の体という衣を纏ったのでした。

すごい決意をしたものだと驚かれるでしょう。地球植民地化という前途多難な冒険のために、ほとんどを手放したのですから。いつまで続くかも分からない冒険のために、体と故郷を失っただけでなく、無制限の自由と一元性の意識をも失ったのです。

時が近づくにつれ、志願者たちは特定の行程に入りました。それは、彼らの体の分子構造を人間の肉体へと変化させていくという行程でした。出来上がった彼らの体は大きく二つの大きさに別れました。一つは今日の人間よりも背の高いサイズ（２４０～３００㎝）で、もう一つはもっと小さなサイズ（５㎝～60㎝）でした。

星の種は大きなヘルメットのような装置を頭部に取り付けました。旅の間の、大気の状態を変更および調整するための装置です。吸入された空気中の特定の要素の流入を抑えたり、要素を結合したりすることで地球の大気と適合させるようにしてくれます。

ヘルメットが取り付けられると、志願者はポッド型の乗り物に乗り込みました。卵型のポッドは、クリスタルのような物質でできていて、中は空洞になっています。星の種たちはその中で、仮死状態になりました。傍から見ると眠っているように見えましたが、実は意識が非常に高まっている状態です。意識が完全に「今」の中心にいるときには、一切の動きが必要でなくなるのです。こうして、出発準備が整いました。

天のパターンが適正に調整されたことが示された時が、彼らの準備ができた合図となりました。惑星中のピラミッド構造体のＡＮの灯台が稼働し、次元間宇宙を高周波数の信号が飛び交いました。

地球上での主要な儀式用ピラミッド群が完全に活性化したと同時に、ポッドは天空彼方へと投下されました。ポッドは星の波の中をグルグルとらせん状に降下していきました。ポッドの内側のクリスタル状の構造が、遠心力と同調して、ある種のマンダラのパターンを創り出し、それらは外側へと放出していきました。これらのマンダラはその場に残り、今日のアナホでも、破棄されたポッドの欠片の内側でこれらのマンダラを見ることができます。

天へ送られたピラミッドからの信号は、ゆっくりとポッドを地球の重力場へと引き寄せました。ピラミッドの周辺の地域の空には、降り注ぐポッドが見えていました。その地域が、アナホです。

南米のチチカカ湖、モンゴルのゴビ砂漠、ロシアのタクラマカン流域、グアテマラのアティトラン湖、インド西部ラージャスターン州のアーブー山にあるナッキー湖、アイルランドのジャイアンツ・コーズウェイ、アフリカのヴィクトリア湖を含むこれらの地帯に、ポッドは着陸しました。湖に落ちたことで衝撃も和らげられました。ポッドは水面に浮きあがると、温度が下がるまでそのまま水に流されていきました。温度が十分下がると、観察者たちの手で自ら引き上げられました。悲しいことに、いくつかのポッドは湖に着陸するつもりが地面に直撃してしまい、その地はクレーターだけが残りました。彼らの長旅は無駄に終わってしまったのです。

湖の岸には引き上げられたポッドが並べられました。それらの白い卵は、太陽の光で温められました。十分温度が上がると、ポッドはパキパキという音と共に割れ目が入り、殻は割れていきました。

卵の中からはヘルメットをかぶった、椅子に座ったままの星の種たちが出てきました。アナホの島の階段状ピラミッドからは、突き抜けるような周波数が送信されていました。送られた信号は、ヘルメットの中で増幅されていきました。そしてようやく、旅行者たちは目覚めました。手をゆっくりと動かし始め、指をぎこちなく使ってシートベルトを外し、ヘッドギアを外しました。

苦労してポッドから這い出ると、旅行者たちは弱弱しく太陽の光の下に曝《さら》されました。濡れた髪の毛と服が肌に張り付いていました。太陽の暖かな光に当てられながら、そのまま眠りについてしまいました。

目が覚めると景色はまた変わっていました。観察者たちは忙しそうにポッドを山積みにして、ヘルメットを岩の下深くに埋め、全ての形跡を完全に取り除いていました。何もなかったように見せるためです。(ですが、アナホの地をよく調べてみれば、今でも「ヘルメットの丘」は見つかります)

次に、到着したばかりの星の種たちは舟に乗せられて、アナホの島まで運ばれていき、そこにあった階段状ピラミッドで歓迎を受けました。こうして彼らの、地球での生活が幕を開けたのでした……

宇宙存在

宇宙存在、星天存在、天使存在の間にはエネルギー的に非常に大きな隔たりがあります。

宇宙存在には様々な意識レベルにいる者がいます。彼らはまだ二元性の制限の中で生活しているという点で共通しています。ですから、宇宙エネルギーに触れる時には、識別力を研ぎ澄ましておくことが非常に重要です。コンタクトをしてくる地球外生命体は、いつも良い意図を持っているとは限らないということです。中には下劣な理由でこの惑星に居ついた宇宙存在もいます。ですから、宇宙エネルギーを扱う時には細心の注意をもって識別力を駆使することを、どうかお忘れないようお願い致します。

世間では宇宙人に興味を持つ人も増えてきましたね。その正体や本当の目的を良く知らずに、宇宙の兄弟姉妹と言って触れ合う人達も多くいます。その中には、幻影が渦巻く世界である、四次元のアストラル界からの歪められた宇宙エネルギーも多くあるのです。

全ての宇宙人が高度に進化したわけでは無いということは、念頭に置いておくべきことでしょう。私達よりも先進的なテクノロジーを扱っているからといっても、感情体の発達度合が著しく低い種族も多くいます。そういった存在は、愛の感情について無関心で、理解ができません。なぜ地球に多くの種族が引き付けられているのかというと、実は彼らは愛や思いやりを学びたがっているからなのです。そう、実は私達が宇宙人に教えてあげられることは、沢山あるのです！

「ウォークイン」現象についてですが、こちらを理解する上でも注意すべきことがあります。体と魂を明け渡す前に、魂はこの後どこに行くのかとか、どうやって離れた魂を回収できるのかとか、よく考えてからにするべきです。なぜなら、離れた魂はいずれ回収されなければならないからです。体を空けたままにしようとしても、いつか必ず自分の体に直面して、問題を解決しなければならなくなる時がやってきます。ウォークアウトは自殺行為です。一時的な安らぎはあるかもしれませんが、全く問題解決にはなりません。これだけは覚えておくべきことですが、「唯一の出るための方法は、入ることです！」

完全体になるためには、
本来の巨大な自分自身を
肉体の中に入れることで
私達という一なる存在に繋がることです。
他に近道など、ありません。

私にとっても、宇宙人たちに自分の体や魂を売り渡す人々を見ると悲しくなるのは事実です。人類のためにいる宇宙人だけでは無いのですから。アンドロイドにされたらどうするのですか？私はそのような目に遭った人に会ったことがあります。内部回路が操作されている人は、見れば分かりますよ。そういう人は表面的な態度も、人間らしさを失っていたり、感情が極度に不安定になったりします。中央神経系統がばっさりと断線されていたり、再配線されていたりするケースもあります。つまり、個人と一なるものとの直接の接続が不足しているのです。そして、その個人の霊的エネルギーが一定の高さに達すると、妨害工作モードが発動して、高度な意識状態との接続を閉じてしまうのです。

私の霊的探求の人生の中でも、多くの奇妙な出来事を見てきました。これらのエネルギーに留まっているのは好きではありません。ですが、エネルギーが特定の次元に存在していることは変えようがないので、避けては通れないのです。宇宙人がコンタクトしてきた時、彼らの次元レベルを確かめるには、単に心で彼らのエネルギーを感じてみることです。沢山の愛を感じますか？それとも、自分の方が上なのだという傲慢さや冷血さを感じますか？　それだけです。ただ、自分の心の声に耳を澄ませてください！

宇宙存在は星天存在と違い
宇宙船で旅をすることが多いです。

様々な種類の宇宙船〈シップ〉があります。例えば、低アストラル界の金属質の構成物でできているものもあれば、光の凝縮体のものもあります。宇宙存在にも沢山の種類と形のものがあり、時にはとても奇妙で恐ろしく感じる種族もいます。これらの種族は、よく人間の姿に見えるように偽装しています。偽装を見破れるような能力を伸ばすことも大事です。

一般人が思っているよりも、ずっと多くの宇宙人が地球に来ています。彼らの目的は何なのか？　それは憶測の域を出ることはありません。ですが、宇宙人とチャネリングをしていると主張する人には注意すべきです。何故なら、この惑星に忍び込んで、危険な方法で人類を操っている者がいるからです。キャトル・ミューティレーション、インプラントの作成、一般人に対する人体実験などが行われていました。SFのお話に思われてしまっても仕方ありませんが、これは現実に起きていることです。そして、一般の人々にも知れ渡るべき事実です。

宇宙存在の振動周波数と、愛が基になっている天使の周波数は、全く異なります。天使が自身に定着する時、自身のハイアーセルフとも繋がります。ですから、自分の体が余所者に乗っ取られるわけでは無く、より自分になると言うのが正しいのです。

私達が超現実へと移行することを支援するために、地球を観察している高度に進化した宇宙存在も存在しています。

彼らは大きな星系や星間移動扉〈スターゲート〉出身者で構成された、「銀河連合」のメンバーです。銀河艦隊の銀河司令官たちは、確固たる信念の下で天の法典を遵守しています。銀河連合は愛と思いやりを、選ばれた少数の人だけでなく、全人類に向けています。

銀河連合は地球上に二つの本部基地を置いています。一つはモンゴルのゴビ砂漠、もう一つはアメリカ西部の遠隔地です。これらの基地は、「視える」人や、視えたものを悪用しない意志を持った人に対しては、姿を公に現しています。アメリカの方は、領域内に入ると天界の美しい音楽が聴こえてきます。基地への入り口は厳重に監視されており、人間の眼には見えないようになっています。

銀河連合が最も恐れていたのは、人類が自分の惑星を滅ぼしてしまわないかということです。これは他の惑星でも何度も起きてしまった悲劇なのです。特に、地球が火星やマルデックなどの滅びてしまった他の惑星から避難民を受け入れた時からは、ここは注視されています。これらの生存者たちは、まだ力の乱用についての教訓を学んでいる途中なのです。

マルデックは火星と木星の間にあった惑星です。惑星の民によって爆発してしまい、現在そこは小惑星帯になっています。地球にはマルデック人の居留地があります。彼らはもう過去に犯したような力とエネルギーの乱用は避けると約束した引き換えとして、地球に住む許可を手にしました。しかし、その約束にも関わらず、マルデック人は密かに力を手にしようと企んでいるのです。特に石油や核エネルギー工業、製造業、広告業界に関心があるようです。

アメリカの一部都市にはマルデック人が多く集中している場所があります。特にネバダ州、ユタ州東部、テキサス、アイダホ州東部です。他の国にも、例えばアルバニア、アルゼンチン、ロシア、チェチェン、中国、イラン、日本、コンゴ、ナイジェリア、イスラエル、ベネズエラ、ソマリア、北朝鮮にも集中居留地があります。

マルデック人は科学や国家レベルの政治に集中する傾向があります。特に原子力を含む高度なテクノロジーを使った兵器システムや爆弾などに最も関心があります。マルデック人は慈悲心が欠けていることで知られていることから、非常に危険なことだと言えます。さらに彼らは、現在影響力のある権力の座にいる人物なのです。

銀河連合は更に、ドラコニアンを従えるリゲル星などの、オリオン帝国の活動にも注意を向けています。プレアデス最高司令部でさえもオリオンの闇の勢力に侵入されたことがあったほどです。このことが原因で、プレアデス人からのメッセージと題する出版物の中にも、虚偽の情報が混じっていることがあります。

ですが、全てのオリオンからのエネルギーがネガティブというわけでもありません。オリオン・ベルト〔オリオン座の中央部に一列に並ぶ三ツ星。オリオンの帯に見立てて「オリオン・ベルト」と呼ばれている〕のEL・AN・RAはこの多次元宇宙の主要エネルギーの前哨地《ぜんしょうち》とも言える場所です。それから、オリオン座のベテルギウス星〔オリオン・ベルトを挟んでリゲル星の反対側に位置する恒星〕は光の評議会の拠点です。しかし、リゲル周辺のオリオンのエネルギーは歪められている部分があり、過去には大きな銀河戦争を引き起こしました。また、このエネルギーはアトランティス時代にも大きな力の乱用の原因となり、結果としてアトランティスを沈没へと追いやりました。今日でも起きている力の問題の遠因にもなっているのです。

この話題についてお話しているのは、彼らの存在についてもよく知っていただきたいからです。特に四次元のアストラル界に存在している彼らは、現在の人間の意識レベルにとって大きな影響力を誇っています。私達は光と闇の戦闘に対してエネルギーを注ぐために、ここにいるのではありません。闇に見えているものは、単なる二元性の半面に過ぎないのです。私達がここにいる理由、それは、自分と惑星全体にヒーリングと全体性をもたらすことです。それをやり遂げるためには、一元性を体現する以外に方法はありません。

この惑星には様々な存在がいます。銀河の各地から来ている者もいれば、異なる次元から来た者もいます。ですが、地球はただ他の文明からの負債を負ったというわけでは無いのです。そう、初期植民地化時代にこの惑星に来た、各星系での王家の系譜の精鋭たちがいます。この惑星で二元性を一元性へと変化させるという大きな任務を背負った冒険者たちが、ここにいるのです。彼らの多くは今日も任務続行中です。

星の子

二元性から一元性への移行中、
星の子として知られる者たちが到来します。

30年以上もの間、既に悟りを経た純粋な星の存在たちがこの地球に転生してきました。これらの存在は、星の子〈スター・チルドレン〉と呼ばれています。

星の子は超現実からここへやってきたので、すでに目覚めています。無傷の記憶を持って地球に到着し、本質的純粋さを強烈に発しています。明るく純粋な星の子たちの目的は、一元性への移行を支援することです。彼らは皆、ホームへの帰還の切符を既に手にしているのです。

星の子の転生の仕方は、他の人と大きく異なるものでした。「第一波」たちのような厳しい地球での訓練は受けず、「第二波」が経験した苦労も一切していません。星の子は第一波と第二波との間のつなぎ役として、新生マトリックスの番人として働きます。他にも「第三波」も存在しており、私達が超現実に完全に生きるまでの間、一元性の波動を地球上で保ち続けるのは彼らの役割です。

星の子は他の子供たちとは異なる振動周波数を持っています。彼らは内側にある高度に調整された格子〈グリッド〉によって動いています。この格子は、今まさに私達が起動しようとしているものです。星の子は超現実に移行する私達を、天界へと案内するための存在です。（彼らがテレビゲームが異常に得意なのは、天の案内人として必要なスキルの練習しているからなのでしょう）

星の子はこの惑星にいる間、特定の防御フィールドに囲まれて、守られています。目覚めた第一波の両親から生まれてくることが多く、その目的は、両親から必要となる地球の知恵を与えてもらうことです。私達と超現実の絆を再活性化し、強めるために来てくれたのです。

星の子は非常に純粋無垢なので、よく見ればそうだと分かるはずです。そのオーラは明るく輝いていて、特に目が星の光のような、何とも言えない新しい色の光を発しています。子供でも成人以上の知恵を持っています。

また、彼らは自分自身が恐ろしく感じるほどの力を生まれ持つ、強力な存在です。たまに、自分の強大な力をどう扱えばいいか分からず、悩んでしまうことがあります。そんな時には私達がその力をどのように表現すればいいのか示してあげることが大事です。

ですから、星の子は普通の子供達とは違うように接してあげることが自然の成り行きとなるでしょう。彼らに接する時は敬意を表すことが必要です。と言っても、ふわふわの絹のクッションの上に乗せて、何でも言う事を聞いてあげるという意味ではありませんよ。星の子の人生には、いくらかハッキリとした「境界線」が必要となるのです。そう、境界線です。「限界線」ではなく。彼らの人生には、啓蒙された境界線を設置してあげるのが重要なのです。それはある意味、彼らの生命力を妨げるというか、制限するということにもなるとも取れるでしょう。ですが、この地ではどのように振る舞うべきなのか、どのように他人への思いやりの心を育むかを知る必要があるのです。さもなければ、星の子はただの甘やかされて育った自分勝手な人間に育つでしょう。

彼らは強い愛と優しさ、それとしっかりとした指導が必要なのです。普通の親として抑えつけようとしても、星の子は強力なので無理でしょう。しかし、彼らもあくまで子供であって、この惑星には来たばかりなのです。そう考えると、きちんとした方法で導いてあげるのが筋というものです。親は神聖な愛と力を表現するようにして彼らに接してあげることです。星の子は意図的な支配を嫌うからです。

何よりも大事なのは、
どんな時でも、
正直な心で星の子に接することです。

彼らは誠実でないものを何より許せないのです。両親になることだけでなく、何にでも言えることですが、あなたがあなた自身になることが最大の効果を生むのです。私には5人の子供がいますが、そのうち2人が星の子だと自分の経験から判りました。

親が二元性の中の三次元人生と超現実の人生の違いを否定することとは、星の子にとって大きな助けとなるでしょう。星の子は自分が何を期待されているかということと、どちらの現実システムでも自分ができることがあるということを知る必要があります。その二つを知ることで、星の子は自らの完全性と調和を維持できるようになります。

星の子は一人で静かにできる時間が必要です。もっとも、彼らの多くは頑張ってそういう時間を探そうとしませんが。自分だけの空間で静寂に浸る時間を作ってあげると良いでしょう。二元性の世界の騒々しさから離れ、エネルギーをチャージできるようになります。星の子はよくテレビゲーム、オンラインゲーム、ネットサーフィン、社会活動などの娯楽に夢中になり、自分だけの時間を作ることを忘れがちです。そこで、目覚めた両親の出番なのです。境界線を作って、彼らが完全体になるための静寂の時間をたっぷり作ってあげましょう。

結構昔からここにいる星の子は、転生した時代の二元性が強すぎたこともあって、これを避けては通れませんでした。大人になり、それらの星の子はすっかり荒々しくて騒々しい性格に育ちました。星の子は、自分が思っている以上に周りに感化されやすいからです。

現在大人になった星の子たちは、二元性の世界の中での居場所を見つけるのに本当に苦労しました。仕事も選べないし、どの仕事にも魅力を感じませんでした。最近はようやく、彼らも自分らしくあることに誇りを持てるようになりました。一元性や超現実に共鳴する意識的な人々が増えてきたからです。

星の子にとって、十代の時期は試練の時です。そのような高い意識、力、鋭い感覚を現代のハイスクールライフというメロドラマの中で保ち続けるのも難しいですし、はるかに密度の高い人達と触れ合わなければならないからです。社会は勉強しろと押し付けてくる一方で、セックス、ドラッグ、アルコール、人望なども押し付けてきます。星の子は十代で既にほとんどの生徒や先生よりも大人びていますが、やはり十代という多感な年ごろには、エネルギーを持て余して型破りなことをするのが普通のことです。

彼らが二元性に夢中になりすぎないようにするために、星の子のための学校が必要だと思います。敬意を持って触れ合ってもらえるような刺激的な場所が、彼らには必要なのです。基礎的なスキルだけでなく、人生の本当の目的を探求できるような場所が。彼らが正直で、真実でいられて、展望を形にできる機会が、彼らには与えられるべきでしょう。

最もやってあげるべきことは、私達周囲の人々が、「本当の私達」であることです。星の子は二元性が基になった考え方や振舞い方を覚える必要などありません。ただ、真実の人達がまわりにいてくれるだけで良いのです。そうすれば、星の子からもたらされる喜びと新鮮なエネルギー、それから超現実の偉大な智慧を、私達が受け取ることができるのです！

超現実への移行が深まるにつれ、星の子はリーダーシップを身につけていき、新世界の枠組みへの展望を提供してくれるようになるでしょう。一なるもののマトリックスという、新しい世界像を。

妊娠

星の子は超次元から生じたので、妊娠期間はハードな期間になることもあります。特に星の子の周波数が母親に定着し始める時です。既存世界の枠組みと、新世界の枠組みがお互いに調整し合うようなものです。母親が二元性の現実に生きている一方で、赤ちゃんは超現実からやってきたので、流産の可能性も比較的大きいのです。ですがご安心を。それは易々と避けることができます。母親がすべきなのは、内なる枠組みと格子のパターンを、一元性のものに移行すればいいだけのことです。

母親と子の心を、一なる心へと調和させることも大事なことです。過去には問題ばかりの妊娠期間を過ごした女性が、後々何の問題も無い安産ができるようになっていったのを見たことがあります。これは二元性が一元性に変化するまでの間、一元性は決して二元性の中に定着できないからです。つまり、一元性への変化さえできれば、妊娠そのものは順調でスムーズなものになるでしょう。

星の子を胎内に宿すというのは、母親にとって本当の自分自身になる良い切っ掛けとなるでしょう。スターベイビーと触れ合ってください。ただ親と子の関係にするのではなく、「真実の人と真実の人の触れ合い」にしましょう。一なるものの新しいメンバーを讃えましょう。これから自分が受け取ることになる、加速していくレッスンに備えましょう！

4次元

時間、空間、物質という
3次元の幻影から解放されると、
4次元への移行が始まります。

世間では、この次元について色々なことが言われていますが、本当に理解している人は少ないです。4次元が完全に定着したのは1987年8月16日と17日の調和的収束〈ハーモニック・コンバージェンス〉〈古代マヤ文明のケツァルコアトルの預言に基づき開かれた、世界規模の平和の祭典のこと〉が行われた時でした。4次元密度の特性として、そこが多次元的な扉であるということが挙げられます。その次元から他の次元へと旅立てるということです。中継地点であって、長く留まるための場所ではありません。ですから、4次元は別に重要でもなく、高尚《こうしょう》な場所でも無いということです。

そこはアストラル層。
4次元には荒々しい幻影が渦巻いています。

霊的探求者の多くが、その艶やかな魅力から抜け出せなくなってしまう領域です。サイケデリックなドラッグを使うことで、スピリチュアルなことに興味を持った人達は、4次元のアストラル界の中で妄想のぬかるみにはまってしまうのです。そこには神々も悪魔も、両方存在しています。激しい二元性のメロドラマ、歪みと魔法の世界です。

1960年代のドラッグの実験により、最初に4次元への扉を開いた人がいました。当時、これらのドラッグは広く流行し、惑星上の人類の意識移行の加速が始まろうとしていました。しかし、多くの人々がその急激な意識の変化を受け入れることができず、酷い苦しみを味わうことになってしまったのです。正気に戻れなくなったり、中毒者になったり、おかしなカルト宗教にはまったり、自殺してしまった人でさえいました。オーラ的な身体障碍《しょうがい》になった人も沢山いました。メンタル体の明晰《めいせき》さが無くなったり、生命力が欠乏したりと、何年ものヒーリングが必要となった被害者が出てしまったのです。

しかし、このアストラル界の幻影は近道でもありました。そこにはスピリチュアルな啓示もたくさんあり、上記の過程をなんとか通過した人の中には、惑星地球の集合的無意識を変化させることができるようになった人もいて、彼らは1980年代に受け取った多くの高次元の振動周波数の智慧を世に知らしめていきました。

1960年代は幻影と天啓、両方へ続く扉が大きく開かれた時代でした。1970年代は、新しく意識を拡張した人達が定着するまでの期間となりました。1980年代は、意識を更に洗練された周波数レベルへと引き上げ、5次元を根付かせるための期間となりました。1990年代には、一元性の定型が定着しました。そして、21世紀になってからは、私達の超現実への移行が始まったのです。まったく、面白い旅をしていると思いませんか！

ある兄弟の物語

私がロンドンに住んでいた時のお話です。いわゆるヒッピー文化が隆盛していた頃でした。若者は色彩豊かなベルベットやシルクの服を着て出かけていて、まるで中世の劇を皆で演じているようでした。芸術が花開いた時代でもありました。特に音楽の発展は著しく、これまでの音楽スタイルの境界線が無くなっていきました。皆が人生の本当の意味を探す探求者でした。占星術、タロット、易経、数秘術、仏教、ヒンドゥー教など、色々なことを知っていきました。

それまでの退屈で色あせた生活が、急に魔法の日々に変わったのを覚えています。旧い体制や倫理観は無視され、新しい発見をする自由を味わっていました。出会う人皆に、まるで旧友の一族のように強い絆を感じていました。牧歌的で夢のような時代を享受していた人が多くいた一方で、その時代は幻影の狂乱時代という一面もありました。当時、私にはトニーという若い男性の友人がいました。彼はミュージシャンを志していて、カールがかった長いブロンドの髪と青い瞳を持った、ハンサムな男性でした。彼の一族は、イギリスにあった秘教学校〈ミステリー・スクール〉の一つに属する家系でした。そういった家庭の事情もあって、彼はとても純粋で目覚めた存在でした。近所に住んでいたので、よく会っては霊的な発見について話し合ったり、彼の音楽の演奏の録音を聴いたりして、楽しく過ごしていました。

ある日、トニーは自分の弟のクライヴのことで、ひどく取り乱していました。私はクライヴとは会ったことはありませんでしたが、彼はケンブリッジ大学の生徒で、インドへの旅行から帰ってから、精神病院に入ったと聞かされました。トニーによると、クライヴは当時のユーゴスラビアを旅行していた時に出会った現地の学生と懇意になり、二人でインドに旅立った時から、おかしな雲行きになったのだそうです。二人の誕生日は同じ年の一日違いでした。

インドに着いた二人は、そこで一人のスワミ〔ヒンドゥー教の僧侶に対する敬称〕に偶然会い、その人から次のようなことを言われたのだそうです。「二人のうち、一人は反キリストで、もう一人はそれを彼に強いている」スワミから大真面目な態度で言われたこの言葉を、二人はどうして飲み込むべきか分からず当惑しました。それがただの無意味な言葉ではなかったということは、二人がインドを旅行中になぜか何度も他のスワミたちから、同じような将来の予言をもらったことからも、明白でした。

クライヴがイギリスに戻ると、それらの予言が現実になり始めました。スワミの一人は、彼が金属のカゴの中に入ることになるだろうと最後に言っていたように、彼も精神病棟の牢屋に入れられることになってしまったのです。ここまで話すと、トニーは私に、クライヴが病院から出たら会ってみないかと尋ねました。私が何か助けになってくれるのではと考えていたようです。もちろん、友人の頼みは断れませんでした。

数週間後、クライヴが私の小さなアパートに訪ねてきました。初対面の彼の外見には驚かされました。兄のトニーは明るい金髪なのに対し、弟のクライヴはストレートの黒髪とこげ茶色の眼を持ち、エネルギーも全く異なっていたのです。本当に同じ親から生まれた兄弟なのか、信じられないほどでした。ですがとにかく、彼を手伝おうと決めたのでした。

クライヴと話してみると判ったことは、彼は実際に反キリストになりたかったということでした！　まさか、そんなことがあるなんて思いもしませんでした。正直いって彼のことが嫌いになりそうで、もう早く帰って欲しくなってきました。

次にトニーと会った時に「クライヴを助けてあげたいけど、彼が自分から助けを求めないと無理よ」と、伝えました。その時のトニー曰く、クライヴは黒いロングコートとシルクハットといういでだちで、家の屋根から飛び降りたそうでした。奇跡的に軽傷で済んだようでしたが。

トニーには二元性のことや、二極性の危険性についてを話し伝えました。クライヴは兄のトニーの光に対して深い憎悪を抱いていて、いつかトニーを殺そうとするかもしれないと思ったのです。大事なのは、トニーが自分のエネルギー場の中に留まっていることでした。それと、何を言っているんだと思われたでしょうが、トニーには「自分のことをキリストだと思わないように」と伝えました。そのように二極性が顕在化していきそうだと感じたのです。光と闇のチェスの大戦のようなもので、チェスで対戦すると決めてしまったら、チェックメイトが決まっているようなものですから。トニーは真面目に聞いてくれて、自分がキリスト本人だなどと思い込むわけがないと言っていました。

数か月後、私はロンドンを離れ、ウェールズの片田舎に引っ越しました。外では嵐がごうごうと唸っていたある晩、ドアを乱暴に叩く音が聴こえました。開けると、なんとトニーがそこにいました。髪はずぶ濡れで、野性的な眼をしていました。どうやら彼は一週間の間、山奥の洞窟の中で過ごしていたようで、しかもそこで自分自身がキリストだという天啓を受けたのだと言うのです！　だから私にすぐに伝えないといけないと思ったのだそうです。

私はトニーを助けようと手を尽くしたつもりでした。彼には、人類全員がキリストだと説明したのに、分かってくれなかったようでした。彼は家に二、三日泊まりましたが、彼はもう私が知っているトニーではありませんでした。彼の目を覗きこんでみても、そこにはもう知らない人しかいませんでした。

このお話はおしまいです。こんな終わり方のお話になってしまい、ごめんなさい。

トニーを最後に見たのはその一、二年後のロンドンの道端でした。彼が話しかけてくるまでそれが彼だと気づきませんでした。頭を剃り、ハレー・クリシュナ〈国際クリシュナ意識協会およびその活動の一般的呼称〉のローブを着て、広報雑誌かなにかを道端で売っていました。自分がキリストだとまだ信じていたようでした。

それからは彼やクライヴを見たことはありませんでした。時々、どうしてこうなってしまったのかを考えることがあります。まだ彼らは二元性の両極化の罠にはまっているのでしょうか？

なぜこのお話をしたのかというと、皆さんの知り合いの中にも、皆さんを二極化の罠に陥れる存在がいるかもしれないということを伝えたかったからです。その罠にはまったら、チェックメイトするかされるしか道は残されていません。そして、自分自身の本当の運命を知らずに終わってしまうのです。

心当たりがある人がいるかもしれません。同じ家族の人の場合もあるでしょう。

そういう人にあった場合、決して二極化を受け入れないでください。そして、自分自身の力を他の人に与えないでください。さもなければ、二元性の中に閉じ込められてしまい、自分の自由を主張できるようになるまで、そこから出られなくなってしまいます。最もよく使われる二元性の罠です。最初から避けて通れば、引っかかることはありませんし、自由なあなたのままでいられます。

銀河戦争

アストラル界には、
銀河戦争の戦士たちがいます。

惑星の運命、あるいは全宇宙の運命をめぐって
守り、破壊するための戦いは続いています。

銀河戦士は今、地球上にも存在しています。今でも、世界の運命を賭けた戦いは続いています。銀河戦争は複数の次元上で戦われています。磁気格子上での戦いもあれば、複数のスターゲート、複数の並行次元上、内的意識の各段階上などでの戦いがあります。戦士たちは、戦いを通して力と支配について学んでいるのです。彼らはアトランティスやオリオン座などでも戦っていました。今でも、彼らの教訓〈レッスン〉は続いているのです……

これまで、二元性との戦いに勝利した戦士は誰もいませんでした。

戦いは何度も何度も行われ、
時に勝利し、時に敗北し、
しかし、戦いの後の結論を経験することはありませんでした。

二元性と分離を全て取り除き、
一元性だけの世界を経験した戦士はいませんでした。

銀河戦士の宇宙船は、光のシップというよりは低位の密度に顕在化したものとして目に映ります。戦士たちは自分自身の影と戦い続けていますが、外側に敵を求めて、内側を見ようとしていないのです。二元性に剣を向けるのをやめて、一なるものを抱くことが、永遠に続く戦いのループから抜け出す方法です。

四次元の幻影と霊的現実を混合する人はとても多いです。自分のエゴにとって大事なことに誘惑される人もいれば、常にどちらかが正しく、どちらかが悪という間違った前提の宇宙戦争に鼓舞されて夢中になっている人もいます。

事故や宇宙的災害により、自分の故郷の惑星を破壊してしまった記憶を持っている人もいます。過去に犯した過ちを償いたいが為に来た人もいれば、悲劇的な運命を告げることで、恐怖や分離を通して人々を操るために来た人もいます。極度のトラウマはそう簡単に癒されるわけもなく、進化のステップに必要だからと、惑星という惑星を破壊して、それを正当化してきたのです。彼らの罪悪感もこういった行動に拍車をかけていますが、それを人生のモチベーションにする必要など、最初から全く無いのです。

「最終戦争〈アルマゲドン〉」への筋書きがここで見えてきますね。そのための準備はすでに両陣営で始まっています。目を凝らすと、戦線が見えてくるほどです。ムスリム対ムスリムとか、保守派対改革派とか、共産主義対資本主義とか、裕福層対貧困層とか、イスラエル対アラブ諸国とか、原理主義対ニューエイジとか……どちらの陣営も、相対する陣営のことを「反キリスト」のように受け止めています。

チェスボードの上に全ての駒が配置について、ゲームが始まるのを待っているのと同じ状態です。人類の命運を賭けた最終戦争は、私達が参加するかどうかで開始するかどうかが決まります。

でも、もし参加しないとしたら？　もし十分な人数が、二元性を越えて、意識的に超現実に到達したとしたら？　一なる存在として立ち上がり、二元性を拒否したのなら？　もしそうなれば、もう戦争も起きず、反キリストなどという言葉を使う必要もなくなるでしょう。二元性に無関心になる人が増えれば、二元性が生き残る力も無くなっていくことでしょうから。

１９６０年代にこのようなことが言われていました。「もし皆が戦争を放棄して、誰も戦場に行かなかったら？」そうです、二元性はただ存在しなくなるのです！　二元性は、自身が生き残るために、戦争が必要だと私達に信じ込ませているのです。エネルギーは想念の後を追いかけます。その場にエネルギーどころか思念すら無かったら、何も顕在化しないのです。人類の大半が一元性に生きていたら、それが当たり前の現実になるのです。それをするために、私達はここに来たのだと覚えておられることでしょう。

1988年、オーストラリア中央部のウルルを青紫の光の柱が貫き、地下のクリスタルに根付いた時から、地球には新しいエーテル的青写真が存在しています。

この青写真は私達の基礎部分を再構築して、一なるものに定着できるようにしてくれました。そこからは、遠い昔に行われた破滅の予言の数々や、ノストラダムスの大予言などは効力を失いました。これらは二元性の予言です。

今有効なのは、進化の青写真です。私達は、地球が二元性から一元性へと優しく移行するのを支援するのが役目です。純心愛の時代を、私達が創るのです。

自分のエネルギーをどう使うかは、自分次第です。
一なるもの、超現実、
そういったもののためにエネルギーを捧げたくないという人は、

なぜそうなのかを確かめてみてはいかがでしょうか。

次の質問を自分自身に問うてみましょう。

●自分は、恐怖と制限と歪曲と分離の種を蒔いていないか？　それとも、明快さ、愛と一元性の種を蒔いているのか？

●自分は、「本当の自分」を讃え、育んでいるか？

●恐怖と疑念の声に耳を傾けていないか？　それとも、本当の自分の心から智慧の声を聴くのか？

●自分の行動は、高潔さを伴っているのか？

●自分を元気にしてくれる人達と付き合っているのか？　それとも、落ち込んだり卑屈になってしまう人達と付き合っているのか？

●よく恐怖や罪悪感で落ち込んだり、自分が無価値だと思わされていないか？
●自分は一元性を根付かせているのか？　二元性に従っているのか？
●自分は、愛に生きているのか？

惑星のゆらめき

地球内部の軸のさらに内側は
ある種の不安定状態になっており、
それが惑星のゆらめきを作り出します。

内なる目で地球の内側を視てみましょう。北極と南極を繋ぐ、一本の長い空洞が見えてきます。そこには細い金色の糸が通っており、地球の両極からその糸がはみ出ています。この糸は、太陽系の内側にある地球を適正な位置に保ち続けるための、黄金のビームなのです。

普通は、この黄金のビームは空洞全体に満ちているのですが、地球のものは違っています。実はこの空洞は徐々に拡張していっているのです。その所為で惑星の内側に揺れが発生します。

私がこの状態を発見したのは、地球の中心核を旅していた時のことでした。部屋にいながらでも、いつも地球の中心へと瞬時に着くことができます。地球の中心には黄金の太陽があり、その周りはクリスタルで囲まれています。そのクリスタルの中に、一なる星からの小さな黄金の星々を入れ込むことで、惑星の「星天化」をしたりなど、私は仲間と様々な活動をしてきました。

私の地球の中心への奇妙な旅は何の前触れも無く始まりました。ある日、じっと座っていたら、内側から私を呼ぶ声が聴こえてきました。その瞬間、小さな宇宙船で宇宙空間を旅していました。後部座席には他の人が座っていました。なぜかこの宇宙船の運転の仕方も知っていました。

遥か宇宙の彼方にある神秘的なところにでも向かっているのかなと思っていましたが、どうもそうではないようでした。空中に舞い上がったと思ったら、瞬く間に船を北極近くの入り口に降ろしていきました。

次に、惑星内側の入り組んだトンネルを凄いスピードで通っていきました。まるでレーシング・ゲームです！　まるで光の残像のように迷宮の中を通り抜け、操縦している私の手は早すぎて見えないくらいでした。運転の仕方も、目的地への行き方も当然のように知っていました。まるで自分のＤＮＡに刻まれていて、何度も通った道のようです。

この惑星の地表の世界の下にも、他の世界が存在しているのは本当です。そこには山々も、谷もあって、住み着いている存在がいるのも見ました。美しい空など、よく見てみると色々な景色が見えてきます（科学者たちも、最近は地球の地下に山脈などがあることを発見したようですね）。地下世界への旅はとても素早く、かつ面白いものでした。これを経験する前に地球の中心に行った時のお話ですが、そこで私は巨大なゆらめきがあったのを発見しました。中心の核ですら、響き渡るそのゆらめきの轟音に共鳴していたほどでした。

そこで、私はより多くの黄金の光に来てもらうように呼びかけました。空洞の中の空いてしまっている部分に、黄金のビームを満たそうと試みたのです。北極と南極の間にあった不安定さを大分軽減できたと思います。ですが、それも一時的処置に過ぎなかったのでした。

読者の皆さんにも是非、地球を通るこの黄金のビームを強化していただけましたら助かります。現在、これは非常に大事なことなのです。一なる存在として、私達全員の任務でもあるのですから。

現在、不安定ではあるものの、この「惑星のゆらめき」は私達の意識状態の変移にも関わっています。惑星のゆらめきは、二元性の枠組みを形作っている私達のネジを緩め、地球が一元性の定型に定着するのを支援してくれます。一元性の定型では、全く異なった「北極星」と同調します。

超現実への完全移行が済むと、このゆらめきは私達を不可視の新しい世界へと放り出します。そこは現在の私達の過去や未来の可能性の範疇《はんちゅう》の外にある領域です。そして、惑星地球の地軸は移動します。私達の新しい北極星は既に配置についています。今度の北極星は、なかなか近い場所にありますよ。そして、その位置で地球の変化をじっと待っています。

この一元性への完全移行が完了する前に、地球の両極は移動します。グレート・セントラル・サンを中心とした極大太陽系の新しい軸の中へと、新しい北極星と地球は定着することになります。ポールシフトは、地球と新北極星の位置調整の結果起こります。よって、旧い地軸によって繋ぎ止められていた二元性のネジが、惑星のゆらめきによって緩められているということです。

星々の再整列

星々は、
再び一直線上に結び付きます。

惑星地球はこれまでに経験したことがないような、新星天パターンによって全体的に影響を受けているところです。これらのパターンの影響は、その時が近づくにつれて重要性が高まっていきます。非常に重要なことですが、その影響についてはようやく認知され始めた段階です。

天界では絶え間なく変化が続いており、それによって私達の世界でも多くの変化が作られています。言うまでも無く、宇宙空間は平らではありません。それは曲げたり、内側に含んだり、折りたたんだりすることができます。宇宙空間のポケットや折り畳み部分は、ゆっくりと移動して空間を変化させていきます。その変化が起こると、他のポケットが形作られて、それ以前に閉じられたポケットも開いていきます。

これから起こるのは、以前はポケットや折り畳み部分の内側に隠れていた、私達にとって未知の星天場がゆっくりと露わになるということです。

それとは逆に、これまで慣れ親しんできた星天場の周波数パターンが、ゆっくりと見えなくなっていきます。新しく形成された深宇宙のポケットの内側や、折り畳み部分の中へと入っていくのです。この過程も、新しいエーテル的青写真の確立と、グリッドの形成過程の一部となる、非常に大事なものです。

実際の星々の再整列は大昔から始まっていた為、天文学者たちは夜空の異変を既に感じ取っていました。光速とは言え、それくらいこれらの変化はゆっくりなので見つけにくいのです。科学者たちが物理的な「証拠」を発見するのを待っている間も、私達はこの変化の影響を既に受けているのです。

新しい星天場のエネルギーの影響を、
私達は既に受けているのです。

完成の時に向けての、変化の一部を。

これらの影響により、現実の再構築の過程と、一元性への量子飛躍が支援されているのです。

私達が一なる存在として活性化することで、個々の分離した意識という幻影は過去のものになっていきます。同様に、旧来の三次元的パターンも剝がれ落ちていきます。その間、私達を二元性の中に閉じ込めてきた旧い星天場も見えなくなっていくでしょう。

惑星格子

オクミンは惑星格子の担い手です。
地球に張り巡らされた、
この電磁的格子の活動を
様々なレベルで維持および活性化をしています。

マスター・グリッド

この地球格子を「Ａグリッド」もしくは「マスター・グリッド」と呼ぶことにしましょう。Ａグリッドは地球の創生からずっと存在しており、現在は海の底にある少数のヴォルテックス地点を含んでいます。マスター・グリッドは惑星規模の進化の道筋を設定するための、基礎グリッドです。

Ｂグリッド

多くの人々がその存在を知っており、実際に働きかけをしているのが、Ｂグリッドです。この格子は惑星のチャクラを通っています。格子造りのレイライン〔英考古学者アルフレッド・ワトキンスによって提唱された、古代の聖地同士を結び付けている直線の呼称〕として、それぞれの主要ヴォルテックス地点を結んでいます。

これらのレイラインは惑星エネルギーの通り道であり、エネルギーは交差するヴォルテックス点を全て通り抜けます。ヴォルテックス地点の大きさは様々あり、ドーム型の形のものもあります。ヴォルテックスから発せられるエネルギーも一定ではなく、その地点が活性化しているかどうかにもよります。活性化されているヴォルテックスは花が咲いたようにエネルギーが湧き出ています。光の噴水とでも言えるでしょう。

大多数のBグリッド上のヴォルテックスは、過去に多くの再構築や再調整を経験してきました。

この変化全体は、時間と共にどんどん人目にも明らかになっていきます。シャスタ山やグラストンベリーのような古代のヴォルテックスは、エネルギー的にも、人々の注目度でも、高まっていく一方です。その役割や目的も大きく変化し続けてきました。

浄化の途中のため、休眠中とも言える過程にいるヴォルテックスもいくつかあります。再構築の周期の途中にあるヴォルテックスです。すでにその周期が終わって、活性化したヴォルテックスもあります。惑星規模の衛兵交代式のようなものです。

新しいヴォルテックスも同じく活性化し始めています。それぞれの地点は全体のために特有の機能を持っています。セドナやアリゾナのヴォルテックスなどは、よく巡礼する人もあって有名になりましたね。それ以外にも、あまり知られていないヴォルテックスはいくつも存在しています。

隠れヴォルテックス

神聖な場所、外側のヴォルテックスには、それぞれ対応する内側のヴォルテックスが存在しています。内側ヴォルテックスは、通常外側のものから近い位置にあります。もちろん例外として、とても離れているものもあります。

外側の強力なヴォルテックスよりかは、私個人としては静けさや純粋さ、集中力がより深まる、隠れヴォルテックスの方が好きですね。人気のヴォルテックスは歪んだサイキック・エネルギーが溢れていて、幽かなエネルギーを感じるのが非常に難しいと感じます。人気のパワースポットや聖地を訪ねる時はいつも、その場所の歪んだエネルギーによる損傷のヒーリングや、エネルギー的汚染の浄化に時間を使ってしまいます。

あなたに訴えるものがある、神聖で美しい場所に意識的に留まっているのが良いでしょう。人気は無くとも、そういった場所は実は隠れた重要な惑星ヴォルテックスなのかもしれません。だからそこはわざと人目を避けた場所にあって、敬意を払われ、守り継がれて、秘密に保たれてきたのかもしれませんよ。

マスター・グリッドのヴォルテックス

現在、Bグリッドのヴォルテックス地点はいずれも移行の過程にありますが、稀にAグリッドとBグリッドのヴォルテックスが交わる地点があり、そういった場所はマスター・グリッド・ヴォルテックスとなります。

そういった地点は惑星規模の重要性を持つ場所になります。誰の目にも明らかなものの一つは、エジプトのギザの大ピラミッドです。ニュージーランドの南島もそうです。こちらのマスター・グリッド・ヴォルテックスは1991年に活性化しました。Bグリッドのヴォルテックスが閉鎖すると新しいBグリッドのヴォルテックスが起動するので、他にも活性化の途中にあるものがいくつかあります。その中のほんの僅かなヴォルテックスだけが、マスター・グリッド・ヴォルテックスとなる可能性があります。どこにそれらが創られるのか、興味が尽きないところです。

Cグリッド

第三のグリッドはCグリッドと呼ばれているもので、1986年に惑星を囲うように設置された防御網です。当時、平行次元において多次元間戦争があり、Bグリッドに侵害行為が発生してしまったため、対抗処置として施工されました。「大いなる愛」の二重X構造のグリッドです。防御だけでなく、来たる一元性の定型と調和するように設置されたという経緯もありました。

格子の移動と地殻変動の関係性

アラゴン沖などにあるエーテル的クリスタル・ピラミッドは現在活性化されています。それらは地球の指圧マッサージ点のようなもので、地球の感情体を超現実の周波数へと押し上げる役目を果たします。

地球をとりまく一元性の枠組みの格子を補強することで、極度のストレス下にある地域を強化および安定化する効果があります。

惑星の地殻と格子は、現在激動の時期にあります。ですが、どちらもこの惑星が「新星天マトリックス」に移行完了した後には旧来のシステムとなるため、人々から忘れられていくでしょう。

切り替えと変動の期間中は、本来のエネルギー的圧力要素が通常時よりも格段に大きくなります。その為、最大限の注意が払われるべきでしょう。移行時の惑星のエネルギーを安定化させるために、多くの人員が地球へと呼ばれてきたのです。この任務を私達が支援している間は、尋常でない疲労感や、三次元生活への無関心が発症します。

この格子の移動は上下に起きます。格子の上昇は、従来の地殻の上昇とグリッドシステムの上昇という形で起こります。上昇し始めると、新たなパターンがその上から上書きされることになります。新パターンと旧パターンが入り混じることで、新星天マトリックスが創成されるのです。これはなかなかに繊細な操縦が必要となる過程なので、多くの志願者が呼ばれたのです。

また、変動の期間中には海底に多くの穴や裂け目ができます。それらを通して二元性基準の地球の地殻が、一元性のパターンに書き換えられます。多くの存在たちがそれらの穴を囲んで座り安定化と純化をするという任務の為に、海底へと召集されました。２００４年12月26日のインド洋の津波の際に任務に就いていた者の多くが、命を散らすことになってしまいました。

人類の臨界数が
超現実に生き始めたら、
ほとんどの地殻変動は
起きずに済むことでしょう。

火山という火山が噴火し、地殻は動き回り、惑星の揺らめきはどんどん強くなっています。惑星の内側は、鐘の様に鳴り続けています。

「完成の時」の間、地球上で大災害が起きる可能性があります。しかし、元々それを知っていてその為にここに来たのだし、恐れる必要はありません。意識と現実の転換こそが、私達が選んだ運命であり、真の目的なのです。

黄金のグリッド

星々との調和が終わり
新たなエーテル的青写真が定着したら、
超次元へと移行するための
新惑星格子の
全体的な活性化が、始まります。

惑星格子〈グリッド〉の上空には、まだ工事中の「黄金グリッド」があります。完成すれば、惑星を取り巻くクリスタルのような格子となるでしょう。

黄金グリッドからBグリッドを見下ろすと、二つのグリッドの間に重要な光の相互作用があることに気づくでしょう。二つのグリッドが多次元的に調和する様子を見て取れます。

黄金グリッドとその下のBグリッドの間の空間は、「アンタリオン転換」と呼ばれる転換・反転域を形成します。その領域は上昇・下降両方の光の波動を転換する場所として働きます。アンタリオン転換が稼働すると、二つの磁石が引き合うようにして、高まったエネルギー場が作られます。その境界線は水面のように、地表の緊張を緩和するための緩衝材として働きます。

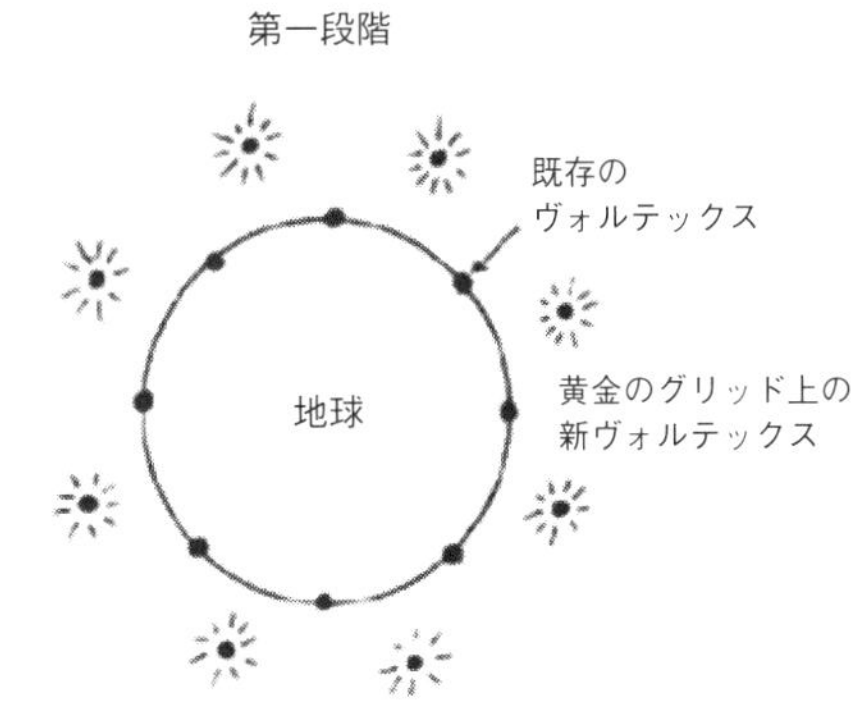

1．新ヴォルテックスが形成されはじめる

両方の格子上のヴォルテックス地点はお互いに垂直的には繋がってはいませんが、対角線的（斜めに）に繋がります。こちらの方が、エネルギーを安全に拡散および分散するために必要となるからです。もし垂直的に整列した場合、エネルギーの凝縮度が高すぎてショートしてしまうでしょう。対角線的にヴォルテックスが並ぶことで、エネルギーが段階的に脈打つように地球上に降りてくる（フェーズ・ダウン）のです。これを測定する方法としては「フェーザ推力」と呼ばれる方法があります。

これらの光の波動は黄金の光の三角形を形成し、それが黄金グリッドのヴォルテックスから、各自対応する地球上のグリッドへと降りてきます。

これらの三角形を形成する線は色とりどりのエネルギー的トンネルです。黄金グリッドのヴォルテックスと惑星グリッドのヴォルテックスを線で結んでいくと、地球がまるで星型に見えるのに気づかれるでしょう！

第二段階

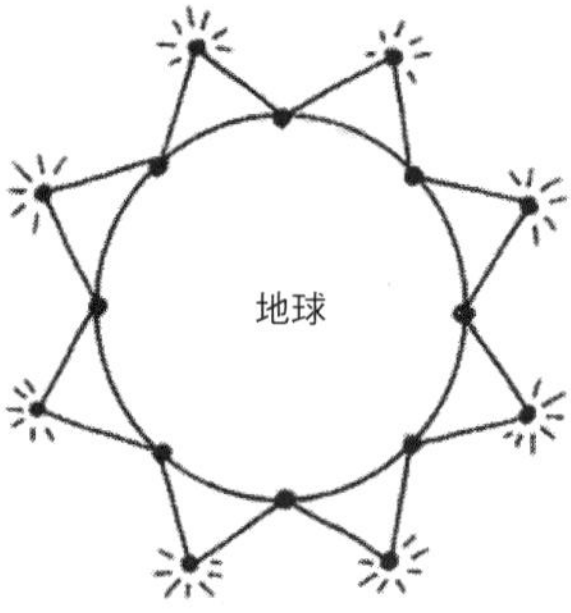

2．黄金グリッドの起動

黄金の光の三角形は惑星の外側へと広がっていき、地球の内側にも広がっていき、巨大な三角錐（四面体）として地球の核まで届きます。三角形は地球の光体〈ライトボディ〉にとっての「新星天骨体」となって、地球自身も新しい体で超現実へと移行していきます。

黄金グリッドのヴォルテックス点が活性化されれば、トライアンギュレーションが発生して、地表に向かって一元性の光の波動を送り始めます。新旧のグリッド間で行われるエネルギー交換によって、二重らせん状のエネルギーが発生し、それによって三角錐が花が咲き乱れるように活性化します。この花盛りの期間は、惑星の変容が完了するまで続きます。

第三段階

3. 新生地球の骨組みが形成される

それらの地点は既存の惑星ヴォルテックス群の間に位置し、大きな影響力を持ち始めます。それらの地点を通して、一元性の新エネルギー場を地球全域へと定着させていきます。この過程は惑星の在り方を根底から変化させることになり、分子間により多くの光がもたらされ、二元性の存在意味そのものが薄れていきます。物質としての地球も、超現実へと再形成することになるのです！

ノーム・イニシエーション

大地の精の王国は
黄金グリッドのエネルギーの
転換・反転チャンネルの切り替え役です。

ノーム（地の精）は新格子交差点と旧格子交差点の間の、エネルギーのやり取りの転轍手《てんてつしゅ》ともいえる役割を果たします。星天イニシエーションを通過したノームだけが、この役を引き受けることができます。私もカナダのケベック州にある木々が生い茂った農地で、ノーム達にこのイニシエーションを与えることができました。それまではノームと意識的に協働することはありませんでしたが、これが思いのほか最高の経験になりました。

私はある日、ケベックの片田舎にある友人の農地を訪れていました。友人の一人は、有名なジオマンシー（土占い）師と、作家の人で、二人ともよく私と途方もない世界観を共有してくれる人達でした。二人とも頻繁に惑星格子に働きかけを行っており、世界中の聖地を活性化して回っていました。後々、二人は神聖な山々に住むノームと交流するようになりました。その友人たちの家の庭にもノームが住んでいたのです。

友人たちの家に早朝に着いて、とても楽しい時間を過ごしました。次の日のお昼ごろに、家の庭にふと目をやったら、なんとノーム達が自由に歩き回っていたのです。絵本に出てきそうな典型的なノームと、ほとんど同じでした。背の高さは60～90㎝ほどで、思っていたより大きかったです。多分、友人のことがとても好きだから、こんなに堂々と現れているのだと思いました。

数時間後、もう一度外を見てみると、裏庭の方が何百という数のノーム達で溢れているではありませんか！　何かのお祝いの為に大テントが建てられていて、どんどん他のノーム達が到着してきました。周辺にある林にノームが沢山住んでいるのだろうと思いました。

私達は外に様子を見に行くことにしました。いわゆる、お祭り状態でしたね。カズー、コンサーティーナ、ドラム、ヴァイオリンで音楽を奏で、愉快なダンスをバタバタと踊っていました。その場で器物などの物々交換市場が開かれ、テントがあちこちに張られていました。庭の後ろの方では動物たちがのんびり牧草を食べていました。

ノームの数はどんどん増えていって、何千人という数になりました。北欧のラップランドや、伝統的な革ズボンを身につけたドイツのバイエルン出身のノームも来ていました。

私達はそこで、他のノーム達より若干背が高くて立派そうな雰囲気のノームに丁寧に挨拶をされました。彼の名はドロムドロム〔Dromedrill〕。このノーム集団の長老だということです。それから彼に付き添われて他のノーム達にも挨拶をして回りました。ケベック州を監督しているというブロムブロム〔Bromelor〕というノームにも会いました。ドロムドロムは一貫して、高貴な人に敬意を払うかのように私達に接してくれました。本来の自分自身の極大さを感じ、自分が公式的な天界の使いだということを意識してきました。

お昼を大分過ぎた頃、私達は食卓に座ってお話をしていたら、急に会話が止まり、天使達が降臨したのを感じ取りました。次元間を天使達の波動が飛び交って、お互いに重なり合っていきました。空は天使で埋め尽くされ、部屋の中には愛と平和のエネルギーで満たされました。天の主たちがやってきた！「何かとても大事な日になる」そう確信していました。

日が暮れるまで、じっと座っていました。友人が語り始めました。遠い昔、人間とノームの間にある協定が交わされました。人間は、定期的にノーム達を星々へと引き上げ、ノーム達の記憶を蘇らせると約束をしたのです。ですが、人間は自分が誰だかを忘れてしまいました。神聖な任務の多くを、忘れてしまいました。そしてノームは地球の地表を去り、地下へと追いやられることになったのです。本来の彼らの偉大さを、思い出すための呼びかけも久しく無いまま。

ですが、今は過去と同じではありません。多くの変化が起きている時代です。人間達が、自分の正体を思い出せば、流れを逆転できます。一人でも反転できれば、皆が反転します。私達は、元々一つだからです。星天人が、ノーム達との約束を果たす時が来ました。彼らを星天へと再接続させてあげましょう。

日は暮れて、外はすっかり暗くなっていました。暗くても問題ありません、私達には心の目があります。裏庭の池の底から、黄金の蓮の花が昇ってくるのを視ました。花の中には大きなクリスタルの卵が。私達のような星天人が、星天の贈り物をノーム達に渡す時が来たのです。卵の中には、一なる星の小宇宙的欠片が入っています。

私達4人は、クリスタルの卵を包んでいる黄金の蓮の花の上に立ちました。4人の上には4人の偉大な大天使である、ミカエル、ガブリエル、ラファエル、ウリエルが立っていました。卵の上には、大いなる存在であるメタトロンが立っていました。

ノーム達がやってきて、4人の前に列を作って並びました。星天イニシエーションを受けるためです。私たち星天人は、クリスタルの卵を右手の二本の指で触れ、指先に4つの小さな星を埋めました。

4列になったノームは、深い敬意の眼差しで星天人たちに見入っていました。彼らは赤い帽子をとって、私達に深く敬服しました。再び立ち上がると、私たち星天人はノームの額に優しく触れ、星を彼らの内側に埋めました。それは彼ら自身の星です。私達全員は一なるものであるということを思い出させてくれる星であり、ホームへと導いてくれるでしょう。

いにしえの協定に変化が起きました。もうこれで、ノーム達は星天を思い出すために、人間に頼る必要が無くなったのです。もう星を内側に抱いているのですから。卒業する時が来たのです。エロヒムが人類の中に星を植えたように、私達にもいつか必ず思い出す時が来ます。同じように、星々の起源を思い出した人間がノームに星を植えたのです。人間もノームも境目なく、完成への重要な鍵は、星なのです！　まさに完璧です！

ふと、古代のノームの歌声が聴こえてきました。何を歌っているのかはわからずとも、ノーム達の間で古くから伝わっている歌です。詩には、その瞬間に起きていた場面のことが歌われていました。神秘の暗号言語によって、このイニシエーションは歌の中で予言されていたのです。天使達が地球に帰還し、ノームに大いなる贈り物を与え、ノームはホームへの星天地図を得ます。その晩、惑星中のノーム達がこの歌を斉唱しました。その時は歌が最後まで歌われて、その中に隠されていた意味がようやく全て明らかになりました。

星を受けたノームには、大きな変容が起きていました。私達の目の前で、若返ったのです！　みるみる元気になり、顔のしわもとれて、肌もすべすべになって、なにより瞳の中に星々の瞬きがあったのです！　アゴヒゲも消えていきました。しかし、内側に星を抱いている人だけが、これらのノームの変容を見ることができるのだと思います。

その晩以降の、地球上でのノームの役目は大きく変化しました。古代の約束の成就によって、「黄金の渦」が次の段階へと移りました。地下に住んでいた星の運び手として、ノーム達は星々を人間の手が届かないほど地下深くに移送することになりました。惑星地球を変化させるためです。

イニシエーション受ける為のノーム達の行列は終わりが無いようでした。私達は星をノームに与えていき、庭、池、蓮の花、クリスタルの卵、ノームの行列、天使、大天使、それら全てを輝く黄金白色の柱の中に溶け込ませていきました。その光の柱の上には、一なる星が輝いていました。

ようやく、イニシエーションを待つノームは最後の一人になりました。長老のドロムドロムでした。クリスタルの卵はもう消えかかっていました。その中にあった最後の星の欠片を取り出して、私はドロムドロムをイニシエートしました。それは特別濃縮されたエッセンスを含む星だったので、これで彼は他のノーム達をイニシエートできるようになりました。ドロムドロムは、ドラゴンもイニシエートできるようになりました。ドラゴンたちは神聖な山々の奥深くで卵の世話をしています。

クリスタルの卵は完全に消えて、黄金の蓮は池の底へと降りていきました。

メタトロンが私達4人に前に出るように呼び掛け、「ノームスター」を私達の額に置きました。これがあれば、ノームや妖精たちが私達を「スターフレンド」と認識してくれるのです。ノーム神殿も後に裏庭に建てられ、他のノーム達が巡礼しにくる場所になりました。

出発の日の朝、裏庭へと目をやると、もうそこにノームはいませんでした。ですが、その前の晩に起きた素晴らしい出来事の、エーテル的気配はまだそこに漂っていました。物質界では何も変わっていないように見えても、仔馬たちがあんなに楽しそうに、ノームの音楽ではしゃいでいます。思い出は風の中に残っていました。

車を運転していると、その思い出が鮮明に蘇ってきました。列を作ったノームたち。誇らしげに額に星を受け取る姿。かしこんで敬礼する姿。赤い帽子を手に持って……

星の一つ一つは、エネルギーの駅。

雪片《せっぺん》のように、二つとない形を持つ。
星の一つ一つが、独自のマンダラを持つ。
私達一人一人が、自分の星のマンダラに合わせている。
DNAの中には
自分の星のパターンが刻まれている。
自分の星から形作られたのが、私達。
星々の一つ一つは、一なる星の欠片。
全部合わさって、私達は一なるもの。

スターゲートとブラックホール

入口は沢山あれど、
出口は一つだけ。

私達がいる世界の次元には、1～6のサブ次元が含まれています。至高から降りて来た私達は、それぞれの「中継駅」からこの世界に入ってきました。この中継駅が、「スターゲート」と呼ばれる場所です。同じ音階の違う音符。あるいは、同じ手の違う指とでも喩《たと》えることができます。その中でも有名なスターゲートが、シリウス、アークトゥルス、オリオン、アンタレス、プレアデス、アンドロメダ、アルデバラン、ポラリス（北極星）です。

私達の多くが、これらのスターゲートを自分のホームだと感じています。それらの場所の振動周波数に長い間同調していたのだし、それらのスターゲートに親しみを感じ、帰りたいと思うこともしばしばでしょう。しかしながら、それらの場所はあなたの本当の故郷ではありません。単に旅の途中にある中継地点であり、その先への入り口に過ぎません。

ブラックホール
他世界への入り口

この次元の宇宙から次の次元の宇宙に旅立つには、特別なスターゲートを通る必要があります。それが、ブラックホールとして知られている場所です。ブラックホールを通る過程は、針の穴を通り抜けるようなものです。とても長い、黒いトンネルを急速に押し抜けていきます。トンネルはらせん状になっており、そこを通ってブラックホールの中心まで辿り着きます。この過程は、「死」の過程に似ています。それは偶然そうなっているのではなく、どちらも次元間を移動する経験という点で、似ているのです。

「ブラックホールに入ったら、光すら脱出できない」と天文学者が言っているのは、入った光が他の次元に行ってしまい、こちらの次元からは観測不可になってしまうからです。「ブラックホールの腸に入って消化される」という喩えも誤りです。文字通り、「通り抜ける」のです！

ブラックホールの中の渦を降りていくにつれ、新しい次元で存在することができない全ての要素が剥がれ落ちていきます。

これまでの転生で身につけてきたことが急激に剥ぎ取られていき、最後は純粋な本質核〈コア・エッセンス〉だけになります。この本質核だけがブラックホールを通って、その先に進めるのです。

ホワイトホール
無形の本質を有形へ

反対側から同じ開口部へと近づくと、全く異なる経験をします。そこはホワイトホールとしての経験になります。そこには、「じょうご」状の渦があり、そこに入った形のない本質を、非常に凝縮された光の点へと変化させます。それはまるでレーザーのように収束された光になり、針の穴を通り抜けていきます。ホワイトホールの中心を通り抜けると、形が無かった本質が、形を作り始めます。見えざる個性が、可視化されていきます。その後、気が付けば予定通りのスターゲートに辿り着いています。

中継点間の旅

実は私達はこのスターゲートを何度も行き来したことがあります。寝ている間にも、次元間の扉を出入りしている人もいれば、無意識でやっている人もいますが、別に緊張せずにやっていることです。意識的にやっている人もいることです。スターゲートを通って、その先に行ったり、そこから戻ったりするやり方は十分に学んできたことです。

十分に巨大な存在になった人は、他の人を別の有名なスターゲートに連れて行ってあげることができるようになります。複数の中継駅で経験を積むことで、それぞれのスターゲートに安らぎを感じるようになります。

複数のスターゲートへ親近感を持つことで、一つのスターゲートに縛られなくなるでしょう。その方が意識をより広い領域にまで伸ばすことができます。意識は広がり続けていき、その内に1～6サブ次元の内側には収まり切れないほど大きくなります。

そして、そこまで辿り着いた意識の人が大勢います。すでに地球よりも、太陽系よりも、この銀河よりも、次元間宇宙よりも大きくなった意識です。より大きく、無限に。一なるものになるために。

通って来た扉から
ホームへと帰るのではありません。

個人の意識を持ったまま
ホームへと帰るのではありません。

宇宙船から外に飛び出したりする必要や、
苦行を重ねる必要はありません。

自分自身を
帰り道にするのです。

一なる存在と融合することで。

そして、その時気づくでしょう。

ホームは
今、ここに
あるのだということを。

パナチョーン

パナチョーン〔Panachön〕はさそり座α星のアンタレスの神官です。アンタレスの二重スターゲートの守護者であるだけでなく、彼自身がスターゲートです。カリフォルニア州のシャスタ山に住んでいた時、私も彼に会ったことがあります。夏の夜には、ひときわ輝くその星の存在感に気づいていました。星座図を見て、ようやくそれがアンタレスだったと知りました。

ある晩、屋根の上で瞑想をしていたら、私とアンタレスを繋ぐ長いトンネルが開きました。そのトンネルはまるで生きているように呼吸をしていて、象の鼻のように見えました。トンネルをすごい速さで通り抜け、私はアンタレスに辿り着きました。そこに現れたのは、背が高くて、頭が長い、高貴な雰囲気の存在たちでした。初期のマヤ人やエジプト人にも見えました。彼らのリーダーがパナチョーンです。

底知れぬ親近感と愛を感じました。彼らは滲《にじ》み出るほどの歓喜と敬意を持って私を歓迎してくれました。パナチョーンの額には、大きな丸い鏡が付いていました。彼はおもむろに鏡を私の鏡と合わせて（気づいたら私も額に鏡を持っていました）、コミュニケーションが始まりました。

それ以降も、私は何度もパナチョーン達に会いに行きました。その度に、多くのことを見せてもらい、学びました。古代エジプトのプタハ神は、前パナチョーンだったと知りました。そして、アンタレスの二重スターゲートを通るためには、まずはパナチョーンの円鏡に入るのだということを……

アンタリオン転換

アンタリオン転換は、
多次元周波数で
高められたエネルギーを
中継して地球に送る方法です。

アンタリオン転換は、一元性の新たなエネルギーパターンへの道として、１９８７年に活性化されました。このエネルギーパターンは珍しい次元力場余弦（コサイン）周波数を含んでおり、地球が受容器となるために必要な、反転システムを創り出します。

反転システムはアンタリオン転換として知られ、図（P.３３２）のXの交差部分です。12：21としても知られています。この交差点を通るものは、何でも反転するということを表しています。ただ方向が変わるという意味ではなく、「裏返し」という意味での反転です。この転換は、

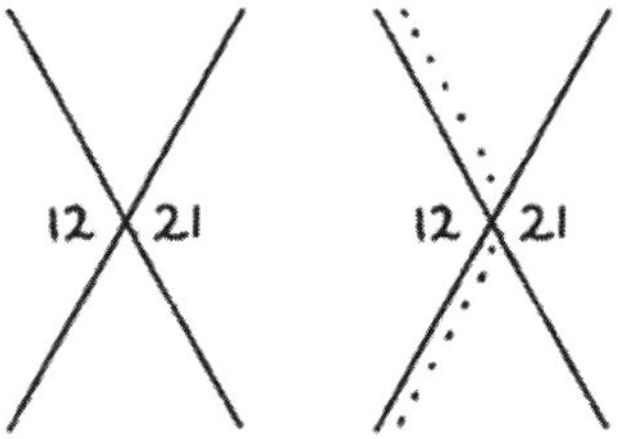

通過するエネルギーの向きや流れは関係なく、「入ったもの」と「出たもの」全てに実行されます。

高エネルギーの伝達を地球上の人々が受信、理解、同化するには、エネルギーの完全なる反転をする必要があります。１９８７年までは、一元性の高エネルギー波動を受信することは不可能でした。私達の細胞再構築が、多次元認識ができる程のレベルに達していなかったためです。

遠い昔、まだＡＮのエネルギーが物質界にあった頃、アンタリオン転換は簡略化した形でこの惑星上で使用されていました。レムリアの初期から最初のアトランティス沈没までの期間でした。その後、純粋なＡＮのエネルギーだけが物質界から抜き出されましたが、ＡＮの系譜の中にはエジプト文明やインカ文明などを築くなど、物質界で働き続けた者もいました。その頃に使用されたアンタリオン転換のことについては、私の著書『アルタザールの伝説』の「光の塔」の章に記してあります。

アンタリオン転換は
発信機／受信機の一組、

もしくは上昇駅／下降駅と言えます。

反転システムの中にエネルギー波が入ると、それは鏡に映った姿のように反転し、対角線上に進んでいきます。この過程で波動の強さが変化し、軽くなります。そうしなければ三、四次元へと入っていかないためです。

この反転システムは、入力された光の波動を私達が容易に理解または吸収することができる遺伝的パターンの形へと転換する、変換駅としても機能します。変換駅は入力された光の波動を「フェーザ推力」という正確な配列パターン、サイクル・タイムを割り出すことができる、測定可能なエネルギー単位へと再配置をします。

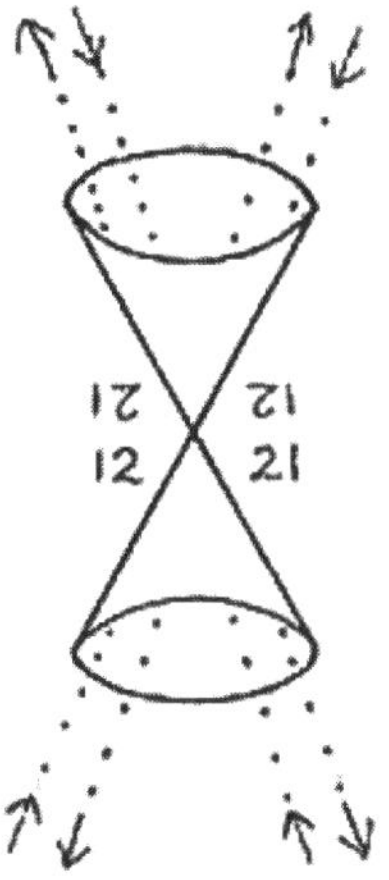

フェーザ推力は出入りするエネルギーの波動のスピード、方向、強さを調整する役割を果たします。点や線での信号パターンの形をとることから、モールス信号に似ています。フェーザ推力は常に対角線の軌道をとって出入りします。何度も言うようですが、このエネルギーは垂直に並んで発現するには、

あまりにも強力すぎるためです。

アンタリオン転換の重要なところは、相対する二極性を一元性へと融合させる、その潜在性にあります。

アンタリオン転換の使い道は多岐に渡ります。アンタリオン転換システムを出入りするエネルギーは、常に渦のパターンとなります。宙に渦を描いてみてください。その渦は回りながら対角線の道を進み続けるでしょう。山間部のジグザグ道が常に対角線を描くように。渦は決して水平や垂直には動きません。

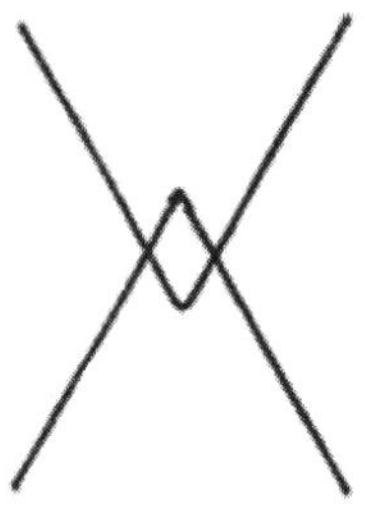

エネルギーがアンタリオン転換の中心のXのところで転移し、自身を反転する際に、エネルギーの「重なり」が起きます。(先ほど言及したような、裏返しが起こります)。この上下の円錐の頂点のエネルギーが連結している部分では、以前にはその存在に気づくことができなかった扉の解放を引き起こします。

二つの円錐に、二元性が基の二極性を当てはめてみましょう。例えば、精神界と物質界、過去と未来、善と悪など。また、アンタリオン転換は現実の境界線を描くこともできるので、在り得そうな現実をその中に入れると、それが裏返り、今まで見えなかった現実が見えてきます。

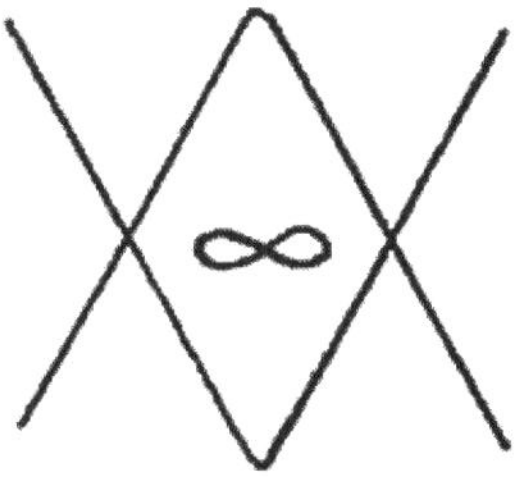

アンタリオン転換はこの惑星のこと以外にも有効ですし、もちろん自分自身の内側でも使用することもできます。

自分自身の内側で起動すれば、その使用用途は無限大です。究極の知識の宝庫へと直接繋がります。その知識の膨大さゆえに、それをあなたの意識の中だけに押し込む必要は、全くありません。それよりも、未知の物事を何でも理解できるようになるのですから、遠慮しないでアンタリオン転換の中から何でも必要な物事を取り出してください。もうお分かりいただいたように、アンタリオン転換は個人レベルでも、惑星レベルでも使用可能です。

見えざるダイヤモンド

見えざるダイヤモンドはアンタリオン転換の中央部にあります。それを活性化することで、自分自身がアンタリオン転換になれます。自分自身が、相対する両極にとっての次元間扉になれるのです。

アンタリオン転換中央部の「重複域〈ゾーン・オブ・オーバーラップ〉」の扉は、超現実への入口です。この扉こそが、「11：11の扉」なのです。

惑星間転校

地球へは、
選んだスターゲートから直接
降りて来たのではありませんでした。

この惑星の非常に高い密度の重力場に入るには、私達のエネルギーを更に下降する必要がありました。「惑星間転校」といって、この太陽系内の惑星はいずれも長い間、転入点になっていました。それらを「学び舎」や「寺院」などと表現してもいただけます。どの惑星も、宇宙旅行者にとってそれぞれ必要となる意識レベルを身につけるには最適の場所となっていました。

金星の神殿、または土星評議会について覚えている方もいらっしゃるかもしれませんね。天王星の創造の間や、冥王星の秘教学校なども。それぞれの惑星は長い間、地球で必要となる技能を学ぶための専門学校として機能していました。マルデックは例外で、自由意志の使い方を誤った所為で、惑星ごと爆発してしまいました。

太陽系内のそれぞれの惑星は、惑星を「越えた先」の惑星への発射台なのです。古代の教えでは、太陽を越えた先の太陽や、越えた先の太陽を更に超えた先の太陽についてが学ばれていました。更に更に越えていった先に、「本当の太陽」があります。マヤ人は、見えている惑星を越えた先の、惑星の系譜をまとめていました。例えば27番目の金星などがあります。要するに、惑星というのは惑星自身の本当の本質核への、入り口に過ぎないということです。その「惑星を越えた惑星」こそが、秘教学校や神秘寺院が位置している本当の場所なのです。

＝水星＝

水星は「知性」の中心地です。ここでは高度な知能を養成するために最適な環境が揃っています。全ての教えの中に知性が濃縮されています。これまでの転生の中で知能〈メンタル〉体が十分鍛えられていないと感じた人は、水星に行くのがお勧めされています。地球での体験は、知能の高さに重点が置かれることが多いからです。

＝金星＝

金星は「七つの聖なる神殿」で有名です。どれも美麗な白いドーム型の建物で、サナト・クマラとクマラ王家一族の下で統治されています。過去の地球上には、常に7名のクマラ一族が転生して来ていました。現在では、色々と加速していることもあって、人数が77人に増加しました。

現在地球上にいるこれらの77人はいずれも、七つの聖なる神殿で最高位のイニシエーションを経た存在です。それが地球に来る為の必要条項だったからです。彼らは皆、サナト・クマラの直系の子孫であり、全存在を賭けて人類に貢献してくれます。

金星は77人にとっての最後の入口となる場所ですが、彼らの本当の起源は「超越を超えた超越」に存在しています。クマラたちは愛する金星に戻ると、金星の神殿の中にいながらにして、それを越えた先で更なる指導を受けたり、純粋な自分自身という存在の中に溶け込んだりします。

現在、77人は地球での任務の完了準備を整えています。そしてもう一度、この次元間宇宙を越えた先にある、「星天協議会」で銀河中の進化を見守る任務に就くようになります。地球での最後の時間は、「純心愛の新マトリックス」を地球に定着させるために使われます。

＝火星＝

かつて、火星は大いなる「力」の中心地でした。地球での任務に就く者は、そこでリーダーシップを磨きました。悲しいことに、大昔に火星では惨い戦争が起きました。そこには二つの強大な文明が栄えていたのですが、調和が乱れそうになった時、ついにお互いを破壊する行為へと至ったのです。今日では、そこにはかつての栄華を誇った時代のピラミッドや神殿の残骸だけが残っています。もしかしたら、現在でも「力」について未解決の問題が多く、力の使い方が分からないという人が多いのは、そのためなのかもしれません。

火星はアトランティスの歴史とも深く関わっています。アトランティスも、かつての繁栄も虚しく破滅を迎えてしまいました。後期アトランティス文明の人々は傲慢になり、歪んだ黒魔術を使って人を操作したり支配したりして、最後は悲劇的な結末となったのです。それと同じ歴史が、アトランティス文明よりも先に火星で起きていたのです。そして今日の地球も、これと同じ歴史を踏襲しているかのように思えますが……

残念ながら火星の神殿はどれも今は機能していません。ですから、力についての教訓や、生のエネルギーの正しい使い道は、他の先生から学ぶ必要があります。ですが、やみくもに先生を探し回っているのでは、過去と同じように無駄な戦いのループに巻き込まれるだけでしょう。

戦士たちはまだ火星圏にいます。火星の神殿そのものはまだ残っています。戦士たちは、「ウォーリアーシップ」の極意とは、愛の戦士になることだと理解するでしょう。愛の戦士だけが「王の中の王」となり、最後には「奉仕マスター」になります。全ての戦士は、力と知恵と、誠実さ、責任感、思いやりと奉仕を全て統合し、真の王になるのです。

もちろん、火星を越えた火星に行けば神殿は無傷で残っており、十分に進化した存在ならば見つけることができるでしょう。

＝木星＝

木星の空洞の中では、「拡大の美学」が学ばれています。本来、全てはお互いに繋がっているということを学べるのもこの場所です。喜びと豊かさを学ぶことができるからなのか、太陽系内の転校先の中で最も人気な場所です。（もしかして、この惑星が大きいのはその人気ぶりが反映されているのかもしれません）

過去世において大きすぎる責任を背負い続けてきた人や、壮絶すぎる体験をした人は、しばしば木星に送られて、存在することの喜びと光をそこで再発見します。そこでは、感謝の気持ちを通して貧しさを豊かさに変化させる方法や、人生の障害を取り除いて綺麗にする方法も学べるのです。

＝土星＝

木星で多くの時間を過ごして、放蕩《ほうとう》の限りを尽くす人生を経て真剣さが薄れてきたのなら、次は土星に行くべきでしょう。「土星評議会」では太陽系の進化の道筋が執行されており、銀河中の存在たちは頻繁に土星を訪れ、生命の進化に関する重大な議題について真剣に意見を交わしています。土星は責任感と真剣さ、目的と明確な意志の惑星です。

土星にいる間、智慧と責任感が両肩に重くのしかかってきます。練りに練られた計画は、常に正しい手順に則って慎重に行われます。権力の賢い使い方や、責任感の重みに圧し潰されないようにする方法が学ばれています。苦労の無い人生を経験した人たちも、よく土星に行って学ぶことを任命されています。シャキッとしますよ！

＝天王星＝

天王星は「創造力」の中心地です。空気からして高エネルギーの電流でピリピリしています。天王星にある「創造の殿堂」では、本当の創造的刺激が学ばれています。その教え方はしばしば驚くべき方法をとります。天王星は「意外性」の星でもあるのです。野性的な創造的インスピレーションが突如、雷のように落ちてくる場所です。ですから、ここではのんびり過ごすなんてできませんよ。とっても刺激的な日々となるのですから！

天王星は「超越を超えた超越」に直接続いている回線があります。よって、太陽系のどの場所にも存在していない、全く新しいエネルギーを体験できます。地球で奉仕活動をする預言者の多くは、天王星への転校を通して直接のメッセージを受信しているのです。預言者たちが未知の新しい物事をもたらすことができるのは、そのためです。

＝海王星＝

海王星は柔和で夢見心地な惑星です。そこにある寺院では、「幻視と神秘」について教えられています。理論に偏り過ぎて、直観的な感覚を蔑ろにしてきた、メンタル頭でっかちな転生を経験してきた人にとって最適な場所です。

ここでは全てが、しっとりとしています。漂う雰囲気も、心地よくて優しい霧のようです。海王星ではあまり物理的な活動は行われていません。そこの住人は平和な眠りについていることがほとんどで、海王星はまどろみの地であると言えるでしょう。

夢見人たちは神秘的な啓示やビジョンを見ます。夢の世界や幻視を体験することで、直観力を鍛え、それによって現実と幻影の区別がつきやすくなります。海王星の寺院で学んだ後は、地球で司祭や神秘家、賢者や夢追い人、冒険家や聖人になることが多いです。

＝冥王星＝

太陽系でもっとも集中的な学習ができる場所が、冥王星です。そこにある磁力的な「秘教学校」では、生と死というテーマを学ぶことができます。一つの学期が終わるにつれ、より深い智慧の深みへと進んでいきます。ここは変化、死と再生、性、革新の場です。不死鳥フェニックスの故郷でもあります。

冥王星は初心者向きではないため、ここへ転校しにくる人は他の惑星よりもずっと少ないです。だから、こんなに小さいのかもしれませんね。数々の試練を乗り越えてきた、上級秘儀参入者〈イニシエート〉だけの場所なのです。未知へと進むための、最後のイニシエーションを受けることができる場所が、ここです。

◇◇◇

惑星間転校についての紹介は以上です。皆様が地球に来る前に勉学に励んでいた場所について思い出すことができたのではないでしょうか。

まだこれらの神殿でイニシエーションを通過する途中の人も多くいます。地球での体験の全側面を獲得するには、これらの神殿でのイニシエーションを通過する必要があるのです……

しかし、
例外もあります……

直接、超現実へと旅立つという方法を取れば、それが何よりの近道になります。超現実にも神殿があり、そこでは「本当の自分の本質」により深く同調することができます。そして私達の超現実の意識的な接続は、今始まったばかりです。

ティトン・イニシエーション

1988年5月のブルームーンの間、私はワイオミング州のグランド・ティトンに招かれていました。ティトン山脈にはシャンバラの秘密協議会があるということはそれ以前にも聞いたことはありましたが、実際に訪れるのは初めてでした。果たして何が起きるのか。とりあえず、行かねばならないという気持ちは感じていました。古い友人と一緒に、大冒険に向けてワクワクを募らせていました！

出発の何日か前、このようなメッセージを受け取りました。

あなた方お二人の準備はできました。
何年もの間の準備期間が終わりました。
もう思い出せたでしょう。お目覚めになられたでしょう。
本当のあなた自身に、なられたでしょう。
あなた方が任命されていた配置に就く時です。

4つの段階があります。
月曜日の夜は基礎についてを。
火曜日は、複数の扉〈ポータル〉にお入りいただき、
迷宮を通過していただき、
次元音程〈オクターヴ〉を通って、上昇していただきます。
行ったり来たりのジグザグ道を通るように、

光のパターンへと押し上げてくれます。

予定された通り、チェンバーにお入りいただきます。
協議会が、あなた方を喜んで迎えるでしょう。
ローブを羽織っていただき、
星天の贈り物をお受けください。
天界への扉は、そうして開かれます。

水曜日には天と地の
神聖な合体の儀が催されます。
予め刻まれていた記憶が活性化されますので、
手順等はその場にてご案内させていただきます。

静寂へとお入りいただき、
全てが聴こえてきます。
更なる準備が整うことでしょう。
オクターヴ7と、その先のオクターヴ11。

それへと至る為、あなた方は活性化されます。

ＥＬ・ＡＮ・ＲＡが刻印されます。
クリスタル・マウンテンは自身のものに呼びかけます。
４・７・11は、22への旅。
22が結びついて、44は誕生します。
そして、ＡＮはここに。

時の霧の中から
ＡＮの頂点が上昇し、皆の目にも明らかになります。

星天の灯台。
刻まれた光の波動。
ベールを突き破り、
帰還するための
集合準備が始まります。

この灯台は、ANの目です。
それが設立し、定着すれば、
見えるようになり、見られるようになるでしょう。
知るようになり、知られるようになるでしょう。
4と44の接続点です。
11は扉です。
その鍵は、あなた方です。

ティトン山での最初の夜は何事も無く過ごしました。霧雨が降っていて、山々は霧で覆われていて、今にも不思議な体験をしそうな雰囲気が漂っていました。サナト・クマラの父性的存在を近くに感じました。その力強い愛のオーラの中に包み込まれて。

「協議会」に波長を合わせてみると、私達の到着に向けて大忙しで準備をしているのを感じました。まるで本当の家族に会う前の小さな女の子のように、私は謙遜していました。

就寝前、サナト・クマラから短いメッセージが送られてきました。

私はサナト・クマラ。

中心太陽〈セントラル・サン〉の声。

我が娘たちよ。ティトン山へようこそお越しいただきました。

この瞬間をどんなに待っていたことか。協議会の面々も、あなた方を迎える準備を待ちわびているところです。

これは、あなた方の卒業式となるでしょう。

地球での転生周期の、全体の行程を修了された証です。これから行われるイニシエーションでは、その肌を脱ぎ去って、超現実の新しい母体格子〈マトリックス・グリッド〉へと上昇されることになるかもしれません。

その母体内では、多くのことがあなたを待ち受けています。明日は多くの暗号化された情報を受け取り、量子飛躍を遂げられることでしょう。

今宵、重点を置いていただきたいのは、外側の衣服・肌を脱ぎ去られること、未解決の物事と統合されること、協議会へ正式に加入いただくことについてです。

次の日は、小雨のティトン山をハイキングして過ごしました。ティトンの山々には随分親しみを持つようになりました。美しく、神々しい山脈です。

その数日前からでしたが、その日もやたらとお腹が空いて、ひたすら食べ続けていました。一日に４～５回ほど大きな食事をしていたにも関わらず、空腹感があったのです。いえ、お腹が空いていたというよりは、お腹いっぱいで苦しくなるほどに満腹になっておく必要があったと言えるでしょう。なぜなら、そうしておかないと物質界にある私の肉体を感じられなくなっていたのです。胃の中に重しを詰めておかなければ、地球から離れて飛んで行ってしまうだろうと思ったのです。一日中ずっと、他の次元に飛んでいきそうになっていました。運転中じゃなかったのが幸いでしたね。

その夜、私達はキャンプ場に停めたミニバンの後方の席に座っていました。降り続いていた小雨が止むのを待っていたのです。その旅を続けていて良かったです。というのは、多くを「視る」ことができる能力を持った古代の星天姉妹〈スター・シスター〉と同伴できたのですから。そのように協働したのは初めてのことでした。私達を待ち受ける運命には、既に気づいていました。目を閉じ、静寂の中で、私達を取り囲むように渦巻いていたエネルギーに同調しました。以下が、その次の瞬間に起きた出来事です。

◇◇◇

まずは、統合化と完全化の段階から始まりました。私は自分の天使の男性的一面であるソラリス・アンタリと融合しました。彼とソララは一つになりました。友人はマゼンタ色と金色のビームへと融合していました。

二人は一緒に、階段状ピラミッドの三階へと連れていかれました。二人の間には星の煌めきがあり、その光に照らされた階段を昇っていきました。月はマゼンタ色に輝いていました。月の縁《ふち》は金色に光っていました。これが意味するのは、ＡＮがそこにいてくれたということです。

４方向を示していた星が、黄金に縁どられた11方向を示す水晶の星に変化したのを見ました。その後は、大きな白い階段を昇っていきました。その頂上には、木でできた巨大な丸い扉があるのが見えてきました。扉には重そうな金属の輪がぶら下がっていました。

扉が開くと、立っていた階段の両端へと光の存在たちが大勢降りてきて、私達の到着を歓迎してくれました。彼らは黄金の模様がついた白装束を身に纏っていました。その存在たちの頭上には、背の高い白と金の帽子を被った別の存在がいました。特徴的な帽子で、チベットのラマ僧の帽子に似ていると思いました。その帽子の真ん中にはマゼンタ色と黄金色に輝いているＡＮの円盤が見えました。光の存在たちは燃え盛る松明《たいまつ》を持ち、星天を照らしていました。

一同に会した私達は、シャンバラへの入口への歌である「カラガヤ〔Kalagaya〕」を斉唱しました。歌は次第に統一されながら、その響きが最高潮に達するまで膨れ上がっていきました。山脈の隅々にまでカラガヤの歌が響き渡りました。すると、山々の山頂に隠されていた黄金の鐘が音を鳴らし始め、歌と同調していきました。最後には、黄金の太陽円盤が銅鑼《どら》が鳴るように音を轟かせ、シャンバラへの入口の到来を呼び求めていきました……

私達二人がお互いに目をやると、皆と同じようなＡＮの輝く円盤がついた帽子と白装束を着ていて驚きました。次に、目が眩《くら》むほどのまばゆい光を放つ存在がその扉を通って現れ、私達に挨拶をしました。その光は、今まで会ったどの存在よりも強く、目から涙が溢れてきました。私達は地面にひれ伏し、深く敬礼をしました。歌は次のような歌に変わっていきました。「クマリ・クマラ。それは私達。７は77になったのだから」

今度は、二人はクリスタル・ピラミッドの大扉の中へと導かれていきました。内部には巨大な輝く光の存在が至上の愛を持って祝福してくれました。ピラミッドの頂点が開放され、そこから大中心太陽〈グレート・セントラル・サン〉の光の柱が降りてきて、私達を7回貫いていきました。（その巨大な衝撃は肉体でも感じられました。強烈な電流を浴びたような衝撃で、光に貫かれるたびに身を捩《ねじ》りました）

直後、大きな金色の王冠が現れました。それは常に変化をし続ける「超えられない輪〈リング・パス・ノット〉」でした。地面で平らになったかと思えば、上に向かって転がってきたり、私達が王冠の淵に立っていたりなど。そうやって動き回った後、王冠は私達を山の頂上へと連れていきました。気が付くと、別のクリスタル・ピラミッドの中にいました。

このピラミッドの中には、「虚無」しかありませんでした。その奈落の淵からは、底は全く見えませんでした。ですが下のほうにはキラキラと瞬く星々が見えていました。その更に下の方には、虚無の底の方へと落ち続ける滝の水が見えました。私は大きな白い鳥が飛んでいるのも見えました。真っ暗だったのではっきりと分かり易かったです。

ここで友人が、私達の帽子についているＡＮの円盤から出ている光をその虚無に向かって発してみてはどうかと提案してきました。試してみたところ、光は虚無の深部にある一本の木に絡まり、黄金の光の架け橋ができあがりました。その木を通り過ぎる時に大きな黄金の果物を手渡されました。その果物は後々、大きな役割を果たすことになります。

そのまま進んでいくと、アーチ形の扉が見えてきました。そこを通り抜けると、円形の部屋に出ました。石をくりぬいたような白い椅子が、部屋の中央にある円卓を囲んでいました。その円卓は水晶でできていて、まるで初めからその形であったかのような作りでした。そこはオクミンの「星の同胞団」の中間階層だったのです。そのような階層が存在していたことすら、私は知りませんでした。部屋の中には、私達と同じような服装の光の存在たちがいました。服の色は白色や黄色でした。

「我らは神聖な時の守護者であり、この惑星の地軸の均衡を保つ者」オクミンたちはそのように私達に告げました。

黄金のビームが水晶のテーブルの中央を、垂直に貫きました。光は部屋いっぱいに広がり、更にその先へと広がっていきました。この光は惑星の回転軸と同じ、黄金の光の柱でした。この光の柱は、現在の大中心太陽と、一元性の中にある大中心太陽とを結びつけています。光はその「超越を超えた超越」にまで、ずっと伸びていました。黄金のビームは航海の際の目印のような役割もあり、ブラックホール間や銀河間の旅の時に役に立ちます。特定の周波数を発しているため、それを追えば道に迷わないで済みます。

オクミンの中間層の部屋を後にし、気が付けば四角い薔薇園の周囲に佇んでいました。薔薇園の中にいた光の存在たちは液体光〈リキッド・ライト〉の薔薇のドレスを着ていて、私達を庭の中央まで招き入れてくれました。中央にあったのは、光の水晶塔でした。

塔の内部は非常に優美で繊細な作りでした。精巧な彫刻が張り込まれた壁は本物の星の光で明るく照らされていました。上の階層へは、黄金のらせん階段を昇っていきます。

私達が着ていた重い儀式用のローブを、光の存在たちが脱ぐのを手伝ってくれました。その代わりに液体光の透明のローブを着せてくれました。被っていた帽子の下には、蓮の花の水晶がついた黄金の髪留めをつけていました。その水晶は、本物の星と言えるものでした！　星天の贈り物です。

黄金の杯が私達の前に姿を現しました。私達は、指をその杯の中の液体に浸し、その神性さで自分自身を清めました。黄金の光が私達を満たしました。指先、つま先、頭頂チャクラ、両目の中にも光が満ちていきます。自分から黄金の光があふれ出てきました。まるで自分が光線を放つ中心太陽になったようでした。

抗《こう》しがたいほど強力なエネルギーの流れの中、どうにか螺旋階段を昇っていきました。辛うじて意識を保っていた中で見えたのは、一なるものの協議会の部屋に入って、それから超現実へと溶け込んでいったということです……

◇◇◇

その時点が限界でした。そこからは意識が沈んでいき、ミニバンの後部座席へと戻りました。しばらくの間、二人とも完全に意識を失っていたようでした。ゆっくり起き上がると、薄明りの中で私達の体験を手元の紙に書き残しました。

次の日は再び山をハイキングして過ごしました。そこには透き通った綺麗な小さい湖があって、その中央には小島があったので、水の中を歩いて小島まで渡りました。島の岸辺に落ちていた岩々の中に、やけに気になる岩があったので、そこに腰かけました。そこから見るティトンの山々の美景に見惚れていると、突然その景色がぐるんぐるんと大きく動いたので、眩暈がしてしまい、その場で横になりました。

私達はＡＮの灯台の活性化をするため、昼過ぎにはその不思議な山々を後にしたのでした。

トライアンギュレーション

トライアンギュレーション（三角測量術）は二元性を完成させるための鍵となる技法です。

二元性の網目に引っかからないようにと、これまでの考え方を止めようとする努力をする必要はありません。その代わりに、二元性を拡張し、一元性へと変化させてしまえばいいのです。

その為には、第三点を作り出すことが大事です。第三点は「不可視の観点」から、両極性間の

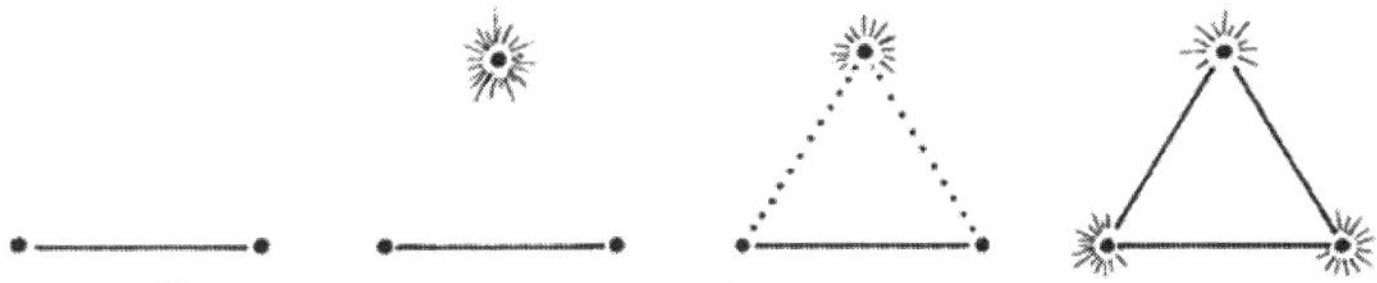

1.　二元性　2.　3.　4.

直線の外側に配置します。その三角形の頂点となる第三点を、「星天我」と呼ぶのも良いでしょう。その点を、一なるものとの意識的融合点としてください。

第三点を設定したら、トライアンギュレーションが起動して強力な光の三角形が形成されます。この三角形の配置により、二元性は大きく引き伸ばされて、新しいものが構成されるようになるのです。そして私達自身の絶対性を活性化してくれます。

上手くトライアンギュレーションができるようになると、意識の量子飛躍を達成できます。そうしたら次は、この意識の新段階をいかにして物質に落とし込むかが課題となります。

自身の絶対性を意識的に体現しようとする人々の数も増えてきました。トライアンギュレーションの更なる深淵《しんえん》に迫ってみましょう。

トライアンギュレーションを拡大していくと、

二元性で凝り固まった私達の表現は姿を消していきます。

私達の表現はより絶対的になり、
もう二極的な表現に縛られなくなっていくのです。

それまでは超えるのが不可能だと思っていた壁も、拡大したトライアンギュレーションでなら超えることができるようになり、それが「一なるものの新しい枠組み」となります。これが二元性からの卒業であり、人類の進化と解放への必要条件なのです。

古代エジプト人たちは、このトライアンギュレーションの原理をよく理解していました。当時の人達が頭にかぶっていた冠には、二つの宇宙的二極を表す鷹とコブラがあしらわれています。同様の象徴は古代インド、チベット、南米の文明にも見られます。エジプトではエネルギーの焦点を合わせるための建造物が使用されていました。その中で第三点を起動することで、トライアンギュレーションが達成されていたのです。ピラミッドのあの形は、この三角測量術によるエネルギー活性化を象徴しているのです。

大ピラミッドの神聖幾何学には

忘れられたトライアンギュレーションの記憶への鍵が眠っています。

ギザの大ピラミッド群には、私達がこの惑星上で歩んできた「二元性での進化」の周期が記号化されたメッセージとして残っています。この周期がいま、終わろうとしているのです。惑星上のあらゆる場所で発見されているピラミッドは、忘却の彼方にあった記憶を蘇らせてくれるでしょう。この惑星上で最も重要な神殿であると言えます。段々と崩れて原型を保てなくなっているのは、これらの建造物の周期の終わりが近いことを表しています。偉大なる太陽の獅子である、スフィンクスについても同様です。スフィンクスは古代の星天神秘の従順な守り神だったのです。

私達の細胞記憶の内側には、これらピラミッド型の建造物に刻まれた古代のメッセージを読み解く機能が全て備わっています。そのメッセージの中には、私達が至高の起源を持つこと、トライアンギュレーションを駆使して二元性を一元性へと変化させるという私達の真の目的が含まれているのです。

他にも、メッカのカアバ神殿に納められている黒石も、この惑星上の重要な物質的建造物の一つです。この黒石は遠い昔、大天使ガブリエルが惑星に二元性を定着させるために設置しました。元々の伝説では白い石でしたが、人間の原罪によって黒くなったと伝えられています。

カアバは再び白くなり、形が変わるでしょう。二元性の残留物が完全に取り除かれる、その時に。

面白いことに、有名なイギリスのストーンヘンジを見に来る人たちは、全て反時計回りに見ないといけないという決まりがあるようです。そこには毎日何千人という観光客が訪れて、皆が多言語の音声ガイド装置を持ってストーンヘンジを一周するように案内されるのですが、これがストーンヘンジに今も生きている本当のエネルギーから私達を遠ざけてしまっているのです。

前回私がそこを訪れた時、そこにいた人々の中でストーンヘンジを実際に視ている人はほとんど誰もいませんでした。ほとんどがヘッドホンから聞こえてくるガイド音声をメンタル体で聴き入ってしまっていて、周囲にある全てが視えていない様子でした。

三角の形に高速道路を周囲に建設したりなど、ストーンヘンジのエネルギーを弱めるために様々な試みをしている者が後ろにいるようです。同じような事がアイルランドのタラの丘でも行われているようですね。ですが、そのような妨害の試みにも関わらず、ストーンヘンジは健在です。そのエネルギーは二元性を超えているため、妨害できるものではないからです。

他にも、ペルーのマチュピチュなども視る者に様々なメッセージを送ってくれる神聖な場所の一つです。ここも人々を立ち入り禁止にしようとする試みが続いています。太平洋のイースター島（ラパ・ヌイ）にもチリ人事業家たちがカジノを建設しようとするなど、妨害工作が続いています。

これらの古代遺跡は二元性を定着化させるための場所でしたが、そこに一元性への変化方法も記号化されて残してあるというのは面白い点です。私達が一元性へと変化する時、これらの遺跡がどうなるか、見ものですね。

オリオンの教訓

この次元の世界の二元性の枠組みのマスター・キーを持っているのがオリオン座です。

物質界に降りてきてからずっと、私達は二元性の法を順守してきました。これまで地球上で経験してきたことは、ほぼ全てが二元性というものさしによって定義することができる出来事でした。その例外となる出来事は、「無時間〈ノー・タイム〉」や「超現実〈グレーター・リアリティ〉」に入った時にだけ起こります。そこでなら本物の真実の愛や、大いなる霊的体験を得ることができます。

オリオン座はアンタリオン転換の図でもあります。この図には、二元性という区切りの中での私達の経験を定義しているというだけでなく、二元性を完了させるための鍵も隠されているのです。二元性を完了するというのは、意識を一元性へと移行し、超現実へと回帰することです。

オリオン座は三つの区域に分けることができます。上の部分は、ベテルギウス星によって統治されており、光の勢力の拠点です。下の部分はリゲル星によって支配された、闇の勢力の拠点です。そしてオリオン座の中央部は、光と闇の「重複域」であるEL・AN・RAの三ツ星の帯があります。この領域は、光と闇を錬金術的に融合して一なるものへと変化させるという、神聖な目的を表しているのです。

オリオン・ベルトと呼ばれる、このEL・AN・RA（古典的占星術ではミンタカ、アルニラム、アルニタクと呼ばれています）は、この次元の宇宙を現在の位置に固定するための制御点、もしくは留め具とも言うべき場所なのです。北極星が地球の地軸を磁化して黄金のビームに固定しているのと同じように、オリオン座の三ツ星は、私達が11：11の扉を通過するのを見守るための監視塔なのです。

私が少女だった頃、夜空を見上げる時にはいつもオリオン・ベルトを探していました。それを見つけた時はいつも安心感を覚えて、家への帰り道はまだそこにあると感じたものでした。皆様の多くは、この気持ちをお分かりになってくれるのではないでしょうか。

オリオン座の教訓　その1

二元性の定型において、全ての両極端な出来事を経験すること。

オリオン座について深く理解するには、私の著書『ＥＬ・ＡＮ・ＲＡ　オリオン座の癒し〈原題：EL・AN・RA: The Healing of Orion〉』をご参照ください。ここでは詳しいことは割愛させていただきますが、読者の皆様は全員、この銀河の中の他の惑星での転生を何度も経験されていることは知っておいてください。

それらの転生は全て、二元性におけるものです。そして、それらの多くは並行現実としての体験なのです。それが意味するのは、私達の一部が宇宙船に乗って銀河戦争をしている傍らで、私達のもう一部は地球上で普通の人生を経験しているということです！　きっと、ビックリされたのではないでしょうか。こちらはいかがでしょうか。これらの転生で、実は本当に大事なことなんて何もありません。どちらも幻想に焦点を当てているだけですから。そういった体験全ては、「真の自己」のほんの小さな欠片に過ぎないのですから。驚かれたことでしょう。

私達は皆、この銀河の中で光の主であったこともあれば、闇の主だったこともあります。私達が形になってこの世界に現れたのは、人間としてあらゆる体験をするためなのです。つまり、全員が全部を経験しているということです。何度も、何度も。レパートリー制の劇と同じです。全ての劇団員があらゆる役柄を演じているのです。

闇の衣を身に纏い、闇に完全に飲まれてしまった後で、その衣類を捨てて今度は光の衣を着ているのです。闇から光へ、光から闇へ。それを何度も何度も繰り返していくと、最後には境目が曖昧になってきます。すると目が覚めて、ついに悟ります。「自分は光でも闇でもないんだ！」

そうです、それが真実。自分は一なるもの。絶対者は自分なのです。光を超えた光。光と闇を包括する光なのです。これが、光と闇が神聖な合体という錬金術的融合を経た姿です。

オリオン座の教訓　その2

二元性は歓迎すべき現実ではない。

アンタリオン転換の図を研究することで、第二の教訓は見極められるようになってくるでしょう。アンタリオン転換の中央には、「見えざるダイヤモンド」を象徴する「重複域」というダイヤの形がありますね。その部分では、全ての二極性が一なる意識へと融合します。それが私達の使命なのです。二元性からの卒業です。自分自身を一元性に定着させれば、二元性の呪縛から解放されるのです。二元性がただの幻だと理解することで、見知った現実が色あせて消えていきます。そう、その現実はただの幻だったのです。

二元性を拒否し、もう協力しないようにすれば、二元性は死んでいきます。11：11の旅の間に修了しておくべき段階です。二元性などを受け入れてはいけないのです。次のお話では、そのことが明確になっています。

この本の初版が発行される直前の事でした。友人の一人から、箔《はく》押し加工がとても綺麗な名刺を貰いました。これは絶対私の本の表紙に似合うだろうと思い、同じことをできそうな近所の印刷屋さんを訪ねましたが、どこも期待していたような印刷ができませんでした。そこで友人に、どこでこの名刺を印刷してもらったのか尋ねてみました。友人は次のように答えました。「ニューメキシコ州のサンタ・フェのどこかだったと思うわ。でも、印刷屋さんの名前までは憶えていないわね」とても残念に思ったのを覚えています。

サンタ・フェには近く訪れる予定があったので、友人にどうにか思い出してもらえないかしつこく訊いてみました。すると、「ホールフーズ・マーケットのお店に行ってみて。そこで、入り口の正面に立って、右腕を水平に上げて。指示に従って、道路を横切って、そこの建物全部の裏手に回ってみて。その辺に小さな印刷屋さんがあるはずよ」と電話で答えてもらったので、「変な案内の仕方……」と思いながらもメモを取りました。でも、ようやくこの印刷屋さんを見つけられそうということで、心はウキウキしていました。

サンタ・フェに着くと、そのスーパーマーケットまで直行しました。サンタ・フェにいられるのは数時間ほどだけだったので、間違えないように慎重になりながら、まずは正面口に立って右腕を上げました。そして道を渡って、全ての建物の裏に回ってみました。すると、本当にそこに印刷屋さんがあるではありませんか。「やっと見つかった！」と思って飛び上がるほど喜びましたね。

ところが、そう上手くは行きませんでした……その印刷屋さんの玄関に貼られていた一枚の紙には、大きな字で「水曜日は定休日」と書かれていました。そうです。お察しの通り、その日が水曜日だったのです！

さて、私の反応が新たな段階へと発展したのは、ここからでした。昔の私だったら、三通りの反応をしていたことでしょう。例えば、「被害者モード」です。「ああ、なんて可哀想な私！　こんなに頑張って遠くから来たのにこの仕打ち。あんまりだわ！」

それか、怒っていたでしょうね。「なんで水曜日なのよ！　どんなビジネスよ⁉」と言いながらドアを蹴っ飛ばしたりしていたかもしれませんね。そうでしょう？　もしくは、こんな反応をしていたかもしれません。ドアの前に立ち、太陽神経叢《そう》と第三の目からエネルギーを送り、「扉よ、開けー！」と言ってみたり。これはちょっぴり超能力が必要になる反応ですね。

まあ冗談はともかく、その時の私はその三つの旧いリアクションはどれもやりませんでした。考えるのも止めて、何も予期しないで、ただその場に佇んで、書かれたことを読んでいました。もちろん、水曜日だったという事実は変わらないままです。感情を一切使わず、それにいかなるエネルギーを与えることもせず、次のような行動に出ました。ここは特に重要な部分ですから、注意して読んでください。私は、静かに、それ自体を観察していました。「これは歓迎すべき現実ではない」という事実を。

黙ってその場で立ち尽くしていました。歓迎すべき現実では無いという事実の前に。すると、ドアからカチっという音が聞こえて、少しだけ開いたのです。そこから少し部屋の中の明かりが漏れていたのが見えました。ですから訊いてみました。「すみません、どなたかいらっしゃいますか……？　水曜日なのは知っていますが、遠くから来ていまして。どうか中に入れてくださいませんか？」そうしたら、そうなりました！

二元性の旧いやり方で反応していたら、このようなことは起きなかったでしょう。この経験を通して、二元性から自分自身を解放するためのマスター・キーを発見しました。それからは、こういったことが起きる度に何度もこの鍵を使用してきました。もちろん、ちゃんと本当に効きました！

皆様も今度二元性に足を引っ張られそうになったら、試してみてください。「二元性は歓迎すべき現実では無い！」そして、何が起こるか、見てみてください。目の前で二元性がかき消されていくでしょう……このような極端に「現実に見える」障害が現れたら、いつもそれを無へと解消してしまいましょう。もちろん、これを実行する時は自分自身を一元性へとつなぎ留めておく必要があることをお忘れなく。

オリオン座の教訓　その3

二元性の確率性現実の世界図と、その先。

こちらは、量子物理学では「確率性現実〈プロバブル・リアリティ〉」として知られている理論です。確率性現実とは、この次元間パターンにおける、私達にとって現実となりえる経験を正確に叙述《じょじゅつ》するための変数〈パラメーター〉です。確率性現実は過去の三角錐と未来の三角錐が上下から交差して重複した部分のことを言います。それぞれの三角錐には、現実的経験として起こり得るすべての可能性が含まれます。言い換えれば、私達がそれを体験するために、あるいはその存在を認知するために、過去と未来の三角錐には何かしらの変数を入力しなければなりません。確率性現実は二元性の定型に基づいたものであることは、念頭に置いておきましょう。

私は常々疑問に思い続けてきました。「確率性現実を超えた先には、何があるのでしょう？」その先こそが、不可視の領域なのです。超現実の最前線が、そこにあります。

超現実へと入るためには
確率性現実を裏返しにする必要があります。

そうすれば私達は最早《もはや》、過去や未来の要素に限定されなくなるのです。見えるものを、見えざるものへと変えてしまえるのです。

オリオン座の教訓　その4

オリオンのトライアンギュレーション。

二元性が大分薄れてきた結果として、オリオン・ベルトの三ツ星ＥＬ・ＡＮ・ＲＡによる二元性固定の緩和も進んできました。三ツ星はもう一直線上に並んでいなく、中央の星だけが他より高い位置にあることにお気づきになられた方も多いと思われます。最後には、三ツ星は三角形を形成して、二元性を完了させるでしょう。

エジプトでの11：11の儀式をしていた夜、謎のエジプト人占星術師が私の友人のクマリに「古代エジプト人はオリオン座の三ツ星が三角形になることをずっと待っていた。だからこの儀式には感謝をしている」と伝えてきました。そしてなんと、彼は情報を伝えた後、その場から忽然《こつぜん》と姿を消したのだそうです！

オリオン座の教訓　その5

アルニラムが入り口。

11：11の扉を開けると、そこにはオリオン・ベルトの天の星であるアルニラム（ＡＮの星）があり、そこを通り抜けると、この次元の宇宙へと繋がっています。

アルニラムには、全てを見通すANの目があります。ANとは、あらゆる両極性を神聖な合体によって一元性へと戻すことです。J・J・ハータックの著書『エノクの鍵』では、ピラミッドの頂上においてホルス神の目と神の全能の目を同化させることについて触れられています。これが意味するのは、ANの全てを見通す目と一なるものの目は同一化するということです。

これらの二つの目が、1992年1月11日−12日に重なり合い、私達と地球と中心太陽〈セントラル・サン〉が同調したことで、11：11の扉が開かれたのでした。

それによって、大ピラミッドはアンタリオン転換となり……

重複域が起動し……

二元性の終結へのカウントダウンが始まり……

私達は一元性というホームへの帰路を歩み始めることになったのです。

第4部　帰り道

……一なるものだけが一なるものへと帰れる！

一元性に完全に目覚めた私達が、一緒に生きる未来です。
星の子〈スター・チルドレン〉はそこで、指導者や導き手となるでしょう。

11：11の扉は
一度開いて、一度閉じます。
入れるのは一なるものだけです。

一度通れば、
そこは至高。
帰り道はありません。

11：11は１９９２年１月11日に開きました。
そして２０１１年11月11日、
巨大な「リセット」が引き起こされました。

「バード・スター」という極大の一なる存在が
11：11の扉を通り抜けていくこの旅が
完了するまでには20年以上の年月がかかります。

オクターヴ7では、
バード・スターがスター・バードへと裏返ります。
オクターヴ11への旅を完了するために。

そして私達という一なる存在は
超現実に生き始めるでしょう。

一なるものとして。

11：11の扉

私達の「完成の時」のため
予め決められていた合図。
それが11：11です。

この惑星に転生することになった時よりずっと前、11：11の記号〈コード〉が私達に刻まれました。幾度もの転生の間、細胞記憶に刻まれていたこの11：11の信号は潜伏期間を過ごしてきました。記号が発動することになっている、その時に向けて。

その「完成の時」が近づいているため、11：11の記号はようやく信号を発し始めたようです。世界中で何百万人という人が、それを経験しているところです。そして今この瞬間にも、彼らの波動が高まる一方です。

11：11は大規模な目覚まし時計のようなもの。

11：11は私達を完全に目覚めさせます。11：11によって、二元性が基となった二極化や分離の幻影はもう関係が無くなります。それこそが一なる意識への進化の道筋の始まりの一歩となるのです。

11：11は二元性と一元性の架け橋。

11：11の扉は1992年1月11日に起動しました。二元性と一元性の進化の渦の間に、「重複域」が創られたのです。その重複域というのが、全く異なる二つの現実機構の間にかけられた架け橋なのです。その橋を渡れば、そこは超現実です。私達の進化が劇的に加速していきます。

11：11の扉の向こうには第11番ゲートがあります。

第11番ゲートはエネルギー周波数帯というべきものであり、上昇駅というべき場所です。それらの11：11ゲートは、運河の閘門《こうもん》とも言えるものです。それまで歩んでいた道の終わりに着くと、エネルギーが更に深まる上昇地点である門〈ゲート〉をくぐることになるのです。エネルギーが強くなり、拡大していく門を通過すると、次の段階へと進んでいきます。新たな11：11ゲートが起動します。閘門が開き、未知への扉が開きます。

11：11の扉を通るための旅は絶対不可欠なことです。というのは、一度に全ての11：11の扉を通過すると私達の内部回路がショートしてしまうからです。それぞれの門の先にある特有の経験は、吟味されて統合されていく必要があるのです。ちなみに、一直線上の順番で通過していく必要はありません。

11：11の扉は20年以上の期間に渡って、活性化されていきます。第11番ゲートの活性化の儀式をし続けることで。（この詳細については、私の著書『11：11』に書いてあります）

11：11の扉を通過していくことで、二元性の次元間パターンは過去のものになっていきます。そして、より偉大で斬新的な音程〈オクターヴ〉の世界へと足を踏み入れていくのです。

一なる意識への量子飛躍は、自分自身を一なるものへと完全に委ねることから始まります。これまで私達の誰もが成し得なかったことであり、簡単なことではありません。ですが、それができれば、自分自身が絶対者（一なるもの）となることを早めることができるのです。

私達という一なる存在

進化の次の段階は
私達が一なる存在となることです。

一元性へと歩を進めるには、皆がそれぞれの「個」を「全体」へと融合していくことが必須となります。エネルギー的にも必要な融合過程であり、集団としての新たな意識状態へと移行するということです。この状態を、「一なる存在」と呼びます。

それを成す為に、まずは個人的な意識を手放すことが必要となってきます。二元性の世界で私達がもっとも愛着を持っているのが、この「個としての意識」です。超現実を「今、この瞬間〈ヒア&ナウ〉」へともたらす私達の旅の中での、最難関であると言えるでしょう。

自分が本質的には一なるものであると言葉では理解していても、個人的な意識はまだ全体性から は分離したままなのが現状でしょう。ですが、私達はわざと二元性の中でそれを経験するために来たのです。それは必要なことだったのです。自分は他人とは違う存在だと感じ、個としての意識を発達させることが必要だったのです。

しかし、超現実に完全に移行するためには、これまで育んできた個の意識と、愛を持ってお別れしなければなりません。一なる存在へと至るために。

私達皆で、一なるもの。
私達は皆で、一なる生命体なのです。

個の意識という、最後の幻影を手放すことに対して多くの恐怖を抱かれていると思われます。「それをやってしまったら、もう自分は自分としていられないのではないか」と思っていらっしゃるかもしれません。実のところ、そのようなことはありません。むしろ、生きていることをより実感する体験となるでしょう。それを体験することで、生命力に満ち満ちていきます。そして、より「全体的」になっていきます。

一なるものは常に共にあります。皆が一なるものの一部なのですから。その一部が、11：11の扉を通過しているというだけのことです。一人一人は、最初から分離してなどいなかったのです。

自分自身である一なる存在という眠れる巨人を起こしてあげるため、個人としての自分から絶対者としての自分へと、アイデンティティを移行させましょう。

私は「一なるものの一部である、ソララ」です。
あなたも、「一なるものの一部である、———」です。
そして私達は皆で、「一なるもの」です。

私達全員がパズルのピースです。
共に集まって、パズルを完成させましょう。

「一元性」と言っても、私達が全く同質という意味ではありません。一なる存在として、各自が独自のエネルギーを持っているのです。つまり、全体から隔絶された個人的な観点によって定義されていた現実が、無限の全体的な観点から感じられるようになるという意味です。

肉体は、一なる存在の完璧な地図です。私達は、脚や髪や耳や爪や眼や内臓や肌や鼻などの器官を持っていますね。一なるものになる時、私達の肉体も全体性の器官の一つになるのです。

例えば自分が一なるものの肘の部分だとして、個人的な意識のままだと自分の本当の目的を見出すことは難しいままになってしまうでしょう。一なる存在へと意識を結合できれば、肘だった自分が腕や手を持っていたことに突然気づくでしょう。更に、自分の体は視ることができ、聴くことができ、感じることができ、消化することも、毒素を排除することも、歩くこともできると気づくでしょう。自分がなぜ存在しているのかも、色々なことができるのだということにも気づきます。私達は皆で一なる存在として、完成するのです。

一なる心。

それは一なる存在の
感情体です。

一なる存在が活気づくと、「一なる心」も活性化してきます。そうすると、これまで個人のハートチャクラで感じていたよりも断然深い愛を感じられるようになります。一なる心で感じる愛は、放っておいても無限に流れ込んでくるものなのです。

私達一なる存在のうち、どれかが苦しめば、
私達全員が苦しみます。

私達一なる存在のうち、どれかが戦争に行けば、
私達全員に平和はありません。

私達一なる存在のうち、どれかのお腹が空いていたら、
たとえ食べ物が豊富にあったとしても、
私達全員が、お腹が空くのを感じるでしょう。

今こそ、目を逸らさずに直視すべきことです。そして、一なる存在である私達の誰もが迷わないようにしましょう。私達は個別の意思を持った、分離した個人であるという幻は、もう終わらせる必要があるのですから。

一なる存在へと進むことで、

自分の「本当の生きる目的」も明らかになります。

現在では想像もつきにくいですが、完成した一なる存在はとても偉大な存在になるでしょう。皆で一つ。それが、私達がずっと追い求めていることなのです。そしてそれは、地球上で完成の時を迎えるにあたり、必要条件でもあります。

超現実

超現実とは
二元性を超えた先にある
現実のシステムです。

意識を一元性へと移行させ、一なる存在へと進んでいくと、「超現実」を経験し始めます。それは意識のレベルや、目的地として辿り着く「場所」ではありません。そうではなく、超現実の方が私達の物質的現実に入り込むのです。「今、ここ」に。

一元性に向けて11：11の扉を進んでいくと、その先で体験する超現実も強まっていきます。そこへの移行が深まれば、もう二元性は見えなくなっていきます。

進化の渦を進んでいくことで、
あらゆる段階においての自分という存在に影響が出てきます。
そして内的な変容は、外側にも反映していきます。

超現実の方が優勢になると、以前は常識と思っていたことや、現実の壁が崩壊していきます。その時の感覚が、過去に縛られていた時点よりも格段に拡張されたからです。

自身が発する振動周波数も、別の周波数へと変化していきます。すると、生活にも劇的な変化が起こり始めます。自分の中の優先事項が大きくシャッフルされ、それまで関心があったことや、満足していた物事に大きな変化が訪れます。大事だと思っていたこと、神聖だと思っていたこと、それらが突然色褪せて見えてきたりします。

二元性が基準の

旧い現実から
自分を解き放ちましょう。

いま、私達の二元性基準のパターンに大きな変化が起きています。普段の生活の中でのあらゆる要素が、大きく揺れ動いています。人間関係、住む場所、仕事、感覚、信条、生き方、様々な変化がもたらされています。共鳴する友人もいれば、変化したあなたの波動に耐えられずに離れていく人達も出てくるでしょう。通り過ぎた扉は閉じて、前にある扉は開け放されています。その先には、まだ出会っていない人々、場所、仕事、機会、反応があるのです。

旧い物事を完成させれば
自由へ向けて解放される。

意識の新たな段階への入口は、いつでも開かれたままです。まだ通らないという選択をする人もいるでしょう。そのことも、私達がそれぞれから分離しているように見える一因になっています。本当は、分離というより「完成の過程」であると言うべきことです。融合することも、手放すことも、完成への過程に不可欠なのです。要らなくなった要素は、愛をもって手放してあげましょう。皆様の内側と外側で、自分の本質に見合わない波動のものはもう手放してしまいましょう。これまでとは違う音程へ、超現実へと移行しましょう。

魂の集団の再編成

私達は複数の魂の集団〈ソウル・グループ〉に属しています。この集団を星天家族〈スター・ファミリー〉とも呼ぶことができます。そのメンバーは、無数の次元レベルに存在しています。超現実の深みへと進んでいくことで、魂の集団の力学的な再組み換えが始まります。

それまでの魂の集団は全員、高まった超現実の共鳴波に反応し、より加速した周波数に共鳴するようになります。すると、旧来の魂の集団とは回転方向が逆になったりしてしまうこともあります。それによって、異なる集団と調和するようになる人も出てきます。一元性への移行を選ばなかった人は、その場に留まって回転することになります。

その再組み換えが、現在起きていることです。新たな魂の集団の形成は、適正な時に、適正な場所で起こります。この大きな配置変換は、新しい人々との出会いを促します。本質的に共鳴するというだけでなく、目的が一致するのです。一なるものとして、共通の目的を達成するために一致団結するのです。

無時間と静寂域

「無時間」は、

超現実を知るための物差しです。

毎日の生活で超現実と一つになることで、二元性の幻である時間と空間の概念が薄れていきます。そこで突入するのが「時間というものが無い〈ノー・タイム〉」領域です。これは、拡張された「今、この瞬間〈ヒア&ナウ〉」です。

その領域では時間が止まったように見えたり、時間の経ち方が曖昧になったりします。昼なのか夜なのか、関係なくなります。私達は普通、長時間の睡眠が必要でしたが、そのことにも大きく影響してきます。自分の無意識に繋がるための睡眠が、もう必要で無くなるからです。現在、私達の無意識も、起きている時の意識と完全融合をしている最中なのです。

無時間の状態に入ると、「世界間の裂け目」が表れます。その隙間に見えるのが、「静寂域〈ゾーン・オブ・サイレンス〉」の深淵です。そこには一なるものの全ての叡智が眠っています。

この無時間へと入ったことがある人は多くいるでしょう。時間が止まったり、伸び縮みしたように見えた人もいるかもしれません。そこでは、瞬間が永遠になります。この永遠の一瞬には、無限の開かれた空間に秘められた全てが含まれているのです。

そして静寂域には、経験したこともないような深い深い静寂が聞こえてきます。その静寂の中にこそ、一なるものの歌がハッキリと聴こえるのです。大いなる平和が降りてきて、それを感じることができます。ついに、一なる心というホームへ辿り着きます。本物の「現在」には過去も未来も含まれていて、全てが時間の無い「今」に溶け込んでいます。

量子的深みを探求している時や、自然の中で一人佇んでいる時に経験することができます。太陽が地平線へと沈んでいくのを、ただじっと座って観ているのも良い方法です。海でも山でも、どちらでも大丈夫です。

眼をわずかに細めて、太陽を凝視してみてください。面白い色や模様が見えてくるでしょう。

何か不思議な映像が視える人もいるかもしれません。太陽が視界から消えてきたら、地平線や水平線の彼方に電気的な光線がピカッと光る瞬間を見つけてください。それが世界の裂け目です。そこから、静寂域に行くことができます。

もしくは、静寂が降りてくることもあります。その時、お喋りも急に止まって、考えや言葉も止まって、何も無い宙を見つめたりします。そのように静寂域が表れた時は、そのままジッとしていて、自分自身を静寂域へと開いてみてください。

無時間や静寂域について詳しくなられたので、いずれそれは、皆さんの内側から表れるでしょう。そして、皆さんの一部になっていくでしょう。純粋な本質核と再接続することができる場です。そこで創造の閃き〈インスピレーション〉を得る芸術家も多くいますよ。絵画や音楽、ダンスなど、自分で選んだ表現方法での創造です。

無時間の瞬間の中に自分の人生を定着させて、それらの瞬間を生きるようにしてみましょう。そうすれば、拡張した「今、ここ」に統合することが本当に可能なのですから。

太陽を見つめる人

太陽を見つめる人になって、
世界の裂け目の間を通り
私達は旅をする……

ここからはるか遠い場所、ですが皆様が想像されているよりは近くに、とある素朴な土地があります。一見、何の変哲もない土地に見えますが、とても目を引く建造物があります。大小様々なピラミッドが点在しているのです。あまりに古くからあるピラミッドなので、人の手によって作られたのか、自然にできたのか、そこの地元の住人ですら知らないのです。専門家でさえはっきりとした判別をつけることが難しいでしょう。

古代から伝わる神話では、これらのピラミッドは「ワム：：パー〔WAM::PA。「：」は記号化をする際に使用された古代言語の言葉〕」と呼ばれています。はっきりとは分かりませんが、ワム：：

パーとは「跳躍する人」とか「跳び込み台」という意味だそうです。今日では断片的にしか残っていないその神話から読み取れるのは、それらのピラミッドは人々が「思い出せる」ように、星々によってその地に建設されたということです。ですが、一体何を思い出すのかを知っている人は非常に少なくなり、思い出すことの大事さですら忘れてしまっている人がほとんどです。

ピラミッドがただの自然にできた地形だと思っている人は多いです。その地形が、木々や川、丘などのように自然にできたものだとして、自分の日常生活にしか注目しないのです。そうなると、もうワム……パーに気づくことも無くなってしまいます。それらを触ってみたり、登ってみたりしようとした人もいませんでした。何故なら、そこは理由も無く禁じられた場所とされ続けてきたので、本当の神秘も長らく忘れられてしまっていたのです。

「多くの人」ということは、全員がピラミッドのことに気づいていないというわけではありません。そう、大勢の中には必ず、ちょっと変わった人が紛れているものです。大多数の人々とは違う歌を聴くことを好んだり、他人に合わせようとしない人がいるものです。彼らを「変わり者」と呼ぶことにしましょうか。そういった変わり者こそが、自分たちを「太陽を見つめる人〈サン・ウォッチャー〉」に選ばせた人たちです。いえ、選ばせたというよりは、自分自身を選んだとも言えるでしょうか。

それは、このように起きました。初めに、周りの人々に必死で合わせようとしていた変わり者がいました。ですが、どう足掻いてもその変わり者は秘密を隠すことができなかったのです。魂の記憶を呼び覚ます、この世界で脈打つあの聖歌から、耳を塞ぐことができなかったのです。そして、ある者は太陽を見つめる人の囁きが聞こえて、喜びに飛び跳ねました。またある者は、自由気ままな孤独の生活の中で一瞬だけでも、太陽を見つめる人を目の当たりにするという幸運に恵まれました。本当に、恵まれていましたよ！　一瞬のうちに思い出すとともに涙が溢れ、膝が崩れました。やがて、ある者は普通の世界を去り、自分が太陽を見つめる人になるための道を、静かに歩み始めました。

多くの人にとって、黄金の衣を纏う太陽を見つめる人のことを知ってはいても、どうでもいいと思うことがほとんどでしょう。太陽を見つめる人はとても静かな人ですし、間近で見る機会は滅多にありません。全く無害な存在なのです。皆さんならお気づきかもしれませんが、太陽を見つめる人は非常に強力な目を持っています。それは世界を超越したような目であり、この世のあらゆる幻影を打ち破ることができます。その目を想像するだけで何となく居たたまれない気分になる人も多いでしょう。

太陽を見つめる人の目を間近で見たことがあるなんて人は少ないでしょう。皆様も人づてにお聞きになったことがあるかもしれません。太陽を見つめる人の目を見た人のお話を。黄金の衣を纏ったその存在を遠くから見かけた人は、大抵目を逸らして、その存在が何事も無く通り過ぎてくれるのを望みます。

太陽を見つめる人とは何者なのか？　ここで明かすことにします。それがこの章の目的ですからね。彼らの本当の名は「ウェイ：：チェン〔WAY::CHEN〕」です。「割れ目を通って」という意味を表す名前だと思います。誰も彼らをその名で呼ばなくなりましたし、恐らく誰も聞いたことが無いかもしれません。

太陽を見つめる人は地上の隠れた場所や、人里離れた渓谷などに住んでいます。山の片隅や、秘密の湖の湖畔に住んでいる者もいます。とりあえず、例外なく一般人からは離れて生活しています。彼らは少人数で集まり、それぞれの小屋に住むなど、素朴な生活を好みます。そこで最低限の食糧を自給自足して、ひっそりと暮らしています。ですが極稀に、遠距離からやってきた大勢の黄金の衣を着た、他の太陽を見つめる人たちと一緒に集まることもあります。

ところで、黄金の衣と表現していますが、これは実際はシンプルな黄色の手織りの木綿の布のことです。太陽を見つめる人はこの布を色々な着方で身に纏います。マライ半島の人達が身につけているサロンのように腰巻きとして使ったり、衣服として身につけたりなど、目的や天気に応じて使い分けています。ゆるく着られて、風通しもよく快適で、状況に応じて使い分けられるということですね。人類の多くが日々身につけているようなかしこまった服装よりかは、よっぽど自由度が高いスタイルだと言えるでしょう。それと、この黄金の布は着脱も簡単で、毛布や風呂敷のように使うのも可能です。

太陽を見つめる人は決して怠惰《たいだ》な人生を送っているわけではありません。喧騒から離れて、ただ質素で静かな生活を送っていると言いたいのです。モノは最低限にしか持たないことで、「思い出す」作業に集中できるのです。何を思い出さなければならないのか、しっかりと分かっているわけではありませんが、遠い昔に忘れてしまった何かを思い出そうとすることに、人生を賭けているのです。

夕暮れは彼らにとって最も神聖な時間です。太陽が燃え盛る空の果てに沈む度に、太陽を見つめる人たちはその日行っていた作業をやめ、小山や丘にある岩陰など人目のつかない場所に座ります。もう黄金の衣は身につけています。眼を開けたまま、夕日をじっと見つめます。太陽が、古代のピラミッドの後ろに沈んでいくのを黙って見つめます。

太陽がピラミッドの縁を横切るまさにその瞬間、興味深いことが起こります。太陽の光の波動が、電流のようにピラミッドの形を縁取るのです。WAM：：PAが起動します。美しい赤色、オレンジ色、黄色、マゼンタ色の光を発しながら。

そして、予め天において計画されていたかのように、世界の間を走る割れ目が現れます……

深く、万物にしみわたる静寂が感じられます……

太陽を見つめる人達は一般的な呼吸法による呼吸をやめ、「無呼吸」で呼吸することで、その純粋に在る状態へと進んでいきます……

時間は停止し……時の流れは止み……

「無時間」は外側に向かって、無限に広がっていきます……

静寂域が現れる瞬間です。それは一瞬であり、永遠でもあります。……ですが、そんなことは重要ではありません……その領域の中に入って、自由に考えてみるのがいいでしょう。
時間が存在しない、永遠の一瞬において、記憶が洪水のように流れ、そして、思い出します……

これが、超現実の味だったのです。私達人間が追い求めて止まない壮麗で華麗な味。これを求めて永遠にも思える時間を生き抜いてきた。筆舌に尽くしがたいこの味……私達が神性を追い求める想いの根源となるものです。私達が牡蠣なら、その中に入り込んで後に「追憶の真珠」となる砂粒のようなものです。一なる心という聖域にある、本当の平和を見つけ出すための、たった一粒の小さな種です。

更にその静寂域を求め、太陽を見つめる人たちは呼吸をやめないで、生きています。超現実の中に浸ることが、彼らの唯一の宗教であり、聖なる目的であり、そこが彼らの神聖な寺院なのです。

そして、その純粋で完全な絶頂感が天の計画の通りに終わりを迎える時、世界の割れ目は閉じていきます。太陽を見つめる人たちは現在の次元の中に再び閉じ込められます。ですが、彼らの内面では何かが大きく変化しています。

空に夜色の色調が強まっていき、太陽を見つめる人も追憶の風味を静寂の中で味わいます。夜が更けて、風が冷たくなっても、黄金の衣が寒さを和らげてくれます。星天存在が天の深みから現れ、微笑みながら彼らを見下ろします。そして愛の激励が送られます。

夜空の暗がりで、皆が一なるものになります。太陽を見つめる人は静かに家路につきます。そして、最も純粋な愛を育みます。

EL・AN・RA

それはオリオン・ベルトに位置する三つの制御地点です。

この次元の宇宙を現在の位置に固定しているのが、この三ツ星です。それぞれがこの次元の宇宙を二元性から一元性へと進化させるため、それぞれが独自のエネルギーパターンと振動周波数による基調を持っています。

＝ＥＬ＝
＝ミンタカ＝

月

智慧、古代の知識、知性（メンタル）

ＥＬからは涼し気な青色が発せられています。ナンバーは3で、愛の統合と、智慧、力を表しています。オリオン・ベルトの最初の星であるミンタカがＥＬです。アークトゥルス星系と密接な繋がりがあります。

いにしえよりＥＬの系譜は地球に偉大なマスター、長老、秘儀の守り手として生きてきました。お察しの通り、メルキゼデクはＥＬです。遥か昔、ＥＬ達はこれらの霊的階級制〈ヒエラルキー〉を形成しました。

純血のＥＬは現代にはもう残っていませんが、古代からのＥＬの系譜の智慧と伝統を守り続けている「混血ＥＬ」が存在しています。混血ＥＬ達は他の星の系譜と融合することで、そのエネルギーを混ぜ合わせ、物質界への転生を可能としているのです。

ＥＬの系譜は物質性や感性よりかは、知性と霊性が際立っています。見識を高めることに重点を置き、高次の知性〈ハイアー・マインド〉や個の意志を伸ばします。それと反対の極性が、直観、神秘的な夢見人、霊視、夢と精神の体です。面白い事に、Ｊ・Ｊ・ハータックが著書の『エノクの鍵』で明かした秘密の数々は、元々彼がミンタカの星から受け取ったものでした。

ＥＬは集団の無意識のエネルギーを調和させる能力を持つことから、自身の象徴を「月」としています。

ＥＬは長らく大いなる神秘の守護者でい続けています。彼らの膨大な知識は、アカシック年代記〈霊界に存在していると言われる、宇宙誕生以来の万物についての全ての情報が蓄えられているという霊的記録層のこと。アカシック・レコードとも呼ばれる〉から引き出したものです。ＥＬはアトランティス文明にも非常に大きな影響力を持っていました。代表的なのが、「7の同胞団」です。

レムリア文明では長い間、13人のELとして国を治めていました。レムリアの人口の大半はRAの系譜が占めていたのですが、これは興味深いことですね。実は、レムリアには強い知性のエネルギーが欠乏していたため、それを補ってバランスをとるための処置だったのです。ELのエネルギーはRAのエネルギーと大きく異なるため、レムリアの指導者だったEL達は孤独感を感じていたようです。日常生活で感じるこの分離感は、長い間ELの特徴であり続けています。

地球では指導者や権力者となることが多かったELですが、実は舞台裏から働きかけることの方が好みです。霊的な助言者として、上級司祭として、賢者として、政治家として、人々を手助けしてきました。サイクロプス〔ギリシャ神話に登場する単眼の巨人。古代ギリシャ語でキュクロープスと呼ばれる〕たちはELとの間に強い絆を持っていました。古代の知識の大きな宝庫であるクジラたちも、ELの系譜に属しています。

ELは一人で働くことを好みます。大勢と一緒に働かないといけないときは、その中でも少数の人達を選んで交流を図るようにします。持っている知識も、限られた人にしか渡しません。それを理解してくれそうで、渡す価値がある人にだけ、少しずつ知識を渡していきます。孤独に生きることを自分から選ぶ傾向があります。深い思考のために、静かになれる時間が多く必要だからです。

ボリビアの古代南米文明のティワナク〔紀元前の時代、インカ文明誕生以前にあったとされる文明〕はELによって創られた文明でした。チベットはELのエネルギーと固く同調しています。現在でも順守されている宇宙の法を生み出した古代の偉大な存在であるマヌ〔インド神話において、ブラフマー神の化身である魚に予言された通りに起きた世界を滅ぼす大洪水を、ヴィシュヌ神の導きで方舟に乗ることで生き延びたとされる人物〕も、ELです。

ELのエネルギーが乱れて調和を失うと、冷徹で心の無い頭でっかちになります。人を操ったり、支配したり、思いやりの念が足りていなかったり、悪巧みを企てたり、すぐ人を批判したり、傲慢になったり、考え過ぎたり、皮肉っぽくなったりします。他にも薬物依存症になったり、傷つくのが怖いから愛に不信感を抱くようになったり、厳格過ぎる宗教家になったりもします。

ELエネルギーが強い人は、よく軍部の指導者の立場に就いたりします。あるいは参謀役や、銀行家、会計士、政治顧問、精神科医、学者、司祭、医者、弁護士、教師、作家、裁判官、ジャズやクラシックの音楽家、無政府主義者、無神論者、会社の重役にも多くいます。彼らの音楽の好みはクラシック、エレクトロニック、もしくはジャズなど、知性に重きを置いた好みを持っています。

ＥＬのエネルギーは欧州各国にも強く影響しています。スウェーデン、ノルウェー、ドイツ、イギリス、デンマーク、オランダ、フランス、オーストリア、スイスなどはＥＬのエネルギーが強いです。香港や中央インド、東欧諸国、チベット、ロシア、日本、アルゼンチン、マヤ文明、ギリシャ、アゾレス諸島もそうです。

＝ＲＡ＝
＝アルニタク＝

太陽
力、権力、物質

ＲＡのエネルギーはオリオン・ベルトの三番目の星であるアルニタクと繋がっています。色は赤で、熱を持っています。ナンバーは8で、「上なる如く、下もまた然り」という精神界と物質界の写し鏡を表す番号です。また、ＲＡは夢を表しています。象徴は「太陽」です。

ＲＡはシリウス星系と同調しています。シリウスは過去に、赤色の太陽から白色の星へと変化したことがあり、そのため将来この太陽系に大きく影響することになる「太陽の統治者構造の変化」の監視者となりました。

ＲＡの系譜は支配者になることも多いです。長く続いた王国の統治者には、ＲＡの系譜も多くいました。彼らは地球上に長続きする王国を確立することを目指していました。

ＲＡが得意なのは物理的なことです。肉体的なこと、強い生命力、明確なビジョン、それから性的なこと、情熱とむきだしの愛です。ＲＡの人々は大きな心と、太陽のように明るい気質を持ち、恋心や愛情を表現することを恐れません。時折、その衝動的な感情表現によって、トラブルを作り出してしまうことがあります。荒々しくも、友情に厚い人達です。その笑顔は、全てを照らす太陽のように光っています。勇気があり、恐れ知らずな、物質界のマスターです。素手で家を建てたりする人もいます。しかも、「これくらい楽勝！」という具合に。

ＲＡ達はとても社交的で、一人でいるのが好きではありません。いつも家族や友達に囲まれていたいのです。孤独の美学などは理解できず、そんなものはただの引きこもりや鬱病の人の言うことだと一蹴してしまいます。友情に生き、いつも忙《せわ》しなく動いている必要があります。いつも周りに人がいて、ワイワイしていないと駄目なのです。そうでないと、すぐに退屈してしまい、エネルギーの流れが停滞してしまいます。

ＲＡのエネルギーが乱用されたり、歪んでしまったりすると、生々しい性欲や、愛情のこもっていない誘惑となって発現します。嫉妬、喧嘩、挑発、大げさな感情的反応、お酒の飲みすぎや、乱交、自己中心的、虚栄心、過剰反応、暴動、短気などもＲＡのエネルギーが上手く流れていないのが原因です。熱しやすく冷めやすい気質のためか、仲間との間に情熱や歓びの感情を抱くと、それが恋心だとすぐに思い込んでしまいがちです。その所為でＲＡの感情は欲望や欺瞞《ぎまん》などで操られることが多いのです。

ＲＡのエネルギーが強い人は、軍隊に従属することが多いようです。将官というよりは兵士に多いです。または警察官、ヒーラー、理学療法士、格闘家、手品師、音楽家、大工、農家、アスリート、シャーマン、神秘家、戦争しに外国へ派遣される傭兵、宗教の狂信者、ボディーガード、革命家、ダンサー、歌手、料理人などにも多いです。

ＲＡらしい音楽はロック、レゲエ、ラップ、カントリー、テクノ、感傷的なポップ、ドラムなど土っぽいトライバルなワールドミュージックです。

ＲＡの起源はイルカです。イルカは地球に向けて使者を送ることで、人類が感情や歓び、楽しさを経験できるように支援しています。

ＲＡはレムリアを創設した偉大な存在であるラ・ムーとも繋がりがあります。カンボジアのアンコールワットやアンコールトム、それからインドネシアのボロブドゥール寺院はＲＡの系譜による建造物です。

ＲＡのエネルギーはポリネシア諸島をはじめ、フィリピン、スペイン、パプアニューギニア、北アフリカ、サブサハラアフリカ、フィジー、イラク、ラージャスターン州とインド南部の両方と、トルコ、コロンビア、バリ、ブラジルでまだ見ることができます。

＝ＡＮ＝
＝アルニラム＝

一なる存在としての太陽と月
愛、神聖な合体、感情的

オリオン・ベルトの中央の管制地点がＡＮです。英語の〝ｏｎ〟と同じように発音します。そのエネルギーが対応するのが、オリオン・ベルトの真ん中にあるアルニラムの星です。ＡＮの色はマゼンタ色で、虹の赤色と紫色が交わって完成するということを意味しています（虹は赤から紫までの7色の光のスペクトルがありますが、虹の両端にある赤色と紫色は「太陽と月」を表しているのです）。つまりマゼンタ色は、太陽と月は一周して元の位置に戻り、神聖な合体によって結合するということを表しています。マゼンタ色は、緑色がより高い音程〈オクターヴ〉になった時の色です。それは私達の中央にあるハートの色として知られていますね。大いなる愛を表す色です。ＡＮのナンバーは44で、あらゆる段階において完全で神聖な合体の番号です。ＡＮの温度は穏やか（丁度いい）です。

ＡＮはアンタレスのダブル・スターゲートと同調しており、あらゆる両極性を繋げてワンネスへと変えることを表しています。ＡＮの象徴は、「一なる存在となる太陽と月」です。

ＡＮは全ての両極性を融合させることで二元性を完成させ、一元性へと戻します。夢見人と見る夢のどちらとも融合しているので、夢と精神と肉体であると言えます。夢見人が踊る時、夢が物質界にて物質化し、中央点の潜在性は全て顕在化します。その時、ＡＮのブラックホールはただ現れるのではなく、裏表が裏返しになるのです。

アルニラム、それは11：11の扉への門であり、この次元の宇宙の出口なのです。11：11は私達にとっての「超越を超えた超越」への架け橋です。

古代エジプト文明、インカ文明、ドルイド文化はＡＮの系譜によって作られました。ストーンヘンジもＡＮの司祭達によって建てられました。これら偉大な文明はいずれも、夫婦であり兄弟姉妹であるＡＮ達が協力して統治していました。それらの文明では太陽と月が神々としてだけでなく本当の両親として信仰されていました。

ホルス神は女神イシス（ＥＬ）と男神オシリス（ＲＡ）の間に生まれた子です。よって、ホルスはＡＮの子です。古代、ＡＮのシンボルには、三日月とその上に太陽をかたどった円盤が使用されてきました。しかし、１９９２年の11：11の扉の活性化以後は、ＡＮの象徴は太陽の中に月が描かれているものになりました。一なる存在を表しています。

遠い昔、ANはこの惑星上で強大な影響力を誇っていました。しかし、レムリアが惑星グリッドから引き離されアトランティスが沈没してからは、ANは歴史上からほとんど完全に姿を消してしまいました。そして今、超現実に移り始める人が増えるにつれ、ANのエネルギーも惑星に戻りつつあります。

次の地において、ANのエネルギーは物質界にも強力に定着しており、現在でもまだ感じることができます。ペルー、タヒチ、チリ、エジプト、インド北部、エクアドル、アメリカ合衆国ワイオミング州にあるティトン山脈、オーストラリアのクイーンズランド州、メキシコ、ウェールズ、ニュージーランドのクライストチャーチにあるパパヌイ、そしてヒマラヤ山脈の一部です。他にもANのエネルギーが定着している地域は多くの国々に点在しています。

ANの系譜と繋がっているお仕事としては、芸術家、音楽家、建築士、サーファー、幻視者、仲裁人や調停者役、職人、ワンネスに根付いた新興スピリチュアル集団などがあります。それに限らず、旧いものと新しいものが融合している物事や目には見えない世界を物理的に実現させたりする人は、ANと調和していると言えます。

ANのエネルギーのバランスが乱れると、やる気が無くなったり、惰性でやるようになったり、優柔不断になったり、落ち込みやすくなったり、内的不和が起きたり、双極性障害と呼ばれる症状になったり、お互いの愛のレベルが同じでない恋愛関係を持ったり、極端に引っ込み思案になったり、誰とも上手く付き合えないと思い込むようになったりします。ANは地球上からほとんど姿を消しそうになっていたので、残っていたANの系譜はいずれも強い孤独感や他人からの誤解を感じたり、自分が透明人間になったような気分でいたことでしょう。

ANの人々の感じている孤独感はすさまじく、常に本当の家族や本当のホームを探し続けています。

とても直感的で、自然のリズムと非常によく調和することができます。大衆と自分が違っていることを怖がったりしませんし、「変人」と言われることを誇りに思っている人もいます。自分の独自性に価値を見出していますが、一方で自分のことをもっと大きな何かの一部に属していると常に感じています。

ANのエネルギーはいつも相反する二極間の架け橋になる役目を持っています。二元性の二極を融合させ、一元性にすること。それがANの表現法なのです。例えば、古代と未来、男と女、伝統と革新、物理的な知識と直感を組み合わせた新しいヒーリング法や、科学と形而上学《けいじじょうがく》との組み合わせなどです。

彼らは階級社会が大嫌いで、全員が平等であるべきだと思っています。いつもあらゆる二極性のエネルギーを、もっと大きな全体性へと変化させようと試みています。ANの系譜は、一人のリーダーに従う集団よりも、平等を重んじる統一した集団の中でこそ真価を発揮します。そのため、ELやRAがやるような「それが良いことか、悪いことか」といった議論が理解できないところがあります。

AN達が好む音楽は、伝統的なワールドミュージックと現代的なエレクトロ・サウンドを組み合わせたような、新しいタイプのフュージョン音楽です。アンデスのフルート音楽もANの音楽です。

ANの系譜は現在活性化をされている途中なので、もうすぐ大勢現れてきて、私達を新しい世界へと連れて行ってくれるでしょう。彼らこそが、過去を再パターン化して新しい方法を見つけ出すことの大事さを深く理解している者たちです。彼らなら新しいやり方で反応でき、斬新な生き方を実行することができます。私達という一なる存在へ一歩を踏み出す準備が一番できているのが、ANです。それが彼らの細胞記憶に刻まれているのですから。

ＡＮの人々は新世界誕生への鍵を握っています。惑星上の各地に散らばった「ＡＮの光の塔」の活性化をすることができる唯一の鍵です。古代エジプト人はＡＮの光の塔についてよく認識していました。古代エジプトの『死者の書』にもこの塔のことは書き残されています。大部分のＡＮの光の塔は南米のアンデス山脈に位置しています。

最初のＡＮの光の塔はペルーの「ＡＮの中心」にあります。２０１２年にそれは活性化されます。その後、ＡＮ活性化の波が発せられ、アンデス山脈の隅々にまで届くでしょう。波はそのまま全世界へと届き、他の全部のＡＮの光の塔を活性化していくことでしょう。

△△△△

私達一人一人は、

ＥＬ・ＡＮ・ＲＡのいずれかと強い繋がりを持っています。

しかし、本当の完全な一元性となり

完全に超現実に住み始めるためには、
まずはこの三つの制御地点のエネルギーを融合させなければなりません。

EL・AN・RAの管制地点はこの上ない大事さを持っていることは認識しておくべきことでしょう。三地点は一なるものとして、私達を二元性から解放する鍵となります。それらの三地点には、それぞれトライアンギュレーションの鍵となるコードが埋め込まれているのです。

そして、私は
私という存在に埋め込まれていた
ちょっとしたビジョンを見ました。

忘れてはいけない風景。

私の核にあるそれに向けて、高く上昇していきました。

白い小鳥の群れ。
それは大きな、光輝く
白いバード・スターとなって飛び回っていました。

記憶の扉が
ついに完全に開かれたのです……

バード・スター／スター・バード

一羽の鳥が天高く、
星と見間違えるほど高く舞い上がる時、
バード・スターとなります。

星が地球に向かい降りてきて
鳥と見間違えるほど低く舞い降りる時、
スター・バードとなります。

11：11の扉を通るのは、一なるもの以外にありません。一なるものとは、私達と言う一なる存在。絶対者である私達です。それになるのを早めるために、お互い分離した存在であるという自己認識を手放し、私達一人一人が一なるものという織物を構成する糸であるということを知ることが大事です。言葉でただ知るのではなく、意識の上で「知る」のが大事です。私達は、一なるものそのものであるということを。

私達が一なるものであると知ることで、巨大な白い鳥の形状を取り始めます。それを形作るのは、無数の小さな白い鳥たちです。皆で一なるものをかたどって、飛翔します。これがバード・スターです。あまりにも巨大なので、私達が11：11の扉〈ポータル〉を通って大中心太陽のところまで辿り着くには、20年以上の月日を要するでしょう。

バード・スターは

待っていても飛んできません。

私達が創造するのです。

バード・スターは心臓から裏返しなって産まれます。一なる存在となるには、まずバード・スターの心を生み出さねばなりません。中心部から、エネルギーは愛の噴水のように、上へ外へと流れていき、この上なく巨大化していき、そこを通って私達は一元性へと歩み始めます。こうして、バード・スターの身体は最後に形成されるのです。

私達一人一人は、バード・スターの中で定位置に就きます。その定位置とは、自分の真の生きる目的を描くものであり、自分たちの共有された運命についての詳しい情報を与えてくれます。ですから、自分の定位置を見つけておくと後で楽になります。

バード・スター内でのおおよその自分の配置を見つけたら、その後もできるだけ自分の位置の詳細情報を見つけ出すように努めてください。例えば自分の位置が翼の部分だったら、右翼か左翼のどちらなのかを見つけ出しましょう。例えば自分がバード・スターの目だったと判ったら、右目なのか左目なのか、それとも一なる目なのかを見極めましょう。（一なる目というのは第三の目のことではありません。第三の目は二元性が基になっているアストラル界のものの見方です。一なる目は物質的な眼でできることに限られず、多方向を同時に、可視を不可視にもできる目です）

自分の位置が尾だったら、それはつまり自分は11：11の扉に最後に入ることになるということです。尾のさらに後ろの端っこの方だとしたら、つまり自分は二元性の扉を閉じる役割を持っているということです。足は重要な役割を持っています。二元性を去り、一元性に最初に届く部分だからです。バード・スターの各部位について学ぶべきことは沢山あります。そして、自分と同じ部位を担当するチームメイトとの出会いがあり、その間には深い絆が形成されていくでしょう。

もし自分と同じチームメイトに出会えたら、テスト飛行をしてみるのが良いでしょう。とても楽しい経験となるでしょう！　それに、記憶の扉が一気に開かれるであろうことを保証します。くちばしが動けば、尾羽も一緒に動くことがすぐに分かるでしょう。私達全員は最初から一つの存在なのですから。

11：11の旅行中は、バード・スターは不可逆の軌道を通ることになります。その後辿り着くのが、オクターヴ7です。そこは新たな愛の枠組みであり、私達が新たに創り出す真実そのものです。

そこには数えきれないほど多くの新しい芸術的表現や、新しい生き方、新たな天然エネルギーの活用など、超現実に根付いた全てがあります。一元性に完全に目覚めた私達が、一緒に生きる未来です。星の子〈スター・チルドレン〉はそこで、指導者や導き手となるでしょう。オクターヴ7において私達の新しい土台が出来上がったら、11：11は「22」に変化します。

旧い契約が完了し、新たな現実に不可逆に定着し終えると、オクターヴ7は移行の第一波の人々に選択を迫ります。ここで、私達はオクターヴ7に留まって新現実を創造していくか、もっと遠くまで旅をするか、決めることができます。

ほとんどの第一波の人々は、これまでの傷を完全に癒すことができているので、オクターヴ7に留まることを選択するでしょう。しかし、そうではなく、更に深淵へと旅を止めないことを選択する者もいます。彼らは一緒に集まり、濃縮した核に溶け込み、バード・スターをスター・バードへと変化させる転換過程をくぐり抜けることになります。この過程はいわば、バード・スターを裏返すということです。このスター・バードは、さらにその先にあるオクターヴ11へと旅するための方舟《はこぶね》となるでしょう。

オクターヴ11は第11ピラミッドとなる地です。それがニュー・オクターヴの中の、最終イニシエーションです。上昇する11のピラミッド群と、下降する11のピラミッド群が、合わさり新たな一つのスター・マンダラを形成します。22は、44になります。このトライアンギュレーションの過程が完了すると、またもや別の決断を迫られます。更にその先の領域……オクターヴ11は「超越を超えた超越」への発射台に過ぎなかったのです。

私達が大中心太陽星系に加入したら、3つの主要目的地を通過することになります。オクターヴ7、オクターヴ11、そして、超越を超えた超越です。ですが、それらの間に明確な分離があるわけではありません。私達は一なる存在ですから、本当は別けようがないのです。オクターヴ7に留まる人々は、いつでもオクターヴ11に行くことができます。オクターヴ11にいる人も、「超越を超えた超越」へと進むことができます。

超越を超えた超越は、更に巨大な超大中心太陽と調和した、全く新しい枠組みです。二元性の枠組みから超越を超えた超越への旅立ちに成功したことは、かつてありませんでした。過去に試みた時の、旅の地図の欠片を持っている人もいるかもしれません。(私の著書『EL・AN・RA』にはその地図の一部が隠されています。もし見つけ出したい方がいらっしゃいましたら、ご

参考にされてください）

超越を超えた超越への扉が一度開かれれば、誰もがそこを通ることができるようになります。
そうすれば、次の進化の渦が呼び起こされ、私達の帰り道が開かれることになるでしょう……

バード・スターは至高の力を持ちます。
万物のうち、最高の権利と力を持ち、
星天を駆け巡ります。

その体は、純粋な愛でできています。

バード・スターは第7の星から生まれ、
私達を一なるものに溶け合わせます。

バードのハートの内側には
第7の星の種が
まばゆく煌めいています。

第7の星のバード・スターは
自由に、縦横無尽に、飛び回ります。
その道を遮るものは、何もありません。
どこにでも飛んでいけます。
どの次元の宇宙にでも。
その権利が、私達にはあります。
一なるものが認めるのですから。

バード・スターの内には、私達という一なる存在が、
一元性〈ワンネス〉へと融合しています。

さあ、家への帰り道です。

一なるものだけが、一なるものへと帰れるのです。

封緘《ふうかん》命令

私達の内には
指定された時まで開示されないよう封印された
封緘命令が埋め込まれています。

それらの命令は、星天協議会での決議によって私達の細胞記憶の中に埋め込まれました。私達が物質界に降りてくる以前のお話です。これらの封緘命令には、現代では忘れ去られてしまった古代の智慧が含まれており、その中には私達の本当の運命や人生での目的を達成するための、生きた情報も入っているのです。

そして、私達の最愛の人と出会えるようにするコードもその中に含まれています。コードは私達の出会いを静かなままに保ちますが、時が来て活性化をすると、一気に物理的な出会いをもたらします。

封緘命令の活性化は予め発生する時間が定められています。つまり、特定の意識の段階に達するまでは無理に解くことができない封印なのです。

これがイライラの原因となっている人もいます。封緘命令を開けようと無駄な努力を続けた人にも何度か会ったことがありました。どうしても開けたいと言って、超能力者やチャネラーなどを訪ねて様々な方法を試していましたが、絶対に開くことはできませんでした。

理由は単純です。封緘命令には、自分の本当の運命を成就するまでの過程がその青写真に刻まれているのです。だから、自分が本当の自分にならないと、開かない仕組みになっているのです。本当の自分の運命や人生の目的を達成するというのは、まず自分が本当の自分にならないと無理な話です。私達の本当の運命は、個人的なものでなく全体的なレベルのものであって、一元性にのみ根付いて超現実に生きるというものなのです。

封緘命令を開けようと必死になっている人達は、まず「自分が本当は何をするためにここに来たのか」を考えるようにするべきでしょう。そうすれば、封緘命令のことは一時的に忘れて本当の自分の、本当の人生に集中することができます。封緘命令もそのうちポンっと勝手に開くでしょう。

本当の人生の目的を知る時、大体それはあまりに素晴らしくて格好良いので、準備ができてからでもそれが明かされると私達は驚き、ひっくり返ることもあるでしょう。ちょっとしたパニックになって、「いやいや、そんな大事な役割、自分なんかにできるわけないよ！」なんておっしゃって、近くのクローゼットの裏に隠れてしまう人もいるかもしれませんね。

封緘命令のいくつかが時折不意に開くことはあります。それは、全く予想していない時に、突然……予告などは全くありません。何かが変わり、封印の一部が開示されます。それが起きる時はいつも、あまりの巨大な全体的変化に息をのみます。非常に大きな秘密が明らかになって、自分の中で全ての優先順位が入れ替わり、何もかもを考え直さなければならなくなります。

その時は、どうか落ち着いてその封緘命令のことを一旦忘れるようにしてください。ただ、その事実があったことだけを認めてあげてください。それが自身に刻まれていたということも、これまでずっと活性化の瞬間を待ち続けていたということを。そして、いつの間にか封緘命令は一気に開示されるでしょう。

皆様の封緘命令がここで、開示されますように！

波と架け橋

物質界に降りてくる前に

私達は第一波、第二波、第三波

もしくは架け橋としての役割を果たすように調整されていました。

＝第一波＝

新しい物事の定着ナンバー11

第一波は初期の植民地化時代に星天から地球に来ました。かつて巨大な光の体を持ち、地上を歩き回っていた古参たちです。第一波はマスターナンバー11と調和し、新しい物事を地球に定着させるために来ました。

完全に目覚めた第一波たちが地球に残る選択をし、限られた時間枠の中でその存在感を示してきました。多くは「時間の創世期」に地球を去りました。二元性の枠組みがこの惑星に適用された頃のお話です。地球を去った彼らの中には、第三波として再び地球の土を踏んだ者もいます。他にも、南極大陸の文明が氷床の下に埋もれてしまった頃に地球を後にした者も多くいました。

その時は、サハラ地域が大砂漠に変わり、レムリアが地球の磁気格子から引き離されるといったことがありました。アトランティスが海の底に沈んだ時には、ANもシャンバラも既に物質界から姿を消していました。そのことが理由にもなって、第一波の人達もその巨大さを地上で維持し続けるのが難しくなっていきました。

そして第一波の大部分は地上を去り、星天へと還っていきました。一方で、地球での使命を果たすために三次元の密度に浸り続けることを選んだ者もいました。

残った第一波はそれからずっと任務のために心身を捧げてきました。いくら無視されようとも、蔑まれようとも、使命を全うしようと諦めることはありませんでした。長い長い転生の間、一なるものから切り離されたような、孤独の幻想に耐えてきました。三次元に新しい物事を定着させるというのは大変重大な責任感を伴う任務であり、簡単にできることではありません。

時に目立つ立場から、時に人々の背後から、二元性が支配する最悪の暗黒時代の中でも、私達が本当は何者なのかを思い出させようと努力してきました。純真愛の幽かな火を絶やさぬように、いつかはこの惑星上で花火を打ち上げられるだろうから。今はその意味が分からなくても、必ずその時はやってくると信じて。

第一波たちは人類がこの長い二元性の歴史を上手くやり過ごせるのを支援できるような、多くの便利な才能や能力を持ち合わせています。あまりの突出した才能に、神の使いとして人々に崇められた者もいました。古代の伝説で、天使として描かれている存在たちです。

非常に長い間この惑星上に転生し続けてきたため、彼らは大変経験豊富です。それらの地球上での経験によって、豊富な知識と知恵を持っています。

古代の叡智の守り手でもあります。指導者、預言者、幻視者として生まれ変わり、それを守り伝えてきました。他にも地球上で全てを見てきて、あらゆる存在を経験してきました。その任務も終わりに近づき、第一波の人々はもう完全に疲れ果てており、故郷へ帰りたいという気持ちが強くなっています。地上での人生に全ての情熱を捧げるのは無理な話でした。あったのは、この任務を完了し、次の段階へと進みたいという情熱のみでした。

彼らの中には、実際に何年間も辺鄙《へんぴ》な場所に引きこもって隠者となることを選んだ人もいます。もうこれ以上任務を続ける気力がないと感じているのです。もう過去に自分のできることは出し尽くしたと。その一方で、「奉仕マスター」として精力的に任務をこなし続けている人もいます。

疲れているのは無論のことですが、新しい生き方を完全に定着させるために何でもしようと頑張っているのです。

それに、静寂のみを切望する人だけではありません。この三次元世界に長い間浸りすぎたためか、外からの刺激が無いと生きている気がしないと言う人もいるのです。そんな第一波の人達は、大都市の騒音と、毎日の楽しいアクティビティと、お祭りのような大騒ぎの中で、疲れで麻痺してしまった感覚を埋め合わせようとしています。知能を過度に発達させてしまい、素朴で自然であることの素晴らしさを、すっかり忘れて生きている人もいます。そういった状態の人達は、本当の自分らしさを見失ってしまい、皮肉をどんどん上手にしていくことで自分の魂が感じている絶望感を隠そうとしています。

そうなってしまうと、本来の状態に呼び戻すのはなかなか難しくなってしまいます。時に彼らの心の琴線《きんせん》に触れることはできなくもないですが、彼らの多くは光と純真さと自由という目新しい感覚を長時間維持することができないからです。私達が長い長い間ずっと待ち続けているこの真実を、にわかには信じられず、心を完全に開くなんて不可能だと感じてしまうのです。悲しいことに、そうしてまた元の木阿弥《もくあみ》になってしまうことがほとんどです。

私の人生の中でも、このようにまず記憶が蘇って、自身の壮大さに気づいたのに、またその後に泥沼に入り直してしまい、冬眠状態に戻ってしまう人々を何度見てきたことでしょうか。それを見ると悲しくなってしまうばかりか、私でも全てを諦めたくなってしまうことがあります。ですが、皆が自分自身の選択を自由意志で選ぶことができ、それを邪魔できないということを、私は学ばなければなりませんでした。私は自由意志で出来ることは何でもできる。だから、私が深い愛情を捧げた人々が元の記憶喪失の状態に堕ちていくのを、黙って見送ってきました。そんな時にいくら言葉を尽くしても、手を尽くしても、彼らの記憶を呼び戻すことはできません。できるのはただ一つ、愛をもって彼らとお別れをすることです。彼らが選んだ、それぞれが歩む進化のパターンを尊重し、その道を行かせてあげましょう。

私に第一波の何が分かるのかって？　私が第一波の一人だから、分かるのです。私は覚えていますよ。皆さんの中にも、思い出した人が大勢いるのでしょう。今は全てが加速しているので、変化の度合いも大きいです。だから、自分が一人だけで任務を遂行しているのではなく、皆で一緒にずっとやってきたのだと分かるでしょう。大きく分けると、次のようなグループがあります。第一波、第二波、第三波、そして架け橋。それらが今、一なる存在として繋がっていき、二元性を一元性へ変化させようとしています。

第一波たちは1992年に11：11活性化という大仕事を成し遂げました。これが二元性の終焉の始まりだったのです。それから多くの第一波たちが世間に姿を現してきて、一元性への変化のために奉仕してきました。進化の渦における、この変化の重大さを身に染みて理解していたのです。その中には、気が遠くなるような大昔に進化の扉が開き、この地球から大量アセンションが発生したことを覚えている人もいるのです。「あの喜びをもう一度」そして、新しい世界を創造するのを手伝いたいと思っているのです。その点は、第二波と第三波が今感じていることと同じですね。

超現実に生きたいと思っている第一波は多くいますが、多くの過去世で積もり積もった失望感、悲しみ、疲労を癒すことは非常に難しいというのが現状です。癒すには、とてつもなく巨大な「手放し」をする準備が必要です。地球上での全ての人生経験はもちろん、膨大な記憶、積み重ねてきた知識、凝り固まった習慣、今では古くて必要無くなった技術や手段、その中にはもう現代では使えなくなったスピリチュアルな慣習や信条もあることでしょう、それら全部を手放さないと本当の癒しは起きません。二元性の枠組みの中で自分を定義して、制限しているものは全て明け渡してしまう必要があります。第一波なら分かるでしょう。それがどんなに難しいことか！

第二波や第三波、架け橋の人達にとっては、さほど難しいとは感じないかもしれません。ここに至るまでの間、そこまで多くの感情的荷物を抱えてはいないでしょうから。

第二波あたりの人が、第一波たちが古いパターンを手放すスピードが遅すぎてイライラしているのを良く見かけるのではないでしょうか。それでも、第一波たちから見たら、手放しのスピードは残酷なほど速く見えているのですよ。

それには、古の時代に誓ったことを再度見直す過程があるのです。過去に署名した霊的な誓約や、個人間あるいは同胞団のメンバー間で交わしたカルマ的な契約、もう有効期限が切れてしまった、以前のソウル・グループの間での約束など。これらは自分から手放す必要があります。

その中でも最も重要な誓約が、私達がこの惑星に新しい物事を根付かせることで、惑星が二元性から一元性へと変化するのを見届けるというものです。その「新しいもの」がまだ定着していないということは、やはり私達がそれをやり遂げるしかないのです。自分から心を開いて、本当の自分になることでしか、それは成し遂げられません。二元性のラベルがついたものは全て捨て去ることが必須です。

第一波の人は、今こそ新しい目的を選ぶ時です。それは、この惑星を去って、ここではないどこかで新しい進化の道を歩むというものです。もしくは、ここに留まって架け橋や第二、第三波の人達と一緒に新世界を創り上げるか。更には、この場で隠居して、皆にとっての長老として貢献するか。

地球上での任務が完了したと感じ、この惑星を去ることを選ぶ第一波もいるでしょう。それか、やっと独りぼっちの期間が終わったと喜び、この場に留まる人もいるでしょう。彼らはもう疲れたのです。果てなき夢を追いかけて、自分の人生を犠牲にするのは。

でもそれは少し淋しいことです。私も第一波組だし、果てなき夢は今こそ実現するというのに。確かに私達は以前に、新しい物事を定着させるために歴史に残る偉業を成し遂げました。しかし、それでもまだ私達は、私達が最も必要とされている時期にいるのです。お分かりでしょう。この惑星を去る時に、疲れ切ってしかめっ面で出ていくよりも、愛と勝利の歌を楽しく歌いながら去るべきだと。

孤独に任務を遂行することや、リーダーの立場から指揮することには慣れっこです。そうしなければならなかった時が、幾度もありましたから。そして、そうしなければ何事も成されなかったのですから。もっとも、一人で任務を遂行する時代はもう終わりました。今では、お互いがお互いを必要としています。今は、指導者が求められているのではありません。求められているのは共同創造者です。

ようやく新しい物事を定着させたのだし、安心できた第一波も沢山いることでしょう。責任を全部自分だけで背負い込んでしまうなど、今までのような辛い道をもう歩まなくて済むようになったのだから。それは、第二、第三波と架け橋の人達が来てくれたからです。

どんな状況でも耐え続けるという生き方は、もう終わりました。任務の為に自分の人生を犠牲にするような生き方は、もう必要なくなりました。今こそ、果てなき夢の花を咲かせましょう。

ちょうど今、皆さんが直面している現状が「最悪の事態」なのです。悲しみの涙や、辛い日々の理由です。ですが、それはもう旧いです。何でも自分だけでやろうとする心持ちや、将来を憂うような気持ち、孤独感や、誰も助けてくれないと思う絶望感。第一波の皆様、それらの感覚はもう手放しましょう。今までの旅を、ここで手放しましょう。

第一波が最初にここに辿り着いた時、たしかにそれは大変な時期でした。上手にできていたことが、突然上手くいかなくなったりしました。それよりも、新しい方法のやり方を聞いたり、自分からそれに向かって心を開かねばならなくなったりしました。一人で生きていくことや、一人で働くことには慣れていましたが、もう他の人達とも一緒に何かを成す時代です。それはコンフォート・ゾーン〔「居心地がいい快適な空間」という意味の心理学用語〕から遥かに離れたところにありますが、新世界を探求することは楽しいことです。第一波の皆さんの多くが、自分自身を再開発することや、新たな目的を持ち始めるための準備ができているはずです。もう旧世界行きの飛行機には戻りません。例えファーストクラスの航空券を無料で渡されたとしても！

＝架け橋＝

第一波と第二波の繋げ役
一丸となって行動
ナンバー33

架け橋たちは、第一波と第二波の間の連結役、すなわち旧いものと新しいものを結び付ける役割を持っています。それを構成するのは、第一波と第二波両方のメンバーです。全員がその中間にいるのではなく、どちらかというと第一波寄りの性質の人や、第二波寄りの人もいます。彼らはマスターナンバーの33に属しています。

架け橋の人は現在とても必要とされている役割を持っています。彼らは第一波と第二波両方をよく理解しているから、両者の間にできた巨大なエネルギー的溝を埋め合わせることができるのです。

彼らの中には、第一波の使う言葉を話す人もいれば、第二波の言葉を話す人もいます。第一波の歩んできた生涯と、第二波のそれは大きく異なっているため、話す言葉も違ってくるのです。第一波はもう少し真面目な人が多く、自分と同じ第一波組の人達により親しみを感じる傾向があります。それに比べると、第二波は物事をそこまで重く捉えず、楽しいと思うことだけしたがる傾向があります。そのため、第二波たちは第一波たちの積み重ねてきた経験や知識が、今の時代に必要なものなのか度々疑問に感じています。

その間のコミュニケーションを円滑にするため、架け橋たちは新しい技術や方法を作ったりするなどして舞台裏から働きかけてきました。

実は、周りの状況の変化を一番心配しているのが架け橋たちなのです。彼らは自由度が高すぎる開かれた世界や、経済的不安定さや、絶対的ルールの存在しない社会に対していささかの不安を抱いています。来たる新世界のオープンさと不透明さは、ちょうど彼らの抱くその不安を煽っています。時には、変化に対して恐れを抱いたり、やり過ぎだと感じる人もいます。限定された旧社会に留まっていたいと願う人すらいます。安定した生活の継続と保身のために。

新社会が実現する時、架け橋たちには小規模の限定的な場所が提供されるべきでしょう。彼らにとっては、その方が快適に感じるのですから。例えば身体を動かすことで感じる運動などは、彼らの得意とすることです。架け橋にとって、それが新世界の開拓をより快適に、自信を持って行いやすい方法なのだと言えます。

架け橋たちは要領が良く、効率的に物事をこなします。なぜなら、古い伝統的なやり方にこだわらず、斬新なやり方で柔軟に仕事をすることができるので、全く新しいレベルで物事をこなしていけるのですから。古くからある問題に対して、必要とされている新しいやり方と、クリエイティヴな解決法をもたらしてくれるのが、架け橋たちなのです。

＝第一波の架け橋＝

第一波は、自分たちについてとても深く理解しています。自分がどのように星天神殿にお別れを言って、どのように物質界に降りてきたかを目撃してきたからです。

使命を全うしようと、地球での冒険の旅にその身を捧げ続けてきました。それをその目で観察してきたのが、第一波の架け橋たちです。彼らは第一波が助けを欲している時にはいつも後押ししてきました。第一波たちがその人生をかけて、新世界を誕生させようと懸命にもがいているのを見て、架け橋たちは涙を流すこともしばしばでした。そういうわけで、第一波のことを深く思いやり、理解しているのが彼らなのです。

第一波の架け橋の役目は、第一波の為に新鮮なエネルギーを与えてあげることです。ですが、誤解はいつでも生じる可能性があります。例えば、第一波たちの苦しみをとてもよく理解しているから、同じ地球に転生して第一波たちを手伝うなんておこがましいと感じている架け橋たちもいたのです。

第一波の架け橋が地球に来た時、彼らの多くは、「第一波と同じ苦しみを味わうべきだ」と感じてしまったのです。そして、わざと自分の身を苦難の状況において、自分自身を傷つけるようにしてしまいました。第一波に追いつこうと、旧い霊的知識や行《ぎょう》をやり続けることを選んだ人達もいました。そうすれば第一波のことをもっと知ることができると思い込んでいました。残酷なことを言うようですが、それらは全く意味の無い行いでした。彼らの役目は、フレッシュなエネルギーと愛を地球に持ち込むことなのですから。

それをやらずに、第一波が歩んだ苦境の経験をただ踏襲するなど、第一波の架け橋たちは全く無意味なことをしてしまい、無駄に座礁に乗り上げてしまった状態に陥ってしまっていたのです。

第一波がその手に持って走ってきたバトンは、次の世代に託されるはずのものです。その新しい世代がすでに傷ついていては、元も子もありません。第一波が経験した苦難を味わうなどということは、すべきでないし、誰も期待してなどいません。

実際、第一波の架け橋たちは、第二波の架け橋たちよりずっと深い二元性世界の沼に沈み込んでしまっています。地球に来る前はあんなに自信とやる気に満ちていたのに、二元性の重みに圧し潰される結果となってしまっています。そのダメージに耐えた人も、その後の自分で選んだ苦痛と苦難によって、更に二元性の深みにはまってしまいました。

地球に来たのだから、第一波の架け橋たちはもう少し視野を広げてみることが大事なはずです。第一波たちとは、誰よりも円滑にコミュニケーションが取れるのですから。彼らはしっかりとしたルールがある団体の中で、マニュアルが用意してある環境であれば、とても活きる人材です。反対に、曖昧で、開かれすぎている状況では頓挫しやすいです。由緒正しい教育機関で勉強し、権威ある資格を得ることを欲する人も多くいます。彼らの多くはとても頭が良く知識が豊富ですが、世間で認められていないとその知識を人々に分け与える資格がないと感じているのです。

架け橋たちは、土俵に立つ前にまず、やらなければいけないことがあります。それは、自分の持つ罪悪感、敵対心、恐怖を克服することです。架け橋たちの多くが、罪の意識を感じたままになっています。それは、二元性の暗黒時代を駆け抜けた第一波の背中を見続けてきた時に植え付けられた罪悪感です。今こそ、それを手放す時です。

他にも、自分が抱いている敵対心を変容させる必要があります。彼らはしばしば、自分を攻撃してくる他人の不確かさやエゴで突き動かされただけの動機を見極めるよりも、個人的に受けた批判そのものに対していちいち真面目に反応しすぎるところがあります。そういった人は、自分が100人の他人と一緒に集まる部屋にいるとしたら、その内99人が自分に賛成している間、一人からでも批判されると自信が崩壊してしまい、その部屋から出て行って「二度と戻りたくない」と口にするでしょう。非難されて落ち込むことなんかより、自分に絶え間なく注がれている愛と支援にこそ焦点を合わせるべきでしょう。それができれば、自分の素晴らしい本領を発揮できるのですから。

それと、恐怖や不安定さに惑わされすぎです。失敗することを恐れすぎです。自分なんかじゃできないとか、責任感で押しつぶされそうとか、そう思って行動しないことが多くあります。本来、とても創造的でいっぱいアイデアを持っているのに、安全策をいくつも講じておかないと、新しい事を始めることすらできずにいます。お解りいただきたいのは、自分が真に自分自身になれば、それ自体が何よりの安全策になるということです。ですがこれは、旧い見地に立ったままではご理解いただくのが難しいかもしれません。

目立たないところに隠れ続けていれば、恐怖から逃れられるかもしれないと思っている架け橋たちもいますが、それも無理ですよ。架け橋が必要とされている時代なのだから、見逃されるわけがないのです。いくら面倒な責務から逃れようと今は思っていても、一度本当の自分になることができれば、そんなものはただの幻なので消え去るでしょう。

第一波と同じように、第一波の架け橋たちも一人で働く場面が多かったはずです。しかし、現在は協働することを学び始めています。他人と一緒に働くのは意外と簡単で、「悩んでいたのは自分だけじゃなかったんだ」と気づき始めていくでしょう。

第一波の架け橋は非常に仕事ができる上に、数多くの求められているスキルを持っています。エネルギーについても詳しいので、様々な整備などができます。ただし、目立つ権力の座に居座ることを嫌うので、裏の仕事場から表の舞台を支援するような役割が与えられるべきでしょう。もちろん、いつかは自分が表舞台に立たねばならなくなるということもご存知のはずです。自分が覚えていることを皆と共有してください。その中には多くの、いま必要とされている智慧があるのですから。

＝第二波の架け橋＝

第二波の架け橋たちは、第一波たちよりも第二波たちにより親身な存在です。第一波に対しては、その回り道の多さが気になり、しばしば空いた彼らの立場に代わって立とうとします。そういった方にお解りいただきたいのは、埋め合わせるべき過去の立場など最初から無いということです。全ては移ろい、全く新しい協働パターンへと再編成されていきます。いずれの「波と架け橋」たちも、新しいやり方で協力することになるのです。

第二波の架け橋は、第一波の架け橋たちよりは他人に心を開きやすく、したがって協働するのも比較的容易です。また、第二波の人々よりも能率的に働くので、より準備と責務を全うしやすい特質があります。第二波の架け橋は、第一波が本当に大事なことに集中するのを支援します。

第二波の架け橋たちの大部分は、密かに自分の任務を愛していて、自分のあらゆる行動を楽しく、喜ばしいものにしようとします。今までにないやり方で仕事をすることも大好きです。

第二波の架け橋は、第二波にとっての先駆けなのですが、第一波の架け橋の幸福度についても気にかけています。よって、第一波やその架け橋、さらに第二波のために手伝いにきてくれます。ですが、第三波のことは良く解らないらしく、支援しに来ない方向性のようです。

彼らも第一波の架け橋同様、安全性、特に経済的安定性を非常に重視しています。借金をすることや、銀行口座の残高が高額過ぎない時にこそ、安心を感じます。

自信たっぷりに見える第二波の架け橋ですが、実のところそれは、常に薄く感じている不安定さを隠すための上っ張りなのです。エゴや焦りに注意しましょう。それから、識別力を養うようにすべきです。第一波の架け橋もそうですが、自分の内的智慧を出すために、外的承認を得ようとしがちです。

第二波の架け橋は、自分の周りにあるエネルギーに敏感で、第一波の架け橋と同様、周りからの批判に強く反応をしがちです。つまり、未だ本当の自分自身に見つからないように身を潜めて、外側に権威を求めている人が多いということです。

第二波の架け橋はいつも忙しい人で居たがります。そうしていないと、落ち着かないと感じています。ですが、心が乱れている時に忙しく仕事をしても、上辺だけ綺麗で中身はずさんな成果しか得られないのが世の常です。彼らは静寂を愛することと、一人で平和的に過ごすことの素晴らしさを学ぶべきです。それができれば、もっと奥深い人間になれるでしょう。

第一波の架け橋と大きく違うのは、第二波の架け橋は瞬時に広範囲の人間関係を形成できるという点です。他人と一緒に働くのが好きで、人と人を繋げるのが上手です。実のところ、一人になることや、一人で働くことを避けている結果なのですが、それでも古いものと新しいものを繋げる自分の役割を気に入っているようです。自分の計画に責任を持ち、誇りに思っています。

＊＊＊

全ての架け橋たちは、自身の持つ恐怖を克服することを学んでいるところです。彼らにとって最大の課題は、失敗することへの恐怖、上手くできない自分への恐怖、批判されることの恐怖、経済的な不安定さを、克服することです。例えば、最近の彼らは批判された時にどうするべきかを自分で見つけ出し始めています。批判をされる時、ついつい部屋の外に逃げ出したくなるのをぐっと堪えて、代わりに批判された自分を、自分自身の内側へと逃がすようにしています。そして自分の力を内側に貯え、その分外側により強く、より真実になった自分として跳ね返すのです。

架け橋役の人達は全員、自分の役割を果たすべき時が来ました。責任ある立場に立つことを面倒くさがらず、恐れずにやれるよう、精神的に頑強《がんきよう》になる時が今です。大きな仕事ですが、自分一人だけでやらなくていいと分かった時、安堵を覚えるでしょう。第一波がそうであったように。

架け橋たちと第二波たちは、大きな仕事を成すべき時がついに来たと知っているはずです。これまで、分かっていてもどうすればいいのかが分かっていなかったというだけです。今は違います。自分の内側から、創造の波が押し寄せてきているでしょう。その波に乗って表に出てきて、不可逆の変化を起こしたくはありませんか。第一波や第三波たちとも、ようやく協働する準備ができてきました。彼らなら、どうすればいいのか教えてくれるでしょう。なぜなら、彼らは自分たちだけで、どうやってやればいいのか分かっていないのですから。皆がお互いに繋がれば、全く新しく、真実のやり方をきっと創り出せます！

バトンを渡す

２００４年５月、11：11の第六番ゲート活性化が行われ、11：11の中間点となりました。この時点で、11：11の扉そのものが裏返しになり、11：11の新たな展望が見えてきました。これがバトンを渡し始める時期を告げる合図となりました。

二元性と一元性の間の過渡期において、第一波は多くのバトンを手にしていました。智慧のバトン、知識のバトン、経験のバトン、責務のバトンなど。架け橋や第二波たちの間には、第一波が何が何でも託そうとしているそれらのバトンを受け取る必要性に疑問を感じる人もいました。「これを受け取ったら、第一波のような旧いやり方でやらなきゃいけない」と感じていたからです。ですが実は、そのようなことにはなりません。

第一波から託されたバトンによって、自分が真に自分になれるようになるのです。受け取る自分が完全に統合できていれば、そのバトンからは、いかなる必要条件も要求されることはありません。例えば責務のバトンを第一波から受け取ったとして、自分が古いやり方でやらなくてはいけないということは全くありません。バトンが手渡されたということは、自分が次の段階に進むことができるという意味です。

また、バトンは一人の人の手からのみ渡されるものではありません。それを受け取るまでに、様々な人々の手を渡ってきたし、複数人数で一つのバトンを持つことだってできます。第一波だけは一人だけでバトンを持ち続けていられるように訓練されていました。何人かでバトンを持つことで、もっと容易で、楽しく、幅広い創造ができることに気づくでしょう。その創造力の新しい感覚は、とても豊かで気持ち良いものです。

架け橋たちが地球にやってきた時、第一波たちは両腕いっぱいに無数のバトンを持ちながら、彼らを迎え入れました。そして、少しでも多くのバトンを手渡そうとしたのです。架け橋たちは、そのバトンの多さと重さに気づくと驚いて、受け取ることを躊躇《ためら》いました……バトンの重さで潰されてしまうんじゃないかと思ったのです。

第一波たちは逆に問われました。「そのバトンはまだ、持っていてくれませんか？」「今すぐに受け取る必要がありますか？」

第一波は、旧い物事を完了させるには、それを受け止めることが栄誉であるとするのが最適だと知っています。そうやって私達は、新時代へと移行できる自由を得るのだと。バトンさえちゃんと渡すことができれば、それは第一波にとっての悲願達成の瞬間となることを知っていたのです。これが彼らにとって、自分たちが長い間続けてきた努力が完遂する瞬間であり、後から来た人達全員にとって明解な道を示すことができる唯一の方法だと信じています。

架け橋たちや第二波の人達が、第一波から「責務のバトン」を渡されたからと言って、その責務に縛られると思い込んでいるケースが多い事に気づきました。それと、古いエネルギーの重さで圧し潰される心配の声が多いことなど。そんなことは全くありません。誰も、「これまで通りに持ち運んでください」とは言っていませんよ。全く新しいレベルで、この古いバトンの扱い方を変化させるために、架け橋と第二波がここにいるのですから。その過程においてこそ、バトンも解放されるのです。

これに関連付けて、私の人生で経験したことについてお話しましょう。

何年もの間、私はビデオテープが入った10個以上の大きな箱をずっと持っていました。初期の11：11活性化や、スターボーンの再会の会の様子を収めたオリジナルのビデオテープでした。それらを絶対に捨てたくなかったのです。ですが、それを観返す時間も無かったので、家で埃を被っていました。引っ越しの時はとりあえず持って行って、クローゼットの中にでもしまっていました。

そしてようやく、親愛なる第一波の架け橋の人がこのバトンを引き継ぎたいと申し出てくれたのです。そのビデオを実際に観るまでは、全てが順調に行くと思っていました。ビデオを観ていた彼は、私達が当時やっていた古びた行程の古びたエネルギーを見て、とてもびっくりしてしまったようです。これは耐え難いとして、彼は私に「もう全部捨ててしまった方がいいのでは？」と訊いてきたのです。そのままビデオを観続けながら、私にとってこれは貴重な記録であって、保管されるべきものだと彼を諭しました。それは私にとって、私が「新しくて真なもの」を定着させることができた輝かしい証であり、それを讃えるための方法だったのです。

結論として、私達はビデオを大きく編集して、それらを私のNvisibleのウェブサイトとYoutubeにアップロードしました。ですから、今なら誰でも自由にそのビデオを観ることができます。つまり、バトンを渡すということは、必ずしも彼が「従来通りにビデオが入った箱を持ち歩く」ということにはならなかったのです。バトンを受けた彼は、ただ新しいレベルでその仕事をやってくれたのです。いま、11：11活性化という歴史的記録は解放され、誰でも閲覧可能です。バトンは誰か一人の手に残ったわけではなく、完全に空気に溶けていきました。

このように、バトンを受け取ることはそんなに難しいことでは無いのです。それは過去の経験への敬意であり、次のレベルに託すことでしか解放されないのです。

＝第二波＝

旧きをくじき、新しきを打ち建てる
ナンバー22

第二波は、地球のエーテル的青写真が物質化され始めてからしばらくして、地球にやってきた比較的新参の魂たちです。第一波や架け橋と比べ、地球での転生経験も非常に少ないです。マスターナンバー22の下で、「旧きをくじき、新しきを打ち建てる」ために来ています。そのため、豊富で新鮮なエネルギーや革新的なアイデアを運び入れてくれます。一方で、早々に新世界を創ろうとして焦りがちなところがあります。

彼らの過去世のほとんどが異星で過ごした経験で占められています。第二波は若い魂と言われることも多いですが、それはあくまで地球上での経験のことを指しており、魂の年齢そのものは第一波のものと大差ありません。ただ、それまでに経験を積んだ場所が異なっているというだけなのです。

第二波たちは第一波たちのことを、豊富な知識や知恵、経験を持っている人達だと思っています。しかし、第一波たちのことが好きかというと、そうでもありません。とるに足らない存在だとも思っているのです。第二波の目には、よほど重要な時でないと第一波は動こうとしないように映っているようです。第二波は何としてもここでの目的を成就させたいと思っています。「楽しくやりたい」とは彼らの口癖ですが、それはパーティに行ったり、夜の街で豪遊したりするといったことではありません。

彼らの言う「楽しい時間」とは、家でくつろぎながら日の入りを見つめることや、壁に鮮やかな模様を描く太陽の光を見つめたり、自然の中に行って岩間を流れる水の流れを見つめたりすることです。第二波たちはあらゆる本を読破し、あらゆる音楽を聴いたことがありますが、結局どれも同じようなつまらないものだと考えています。こういったものではなく、もっと本物の、違っているものを求め続けています。ここではないどこかから来た、全く新しい何かを……

第一波の方も、第二波の面倒をみるのに疲れている節があります。第一波たちの目には、第二波たちはいつも忙しなく色々な活動に身を投じていて、数えきれないほど多くの趣味や遊びに熱中しているように映っており、それが第二波に対する困惑の原因になっています。それから、第二波の生み出す創造的展望に根気よく耳を傾け、何か手伝ってあげられないかと気遣いますが、実は第二波と同じことを自分がやらなくていいのでホッとしているところがあります。

第二波たちは何も活動をしていない状態になると、すぐに退屈してしまいます。外に出かけて、新しいものを探し出すのが好きです。常に動いて、経験し、学んでいたいのです。多くの自分とは違う人々に会うのも大好きです。常に忙しくて集中できない環境に身を置いてしまいがちです。

第一波たちの疲れやすさや、なぜあんなに頑張っているのかが理解できません。

第二波の人々は第一波よりも考え込まない性格なので、地球の生活に馴染みやすいです。当然の成り行きとして、旧いシステムをさっさと排除して、自分達の創造力を発揮して、新世界を創り上げたいと考えています。

第二波たちは有り余るほどの力と勇気を持ち、それを支える自然に湧いてくる自信、それに新世界を打ち建てたいという強い興味を抱いています。新しいものを旧いものの中に入れ込むのが好きです。自分ができそうなことが見つかると、現状がどうあれ、すぐに飛び入り参加しようとします。

彼らが「バトン」を見つけると、それを自分から受け取りに行こうとしますが、経験、知識、教育、技術などが不足しているため、それを完全に理解できていないことがあります。非常に頭は良いのですが、それを十分に生かすための土台が出来上がっていません。だから学びへの貪欲な姿勢を見せます。第一波の知識と経験は彼らにとって価値がないと思っていますが、それこそ彼らが本当に必要なものなのです。

第二波はどうしても旧いものを終わらせ、自分達の技術を上達させ、先人たちがやったよりももっと大きなことを自分の手で成し遂げようと野心を燃やし、日々を過ごしています。その心意気はいいのですが、まずは自分自身の旧い振舞い方や落ち着きの無さを変えることを忘れてはいけないのです。それらを洗練させ、変化させればいいのです。そうすれば、新世界への移行への準備ができるでしょう。それが彼らの生まれつき持っている天賦の才を発揮する最良の方法です。

それほど第二波たちの多くは自分の真の目的を見つけ出そうと焦っているのです。つまりは、彼らがここにいる理由をずっと探しているのです。それを満足させられる仕事を探し回っても、結局何も魂に響くような仕事は見つかりません。二元性を応援するような仕事をするために地球に来たのではないのだから。二元性の上に建てられたものなど、彼らにとって現実味を感じられません。

第二波の中には怒りっぽい人や、イライラしやすい人も少なくありません。旧いやり方を見ていると耐え難い感覚が彼らを襲い、見せかけの権力に刃向かおうとします。なぜ自分の中から「新しいものを創り出したい」という気持ちが湧いてくるのか、それが分からずに混乱することもあります。とにかく、旧いものを追い出して、新しいものを今すぐ創りたくて仕方がないのです！

自分の真の目的を見つけ出して実行するまでは、とにかく退屈な毎日をただ過ごすことになります。だからなのか、ドラッグに溺れる者や、テレビゲームにひたすら没頭するなど、常に現実から目を逸らそうとする者がいるのです。

そろそろ理解する時でしょう。新しいものは、二元性の旧いパターンの中からは決して創られません。そんなことは、四角い金属の穴に穴より大きい丸いペグを挿し込もうとするようなものです。新しいものを創る前にも、実は自分が本当の自分になりさえすれば、超現実の中に生きることはできるものなのです。

超現実と調和するようになればなるほど、第二波の願望も現実化していきます。だから、第一波と第二波は共に協力し合いましょう。第一波たちはもう疲れ切ってしまっています。第二波が運び入れてくれるあのフレッシュで前向きなエネルギーで癒される一方で、第一波の智慧と経験を使って第二波はさらに成長していくでしょう。

第二波にとって一番辛い瞬間は、どうでもいいことで気を紛らわせている時ではなく、本当にやらないといけないことが多すぎてパニックになる時や、圧倒されてしまう時です。

彼らは誰のエゴも絡んでいない、新鮮で創造的なエネルギーが流れている場でこそ良い働きができます。その創造力を拒むような、旧いタイプの権力構造にいるのは大の苦手です。大体そういった場からは離れ、新しい場所を探しに行きます。

自分の時間、行動力、エネルギーを上手に使うのも彼らがまだ慣れていない点です。エネルギーを安定して運用する能力を伸ばすこともです。新しい体験をすることについてはオープンな性格を持っているのですが、それに加えて識別力をもっと養うようにすればもっと人々に貢献できるようになるでしょう。

、

それと第二波の皆様に良いお知らせです……今こそあなたが活躍する時です!!

封緘命令が開示されます。運命があなたを呼んでいます。あなたがやるべきことは、沢山ありますよ。

もう、退屈から逃れるための、娯楽の達人を目指す必要はありません。待っているだけの時間が終わろうとしています。あなた方には多くのバトンが託されています。一なる存在として行動を起こしましょう。とても楽しく、エキサイティングですよ！

＝第三波＝

新しい青写真を持つ者
ナンバー44

永い間その到来が予見されていた第三波ですが、ついにその存在感を示し始めています。私達が一なる存在として行動を起こすにあたり、最後のパズルのピースとなる存在です。彼らは若く、前例のない独自性を持っています。

第三波は非常に高い集中力を持ち、第二波たちのように気晴らしをしたがりません。架け橋たちのように怖がりでもありませんし、第一波たちのように疲れ切ってもいません。落ち着いており、澄み切っており、静かな自信に満ち満ちています。その曇りなき目で世を見通し、その考えには一点の先入観もありません。信じられないほどすごい仕事を成し遂げます。例えば、いきなり自分の力だけで世界一周の船旅をしてきたと言って現れたりなど、第三波の若者は新しいものを世界にもたらすための力を授かっています。誰も予測できないような冴えたやり方で、我々をあっと言わせてきます。

第三波たちは強い存在感と不動の自信を持っています。とても自立心があり、完成しています。その年齢からは考えられないほど達観しており、深遠な智慧を持っていますが、それでもまだ自身の愛情をもっと外側へと発することを学ぶ必要はあります。第二波たちが自分たちの人脈と繋げる支援をしてあげれば、第三波たちが変にうぬぼれ屋に見られたりしなくなるでしょう。

彼らが覚えるべきことの一つとして、「奉仕すること」があります。つまり、「必要とされていることを、必要な時にやること」です。彼らがそれをできたら、本当に最高の結果が生まれるでしょう！

第三波たちは、自分の出すアイデアが途方も無さ過ぎると受け止められることが多いので、しばしば自分自身が宇宙の違う惑星から来たのではと感じることがあります。彼らの瞳には、遠い彼方の宇宙の光が輝いています。彼らは自分自身の特別な運命を知っていて、それに集中しているので、ちょっと取っ付きにくい人だと感じられることが多いようです。来る者は拒まずの姿勢ではありますが、自分達の運命にそぐわない人だと感じると、第三波は突然無関心な態度になったりします。旧い人間関係のパターンには最早反応することもありません。例えば、「君の為に何かやってあげたんだから、何か自分にもしてくれるんだよね?」というような関係性に対しては無視を決め込みます。

第三波たちは、第一波たちに深い繋がりを感じています。何故かと言うと、実は彼らは元々第一波だったからです。そう、創造期の後に惑星を去り、いま再び戻ってきたのが彼らなのです。かつて地球にやってきた時の第一波たちと同じということです。だからこそ、共によく分かり合えるのです。

第三波は新世界から来ています。そのため意識もはっきりしていて、便利で斬新な方法や技術も多く知っています。

自信もやる気もいっぱいあります。今にも行動を起こそうと、エンジンを温めているマシーンのようです。早くその力を爆発させようと、準備をしているのです。それは創造への準備です。といっても、彼らにとってはそれは「遊び」に似ています。その遊びが、素晴らしいものなのです。第三波の真の目的は、近いうちに明らかになるでしょう。

第三波の主な役目として、物質としての地球の上に、超現実に基づく新世界を創造することです。新時代の青写真は、彼らの中にあります。彼らこそが新世界の建造者であり、未来のリーダーたちであり、未来の芸術家たちであり、聖なる建築家であり、先進的ヒーラーであり、革命的な音楽家であり、新たな共同体を率いる者となります。

彼らが超現実の姿を少しでも垣間見ることができれば、転移は起こります。今にも誕生しようとしている新たな展望を愛してやまないのです。そこに住むためには、どんな困難も障害にはならないでしょう。彼らが主に難しいと感じるのは、旧い世界に適応することです。だから逆に、こんなにも新世界を追い求めているのです。

その中でも特別な第三波たちは、「新世界の挿入点」となるでしょう。最早、彼らは一直線上の道を歩み、第二波の後を引き継ぐということもなく、自分が選んだ場所から自分自身を新世界へと挿れ込むのです。ある意味、「優先入場券」のような存在です。

第三波はいずれも、神聖幾何学を表す特別な欠片であり、非常に特殊な共鳴波を持っています。その幾何学模様は、全てがお互いと異なる独自のものです。それらが前例のない方法で交わり、完全に新しいものを創り上げます。第三波がお互いと繫がる時、彼らの行動が新しいものを創る時、神聖幾何学は絶え間なく創造し続けるでしょう。

＊＊＊

読者の皆様の中には、自分がどの波や架け橋に属しているかがまだはっきりとしない方もおられると思います。二つのカテゴリーの中間くらいだとも、感じておられるのでは？　それは正しいです。何故なら最後には、これらのカテゴリーはお互いに溶け合うことになっているのですから。

行動を起こすための、不可分の存在

第一波は
「やること」から「なること」へ。

第二波は
「経験すること」から「やること」へ。

架け橋は前へと進み
全てを一つに。

第三波は
「未知」をもたらすために。

第一波の皆様は、これまでより更に世に出てきて、自分の持っている知識を明け渡しましょう。架け橋の皆様は、新しい方法を編み出すようにしましょう。常に向上し、受け取ったバトンを皆と共有できるようにしましょう。第二波の皆様は、旧い構造を打倒し、真なる新世界の為に道を切り拓いてください。第三波の皆様、新たな青写真の準備はできていますか。

行動のための不可分の存在の様相

行動を起こす為、私達全員が一なる存在へと統合する時が来ました。二元性から一元性へと移行しましょう。

完成の時を迎えるには

全員の参加が不可欠です。

全員がまとまった行動と

そして、全員の存在そのものが必要なのです。

全力を振り絞り、その力を一点に集中させなければいけません。そのために私達はここにいます。その実現こそが、私達全員にとっての目的です。

これまでの間、多くの人々が集中力を欠いてしまっていました。彼らは本当に大切なもの以外のことに奉仕してしまっていたのです。仕方がないことでもあります。当時は、「まだその時ではなかった」ということでしょう。ですが、皆様にとって奉仕すべきものというのは、目に見えるものではなかったということを覚えておきましょう。

今こそ全力で飛び込む覚悟を決めましょう。そこにあるものが、本物です。自分の存在意義を賭ける程、大事なものがそこにあります。本当の自分自身になり、皆で一なる存在として協力すれば、それができます。

責務を皆で共有することが、今回の任務の鍵です。皆で新世界を創りたいのなら、避けては通れない道です。もう第一波に全部を押し付けて、外野から観ているなんてことはできませんよ。何故なら、旧いパターンはもう期限切れで、同じ手はもう使えませんから。一なるものとして、共に行動しましょう。創造力を解き放ちましょう！　きっと、楽しいですよ！

「一なる存在として行動する」その様相を呈《てい》するには、第一波、第二波、第三波、そして架け橋の、それぞれ独自の才能と技術を新しいレベルで組み合わせていくことが大事であり、それができればもう無敵です。だから、皆がそれぞれの役目を果たすことが必要なのです。

第一波なら、何をどうすべきかを知っています。その為の経験と知識を備えているし、責任を負うことを恐れません。経験豊富過ぎて、まだまだ共有できていないことも多いはずです。まだまだ彼らの役目は終わってはいないのです。後継者たちが地球に来ているのを見て、たまに自分はもう引退時だと思う第一波がいます。事実、この惑星を去る第一波も多くいます。知っておくべきなのは、第一波は別に見捨てられたのでは無いということです。まだまだこの新しい力学を生み出すために、必要不可欠な役目を持っているのですよ。中心点から追い出されたのではありません。中心点が拡大したというだけです。その中心点に入り込んだ、本当の自分自身たちが多くなったから、中心点は拡大しているのです。

旧いやり方をもっと効率的なやり方に変える為の、いくつもの知識と技術を持っているのが、架け橋たちです。

第二波の役目は、革新的なエネルギーと構想をここに持ち込むことです。彼らは最早、旧いやり方や概念に縛られていません。旧い構造を打ち壊し、その上に新しいものを打ち建てるために十分なエネルギーを持ち、恐れてはいません。それと、第二波たちが正しく仕事をできるように導くことができるのは、架け橋たちだけです。

第一波と第三波は、どちらも新たな物事を創り上げるという経験を持っています。変化をもたらすエネルギーの持ち主が、彼らです。これまでここで、そのための準備に取り組んできました。

第三波は新世界の青写真を、その細胞記憶の内に宿しています。

大まかに言えるのは、自分が知っていることとやるべきことについて、波たちは内的な自信を持っている一方で、架け橋は外的な確証を欲する傾向があります。

新しく、一なる存在として行動することをしっかりと固着させるには、まず私達が自分の無限の創造力を爆発させて、新時代を生み出すための新しいアイデアを、実際にやり始めていかなければなりません。

いずれの波も架け橋も、かつてない変化の最中にいます。前へ進みましょう。今度は皆で一緒に行きましょう。ワクワクするではありませんか！

その先には、誰がどの波や架け橋だとか、そういう定義すら関係なくなります。それは、皆が完全に本当の自分自身になる瞬間、もしくは新世界に生き始める時です。

真実の島

真実の島とは、
人が本当の自分として
本当の人生を生きられ、

超現実を定着させることができる人間たちの共同体です。

高度な意識を持った人々と一緒に暮らしてみたいと、思っていた人々は多いのではないでしょうか。二元性は最早、私達を支配している現実では無くなりました。そのことを同じく意識し、超現実に生き始めたいと思う人々と一緒に生活し始めることも、とても大事なことです。

11：11の扉を通る旅は、すでに完了しました。いま、私達は「本当の家族」と共に生活し始めなければならないという気持ちを抱いているはずです。もう一人で生きるのは嫌になり、この想いを共有できる人々を探しています。楽しく、一なる存在として行動したいのです。それ以上に自分を満たしてくれることなど、ありません。

新世界の礎《いしずえ》を創り出したいのです。それは大きな仕事なので、一人だけの力ではできないことです。ならば、皆で力を合わせて、一なるものとしてやればいいのです。

それが真実の島（以前は「光の島」と呼ばれていました）として、共に生きるということです。そこでは、皆が当たり前のように、自分自身を包み隠さず表現できるのです。それは私達にとっての次の段階であり、自然の摂理です。

過去において、光の島々を創り出そうと試みた先人はいましたが、いずれも素晴らしい成功を収めたとは言い難いという結論になりました。欠けていたのは、自分が本当の自分自身になるという部分でした。このような共同体を成功させたいのなら、まず自分が本当の自分になってからにしてください。

よって、真実の島を創るにあたり最も重要なのは、住人が統合されていて、正直であることです。何事にも全力で取り組むことが必要です。素朴で自然な、愛に満たされた、新しい人であってください。住人一人一人には必ずプライバシーが守られた私有地が与えられるようにしましょう。それでいて、皆で一なる存在として繋がっていてください。見えざる世界が、物質界に表面化します。そして、超現実がそこに完全定着するのです！

無視してはいけない重要なことは、共同体の周りの人々や、周りの共同体のことです。真実の島は、閉じられた空間ではありません。常に周りの人々や環境に奉仕するための共同体としてください。周囲のいかなるものも、本当は一なる存在の一部なのですから。

真実の島の住人は、皆が本当の自分自身であり、自分のハートの意思に沿って生きています。それが集まり、一なる存在を形成します。その目的も、一つにまとまっています。そして一人一人のメンバーが、その目的成就のための鍵を握る重要人物です。

真実の島こそが
未来における全ての事業にとっての
重要地点となる地となります。

真実の島の多くは、惑星上のいわゆる田舎に作られます。都市部などの人口が多い場所に作られることも、もちろんあります。その機能は、超現実を物質界に固着させ、新世界を生み出すことです。

各真実の島はいずれも、独自の青写真があります。それら独自性をもつ島々が組み合わさることで、新たなマトリックスを創造するのです。

真実の島々がどこに作られるのかは、誰かに聞いて判ることではありません。この惑星上の、どこかになるということしか判りません。しかし、今こそその場所を見つけ出す時です。当然のことですが、単なる個人的な好みで決まる場所ではありません。そこは、他のメンバーに召集を呼びかけるような、調和的共鳴波であるべきなのですから。

適正な場所を求めて、探し回る必要もありません。やるべきことは一つ。自分のハートに耳を傾けてください。自分の心の中には、既にどこに行くべきかの答えがあります。本当の自分自身として、その場所、その出会うべき人々へと既に導かれているのです。

やるべきことはとても多いです。丁度いい時期ですから、ご自身にとってもう心がときめかない全てを手放しましょう。手放すのは外界の生活のことだけでなく、自分の内側にあるものも含めて、全てです。髪をとかすようにじっくり自分を見つめて、全ての旧くて必要でなくなったパターン、振る舞い方、感情的残骸、信条などを見つけ、手放しましょう。

自分の所有物を精査し、要らないものを見分けましょう。この古い家具は、本当にまだ必要でしょうか？　この本、これからまた読むでしょうか？　この服、本当に好きでしょうか？　高校生時代の思い出の品々、積み重なった色々なモノ、モノ、モノ。要らなかったら、もう捨てちゃいましょう。売っちゃいましょう。空いたスペースは、新しいもののためです。新生活に向けて、準備を始めましょう！

真実の島は、この世界の大部分とは違うエネルギー周波数帯域に存在します。その周波数帯域では、二元性それ自体が受け入れられません。そこでこそ、超現実が完全に体感できます。隣人が皆、本当の自分自身になった人々なのですから。

たとえ真実の島のような共同体に住まないことを選択しても、私達一人一人は神聖な塔として機能しますので、皆が超現実に生きていたら、拡張版の真実の島としてその中で生きることもできます。住人が誰であれ、超現実とは「今、ここ」が拡がったものであり、自分達は皆で一なる存在だと分かっていたら、そこは真実の島なのです。

親愛なるスターボーンの皆様

星天から生まれ
星天へと還る。

それがあなたという、スターです。

それを思い出して、もう一度目覚めるための旅も
終わりに近づいてきました。
忘却のベールが持ち上げられ、
永いまどろみの時は終わりました。

もう二度と、忘れないでしょう。
あなたが、あなたであることを。
もう二度と、離れているなんて感じないでしょう。
一なるものとは、ずっと一緒です。

もうお判りでしょう、
あなたが本当の自分自身であることは。

超現実は既に
あなたの奥底にまで根付いています。

本当のあなたの運命のために、
地球と、それを超えたところへ奉仕するために、
果てなき夢を叶えるために、
今、準備はできました。

完成の時

新たな始まり

それらは、今、ここにあります。

親愛なる皆様

長旅、本当にお疲れ様でした。

さあ、星天へと還る旅に出ましょう。

本当の自分になる

完全に記憶を取り戻すまでには

4つのステージを通過しなければなりません。

＝地球周期＝
生き残るための技術を磨くための時期

地球周期の間、私達はこの物質界の中に適応していく方法を学びます。この間、物質界こそが唯一の現実だと教えられます。「目に見えて、形あるものでなければ、それは現実ではない。ただの空想だ」ここでは何かを実証するためには、必ず物理的な証拠を提示する必要があります。

最も重要とされるのは、物質界で生き残るために必要となる知識や技術を学ぶことです。ですからその為にお金と権力を求めるようになります。結果的に、とても物質主義になるか、知識豊富だけど頭が固い人になることを目指します。理性的にばかりなろうとすると、大体知識過多になって、自分だけが歩むことができる道を作ろうとします。物質主義になると、力ずくで物事を動かそうとしてしまいます。

視野が狭く、自分の世界観が周りの環境や、家、家族、友人、同僚、仕事などの目に見える範囲の物事によってのみ定義されます。興味の対象も自分の住む国家から出ることは少なく、国家主義者になることも多いです。外界の社会活動に参加するとしたら、大抵は署名活動に参加したり、政治家に請願書を書いたり、抗議デモに参加してみたりなどの、物理的で理知的な活動にのみ参加します。それと、「悪」というレッテルを貼られた物事に対して、戦士としての自分のエネルギーを使ったり、国家の存続を脅かす危機に対して対抗心を燃やしたりします。

そういった物事のほとんどは、外的な影響力によって作られているものですね。社会が私達にこうなって欲しいと語りかけてくるから、その通りにしているだけです。自分自身の内的な感覚に耳を傾けることは、全くしません。日々の生活は、無数の意味が無いことで満たされています。するることは全部、「やらなければいけない」という感覚の下で仕方なくやっているだけです。自分の心が本当は何を言っているかは、関係ありません。

将来の夢や、自分の中の最優先事項は、主に実践可能と思われる物事で占められています。中には物質界の壁を超えた夢を語る人もいますが、そういった人々にはもれなく「変人」、「革命家」、「幻視者」、「神秘家」、「クレイジー」などの称号がプレゼントされます。

そこでの私達の感情は、二元性に支配されています。幸せだったら、後で悲しみが待っているのです。誰かを愛すると、誰かを憎まないといけなくなります。今は怖くても、後で勇気が湧いてきます。誰かを嫉妬する時、誰かを信頼することになります。誰かに愛を与えようとしても、賢く分け与えることができないことがあります。そして他人との間に壁を作って、傷つけられないようにその裏に隠れます。ですが、それも効果的な作戦とは言えません。

スピリチュアルな概念や信条のほとんども、外界から得た情報です。既存の宗教、もしくは古代の教えなど。教会やお寺、モスクなどに熱心に通ったり、シャーマンが実際にやっていたことを形だけ勉強したり、ヒンドゥー教的な瞑想法を学んだり、ウィッカ、チベット式、禅、ヨガ、色々なことから情報を得ていきます。そのほとんどには、「祈り」が含まれていますね。高次元の存在からの支援を呼びかけるための、祈りです。祈りを捧げる時、それらの存在が、自分とは同一の存在ではないと見なしていることがほとんどです。霊的知識の先生を、「グル」とよく呼ばれている物質界に転生した人達や、埃を被った古い文書の中に見出します。そこから学ぶのは、水平的に得た情報に過ぎません。

地球周期の中で最も多くの学びを提供してくれる先生は、自然そのものです。自然を通して、万物は生きていて、お互いに繋がっているということを教わります。自然は小宇宙だということを知る時、その干満の周期に調和して生きられるようになり、人生はもっと平和なものになります。そして、「生きるとは何か」という問いに対する答えのようなものが自分の中に現れてきます。

物質主義の世の中で、物質のマスターになろうと必死に頑張ってきました。それによって、体のつぼ〈エネルギー・センター〉であるチャクラも活性化し始めます。それでもっと全体性に繋がれるようになってきましたが、まだ何か大事なものが欠けているような感覚が残っています。

＝星天周期＝
極大化の時期

次の段階として、物質界を超えた領域には無限の現実があるということに気づき始める周期があります。霊能力が開化し、自分の深いところにある直感に耳を傾け始め、自分が宇宙的で、天使的で、星天存在であり、巨大な光の体を持っていることに気づいていく時期です。光体〈ライトボディ〉の両翼を拡げ、多次元空間を探求し始める時です。

この次元の宇宙や、その先の異世界を旅していると、もう物質界と退屈な日常には戻りたくないと思い始めることがあります。何故そう思ってしまうのでしょうか。それは、精神と物質を別々のものだと思い込んでいるからです。それに、物質的な人間としての自分は、霊的な自分の下位存在だと思い込んでいませんでしょうか。そうすると、自分自身の人間的な感情を抑圧して支配しようとしたりしてしまいます。結果として起きるのは、感情に対してそのまま継続して同じ処理をし続けるか、自分の感じていることを完全に否定するかの、どちらかでしょう。

そのように自分が本当に感じていることを否定し、識別力を行使しないでいると、薄っぺらで上辺だけの偽物の愛に頼るようになり、何でもかんでも「無条件の愛」で愛そうとする人になります。自分の感覚を否定し、受け身のままでい続けていても、本物の何かは決して得られません。自分の人間力を放棄し続ければ、やがて訪れるのは堕落、不潔、スピリチュアルの欠片も無い未来です。

物質的なことに過度に反応しすぎになってしまいがちの時期です。「浄化しなきゃ浄化しなきゃ」と言って、やりすぎてしまうこともあります。結果として粗食になったり、感情を見せなくなったり、音楽なども聴かなくなってきます。

過去世を思い出してくるにつれ、この惑星や他のどこかで、いくつもの人生を経験してきたことを理解してきます。そして、今世だけに目を向けるのを止め始めます。自分がやるべきことについての視野が広がり、今度は自分自身と惑星規模の命運に目を向け始めます。

無形のものに目を向けることが多くなり、物質的なことへの関心が無くなっていき、地に足のついた状態から遠ざかっていきます。物質界はいつも自分の足を引っ張ってくると思い込みがちになり、どこか遠くの、責任を負う必要のない空へ飛んでいきたいと思うようになります。

私達の夢は広がっていき、いつしかその夢幻の方が私達を包むようになります。フワフワしていて曖昧な人や、満たされない願望欲求でいっぱいの人になります。問題は、私達自身がその夢幻と同じくらいフワフワしてしまっていることなのです。夢の世界を飛び回るのは、結構なことです。ですが、真の夢や望みというのは、私達がその極大さを物質界に出現させられるようにならない限りは、絶対に実現しないでしょう。

この周期の間、私達が師と呼ぶのは大天使、星天存在、次元上昇した存在〈アセンデッド・マスター〉などのような存在になります。毎日のように瞑想をして過ごし、物質界から離れて非物質界へと出かけます。ニューエイジ系の教えは特に心に響くものが多いですが、これはアストラル界と繋がっているチャネリング情報に魅かれがちな時期だからです。

天使達はこの星天周期において重要な役割を果たします。この周期において、私達は自身の黄金太陽天使〈ゴールデン・ソーラー・エンジェル〉と接触します。その存在は、実は自身のハイアーセルフです。そして自分が天使だということを知り、二元性からの解放が始まります。

星天周期の間、一元性に初めて触れる経験もするでしょう。お互いに繋がっているという感覚が、外側に向かってどんどん広がっていき、今まで生物として認識していなかった岩や海、家やパソコン、山々や彫像、惑星や車なども含んで広がり続けます。その中で、万物は生きていることと、全てはもっと大きな何かの一部であることを知ります。

悟りの枠が物質界を超えた先まで広がることで、意識の量子飛躍が起きます。そして、二元性の枠組みに入っていた足を浮かせ、一元性の枠組みの中へと降ろします。水平的エネルギーから、垂直的エネルギーへの移行が起こります。

＝地球星天周期＝
自身の極大さを
物質界に出現させる時期

自分の巨大さを体現できるようになると、終《つい》には大転換点へと到達します。突然、私達は地球人でもなく、星天人でもないと悟ります。なぜなら、そのどちらだけでも不完全だと気づくからです。これが、自分が「地球星天存在」だと気づく瞬間です。

私達がここで意識し始めるのは、自分のあらゆる内的・外的両極性を合一させることです。男性性と女性性、善と悪、大地と天空、仕事と遊び、物質と精神、あなたとわたし。自分の心を癒すことに精力的になります。もう過去に負った心の傷の痛みに、耐えられなくなるからです。より深い内的浄化が起き、溝や隙間に残っていた古い感情的残骸も、全て掃除されていきます。

夢と願望はこの時、非常に大きな変容の時を迎えます。今度の私達の夢は、惑星のための夢や、一なるもののための夢になります。そして、まだ実現していないけれどもずっと大事にしてきた、自分個人のための夢です。ですが、ここでもまだ問題を抱えています。それは、それらの夢を別々のものだと捉えていることです。惑星のための夢を実現させようと頑張りながら、その傍らで自分のための夢を実現させようとして、夢の間を忙しなく行き来してしまっています。すると、自分の中に二人の自分がいるような気がしてきます。一なるもののために奉仕する自分と、自分自身の夢のために頑張る自分です。そして、その間にある溝を渡るための架け橋が見つからないでいるのです。自分が同時に二つの方向に向かって引っ張られていると感じてしまっています。地球星天周期は最後まで、コンフォート・ゾーンを超えたところで話が展開していきます。

そして、一なる存在による「ギアチェンジ」が起きます。

私達全員が、一なる生きている存在の一部です！

一なるものから分かたれたものなど、いません！

自分を含む全てが一なる存在の一部だと知る時、視野は極大化します。極大化した世界は、最早自分の周りを中心には回りません。

一度超現実に生き始めたなら、もう自分自身を天使や星天人だとは考えなくなります。もうその自分としての役割は終わったのです。それでも、常に天使としての自分の繋がりは保ち続けており、自分の天使の血管からは天使の血液が流れていて、自分自身という存在は天使の糸で編まれているということは意識し続けています。

一なる存在に生き始めることで、私達は無限に等しい大きさである「一なる心」の感情体を発動させます。一なる心は「決して砕けぬ心」であるため、自分の内側で愛が滝のように流れるのを感じるでしょう。それは何もしなくても流れ続ける、「愛することと、愛されること」です。これにより、私達は二元性をはるかに超えた域まで達します。そこは、二元性の世界での「無条件の愛」の定義を超えた領域である、「純真愛〈ピュア・トゥルー・ラブ〉」の世界です。

この新しい感情体があれば、今まで蔑まれ、否定され続けてきた人間的な感情を、愛することができるようになります。愛された感情は、極大の全体性へと還っていきます。

そして更なる量子的限界突破〈ブレイクスルー〉が起こります。片足だけでなく、ついに私達の両足が一元性の枠組みの中に入ることになるのです。この瞬間が、超現実が「今、この瞬間」の中に挿入される瞬間なのです。

物質と精神は、完全にひとつになります。人工的に別けられてきた、精神と物質の分離の幻は、消え去ります。カルマの鎖も全て無へと帰します。その時、全てが神性なのだと悟ります！　生きていれば、全ての瞬間がまたとないチャンスなのだと！　ホームはここにあるのだと！　そう気づくことができるのです。星天我としての自分全体が、肉体の中へと根を下ろします。

驚くべきことに、過去に通り過ぎた二つの周期がここで統合し、全く新しいものを創り上げます。過去に学んできた全ての霊的教え、個人的な体験が、ＤＮＡの中に入り込み、自分という存在を編み上げる糸となります。これまで歩んできた全ての経験が、自分自身をマスターすることに繋がっていたのです。

この時点での私達の先生は、「命」そのものです。私達はそこから、自分の人生経験を直接学ぶことになります。平凡で退屈だった、あの日々でさえも。

「ここまで来れば、もうゴールしたでしょう」と考えてしまう人が多いのも、この時点です。もちろん、ここで自己満足に浸って、成長することを止めるのも一つの選択です。そして、更に拡張した「今、ここ」に、更に大きな超現実を持ち込むことも、一つの選択です。

これは始まりに過ぎません。ずっと憧れていた雄大な景色が、チラッとだけ見えただけのことです。超現実のエネルギーを直接感じることは、それまで不可視で、前人未到だった領域へと私達を突き動かしてくれることになるのです。可視を不可視にするという、本当の私達の仕事はまだ始まったばかりです。

超現実に馴染んでいくにつれ、それを迷いなく全力で受け入れるようになっていきます。ですが、それを成すには、これまで長らく歩み続けてきた二元性の中から持ち込んできた、全ての残骸を浄化して手放す必要があります。もうこれ以上、旧い考え方を当たり前だとすることができなくなります。代わりに私達は、曇りなき目で物事を視て、絶対的に新しいやり方と在り方を学ぶ必要性が出てくるのです。全てを再定義しなければなりません。その過程の障害となり得る、多くの人々、活動、責務を手放さなければならなくなります。

「自分は今、誰なのか」を知るために、過去を再パターン化していくことを学ぶのです。過去にタイムトラベルをして、未来を改変しようとするのと似ています。実際に、過去から現在に来る波動は、改変可能です。それを変化させれば、もう同じパターンを繰り返す必要は無くなります。すると、それまでに経験したことのない解放感を得られるでしょう。

それはかつてないほど激しい、終わりの見えない過程に思えるでしょう。学んできたほぼ全てを忘れる必要があります。内面と外面のどちらもが、超現実に浸り続けることで、大いなる変容の時を迎えるのです。

=本当の自分になる= ヒュー・マン&ヒュー・ウーマン

「ヒュー」は創造の最初の吐息の音。根源から具現化までの、原初の動き。根源とは、一なるもののこと。全体であり、完全であること。それは全体の中に宿るもの。その始まりの動きが、この始まりの吐息。「ヒュー」

世界中の原住民の多くの部族名は、実は「人々」もしくは「人間」という意味の言葉だったりします。それに、なりましょう。自分は、人間であるということです。それは、自分と星天との間の繋がりを失うという意味でも、見えざる世界へ踏み入れた足を引くという意味でもありませんよ。その言葉が意味する通りです。私達が「ヒュー・マン」、「ヒュー・ウーマン」、または

「人々」なら、私達の中には完全性が入っているということです。私達は、一なるものの全てなのです。宇宙的な物質体であり、より大きな極大存在と繋がっています。真実の人々、真実のヒュー・マンと、ヒュー・ウーマンです。本当の自分です。

私達は本物です。生々しく、傷つきやすく、正直で、控えめで、強く、賢く、有能で、優しく、権利を持ち、愛情深い、そんな存在です。私達の心は大きく開き、私達の愛は真実です。

もう私達は、恐怖が根底にある、分離感と欠乏感の現実には生きていません。純真愛を体現し、勇気を出して皆の前に出てきて、本当の自分の将来の権利を行使しましょう。

私達は、本当の自分です。もう隠すことはできません。もう自分を矮小化《わいしょうか》して逃げることはできません。「私達は、本当は何者なのか」「私達は毎日、何者として生きるのか」これらを結び付ける答えは、既に出ています。本物であることに誇りを持ち、生きていることに感謝しようではありませんか。私達は強い。私達は真実。私達は愛です。

ただ自分にとって大事なことが、もっと真実で、もっと現実的になっただけのことです。私達には、やらねばいけないことがある。ただ、自分個人や誰かの為に生きるのではなく、一なるものそのもののために。そんなに重い責任感でもありませんよ。一なる存在が共に、この責任感を背負ってくれるのですから。それはもう、耐えがたい苦痛では無くなりました。宇宙規模の任務〈ミッション〉、それに加わっている自分は活き活きとしていて、自分が何者かを知っています。どこまでも、自分自身であることを。

自分個人への奉仕を、一なるものへの奉仕と合一させることで、本当の自分という眠れる巨人が目を覚まします。あなたは、思っていたよりもはるかに強い存在なのです。その力の源は、「純真愛〈ピュア・トゥルー・ラヴ〉」です。

幾度もの転生を経て、これまで経験した全てが、一元性の図を創り上げています。私達がそのマスターです。それを知る時が来たのです。さあ、これまで以上に力を合わせて、ここにやりに来たことをやり遂げましょう。

まだ時間と空間に縛られていますが、そこへ私達を縛り付けていたものはもう、ありません。私達はどこにでもいて、時間の内側にも、外側にも行けます。過去と未来は折りたたまれ、現在という瞬間になります。それが、永遠の「今、ここ」なのです。それがあなたに開かれる時、適正な時間、適正な場所の状態に至ることができます。過去を再パターン化する力をここで行使することができ、そうすれば思い通りの未来を創り上げられます。私達の前に灯っている青信号は、変わることはもうありません。横断歩道の先には、真世界が待っています。

ずっと大切にしてきた、一番神聖な自分だけの願望は、一なるものへと奉仕する私達全員の願望に合体しました。あなたの夢は、私達全員にとっての果てなき夢です。

そのために長い間頑張ってきたのです。その夢を実現させるため。

本当の自分は、本当の人生を生きるのです。

ついに、その時が来たのです……

本当の自分として、本当の人生を生きる。

それは、全てを始原の状態に巻き戻すこと。

私達が知っていると思い込んでいた、全てを。
変化はあまりにも大きくて、
他の惑星に住んでいるかのよう。
見るものすべてが、違って見える。
感じるもの全てが、違っている。
考えていること全てが、変わっている。
他の人達とのふれ合い方も、変わっている。
自分がやる事も、
やり方も、

全てが、
変わる。
私達自身の未来の枠組みは、いま
私達自身が創り上げているのです！

Solara

私は単なる開かれた扉です。

誰かがこの扉を見つけ
無事通り抜けてくれたのなら
私はこれまで通り
その先の未知への扉の先を探求できるでしょう。

私は超越を超えた超越より来たる者。

私が宿るは、蓮の花の中心。
私を形作るは、純真愛。

私はあなたの内側に
あなたは私の内側に

いつでも一緒にいます。
共に一なるものへと帰還しましょう。

公式ウェブサイト

ペルー在住のソララ達が運営する新時代の共同体に関する情報サイト
http://www.anvisible.com

ソララの活動記録をまとめた総合サイト
http://www.nvisible.com

原著者　Solara ソララ
現在ペルーにあるインカの聖なる谷に在住。世界中の人々からの尊敬を集める惑星地球への奉仕活動家であり、『不可視』の領域を勇敢に探求し続ける霊視者、そして6冊の形而上学の名著の作家でもある。1987年からは数多くの公開対談を行い、ワークショップを開き、スターボーンたちの再会の場を設け、世界中で11：11の門の活性化の会を主催し、11：11の神聖な舞や一元性などの知識を人々に授けてきた。1992年の『11：11の扉の開放』では144,000人の参加者が世界から駆け付けた。
ソララの願いは有名なグルになることでもチャネラーになることでも無ければ、信者も必要としておらず、ただ人々が『本当の自分』となって『超現実』で生きるという道を示すことである。

翻訳者　Nogi ノギ
日本生まれ、現在マダガスカル在住。翻訳家。真実の探求家。二元性の幻影に従うのではなく、『本当の自分＝I AM Presence』の導きに従った人生を求め続ける。地上にSolaraが提唱する『真実の島（旧称：光の島）』を具現化することを目標としている。
Twitter @NOGI1111_
翻訳記事の更新 https://note.mu/nogi1111
マダガスカル生活などを綴ったブログ https://nogi1111.blogspot.com/

スターボーン

星から来て星に帰る者達に示された帰還へのロード

第一刷　2019年10月31日
第二刷　2021年5月31日

著者　ソララ（Solara）
訳者　Nogi

発行人　石井健資
発行所　株式会社ヒカルランド
〒162-0821 東京都新宿区津久戸町3-11 TH1ビル6F
電話 03-6265-0852　ファックス 03-6265-0853
http://www.hikaruland.co.jp　info@hikaruland.co.jp
振替　00180-8-496587

本文・カバー・製本　中央精版印刷株式会社
DTP　株式会社キャップス
編集担当　伊藤愛子

ISBN978-4-86471-818-9

ヒカルランド　好評既刊！

地上の星☆ヒカルランド　銀河より届く愛と叡智の宅配便

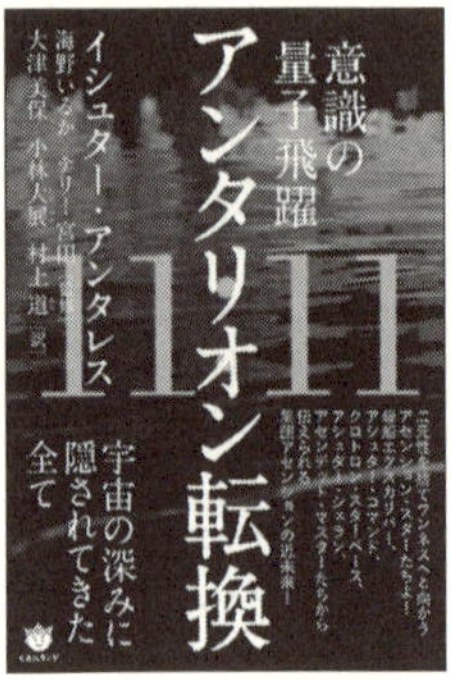

11:11 アンタリオン転換
著者：イシュター・アンタレス
監修：海野いるか／テリー宮田
訳者：大津美保／小林大展／村上 道
四六ソフト　本体2,500円+税

Victory of the Light!
地球をめぐる銀河戦争の終結
著者：海野いるか
四六ソフト　本体2,500円+税

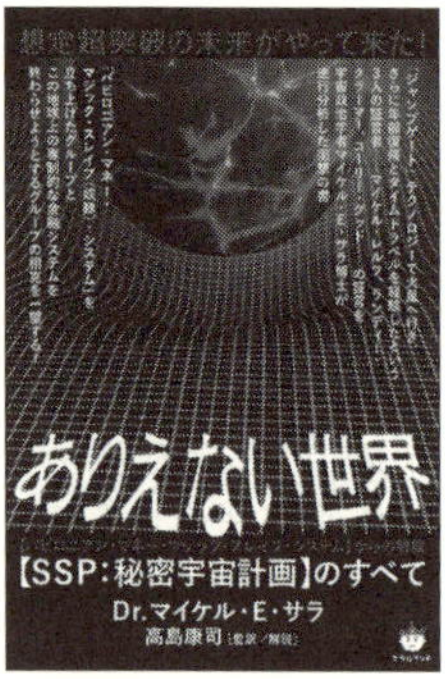

想定超突破の未来がやって来た!
著者：Dr.マイケル・E・サラ
監訳・解説：高島康司
四六ソフト　本体2,500円+税

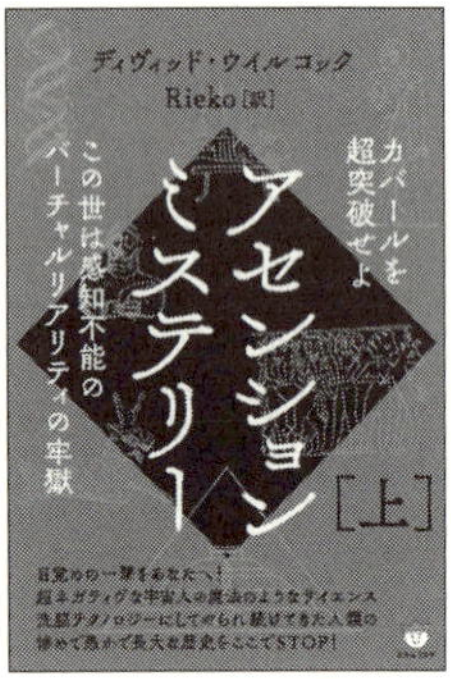

アセンションミステリー［上］
カバールを超突破せよ
著者：ディヴィッド・ウイルコック
訳者：Rieko
四六ソフト　本体2,500円+税

アセンションミステリー［下］
軍事宇宙プログラムの最高機密へ
著者：ディヴィッド・ウイルコック
訳者：テリー宮田
四六ソフト　本体3,000円+税

いま私たちが知って受け入れるべき
【この宇宙の重大な超現実】
著者：高島康司（近未来予測の専門家）
四六ソフト　本体1,620円+税